图书在版编目（CIP）数据

资本市场开放、企业社会责任与审计／陈丽蓉著．—北京：知识产权出版社，2022.9
（审计与法治丛书）
ISBN 978－7－5130－8299－0

Ⅰ．①资…　Ⅱ．①陈…　Ⅲ．①上市公司—审计—研究—中国　Ⅳ．①F239.22

中国版本图书馆 CIP 数据核字（2022）第 151346 号

责任编辑：雷春丽　　**责任校对**：谷　洋
封面设计：智兴设计室・段维东　　**责任印制**：孙婷婷

审计与法治丛书
资本市场开放、企业社会责任与审计
陈丽蓉　著

出版发行：	知识产权出版社有限责任公司	**网　　址**：	http：//www.ipph.cn
社　　址：	北京市海淀区气象路 50 号院	**邮　　编**：	100081
责编电话：	010－82000860 转 8004	**责编邮箱**：	leichunli@cnipr.com
发行电话：	010－82000860 转 8101/8102	**发行传真**：	010－82000893/82005070/82000270
印　　刷：	北京九州迅驰传媒文化有限公司	**经　　销**：	新华书店、各大网上书店及相关专业书店
开　　本：	787mm×1092mm　1/16	**印　　张**：	15.75
版　　次：	2022 年 9 月第 1 版	**印　　次**：	2022 年 9 月第 1 次印刷
字　　数：	300 千字	**定　　价**：	78.00 元

ISBN 978－7－5130－8299－0

审 计 与 法 治 丛 书

资本市场开放、企业社会责任与审计

Capital Market Liberalization, Corporate Social Responsibility and Auditing

陈丽蓉◎著

知识产权出版社
全国百佳图书出版单位
—北京—

序言

2020年1月，习近平总书记对审计工作作出重要指示，强调审计工作要在党中央统一领导下，适应新时代新要求，紧紧围绕党和国家工作大局，全面履行职责，坚持依法审计，完善体制机制，为推进国家治理体系和治理能力现代化作出更大贡献。因此，有必要从审计与法治融合的视角出发，加强审计法治化研究，这是习近平法治思想在审计领域的具体体现，也是强化审计监督保障作用的必备环节，更是我国经济行稳致远、社会安定和谐的重要保障。

审计与法治联动在国家经济安全、政府权力监督、民主法治建设、民生政策落实、体制机制完善等国家治理现代化方面都起着举足轻重的作用。审计与法治联动，可以化解重大风险，维护国家财政经济安全；审计与法治联动，可以有效遏制各类违法违规行为，打击并严惩贿赂、贪污、腐败等问题；审计与法治联动，可以使人民群众了解各级政府及其部门履职担责情况，推进国家社会共治；审计与法治联动，还可以加强民生政策的有效落实，切实维护好、实现好人民群众的切身利益。因此，审计与法治联合发力，必将推进国家治理体系和治理能力现代化。

西南政法大学监察审计学院（商学院）作为在传统政法院校中发展起来的专门从事商科教育与研究的学院，既有商科教育的专业优势，又有学校法学学科的依托，是全国唯一一所设立审计与法治博士点培育学科的院校。西南政法大学还与国家审计署审计科研所、中国审计学会共建"审计与法治研究中心"，中心由学院审计学科负责建设。西南政法大学监察审计学院（商学院）抽调骨干教师，编写《审计与法治丛书》，力求推出一套回应时代所需、论证充分的研究成果，本丛书具有以下特点。

一、聚焦审计发展中的热点、难点与前沿问题

当前，世界经济增长持续放缓，仍处在国际金融危机后的深度调整期，加之受新型冠状病毒肺炎疫情影响巨大，世界大变局加速演变的特征更趋明显。审计是党和国

家监督体系的重要组成部分，因此需要审计科研乘势而上精准发力，及时揭示和反映经济社会各领域的新情况、新问题、新趋势，本丛书聚焦审计发展中的热点、难点与前沿问题，例如，国家审计与地方政府债务监管问题、资本市场开放后企业社会责任与审计问题、党内监督与审计监督问题以及国有企业境外投资审计问题等。积极回应时代需求，系统深入地研究审计与法治的重点问题，力求解决中国现实问题。

二、以审计学科为基础，融合多学科，填补出版空白

多学科融合研究，常常能够获得单一学科研究无法获得的创新成果。本丛书以审计学科为基础，融合法学、经济学、公共管理学等多学科进行全方位、多层次、多视角研究，分析典型案例，分别对审计促进国家治理、审计法治、审计管理、企业审计等审计重点领域进行深入探讨，力求为国家决策提供切实有效的智力支持。本丛书的出版可在一定程度上填补我国该领域的出版空白。

三、丛书构建

本丛书先后召开编写会议十余次，由中国审计学会会长孙宝厚同志对每本书的论证要点、结构框架、重点问题进行线上或者现场指导。

《审计与法治丛书》包含专著共 12 部，围绕审计促进国家治理、审计法治、审计管理、企业审计等审计工作的重点领域开展研究，力求推出一套来源可靠、切实有效、论证充分的研究成果。审计学科属于实践性较强的学科，同时，限于资料的有限性，我们力争论述严谨，但也恐有所疏漏，还请各位读者批评指正。

郑国洪

2021 年 2 月 28 日于毓秀湖畔

家监督体系的重要组成部分，因此需要审计科研乘势而上精准发力，及时揭示和反映经济社会各领域的新情况、新问题、新趋势，本丛书聚焦审计发展中的热点、难点与前沿问题，例如，国家审计与地方政府债务监管问题、资本市场开放后企业社会责任与审计问题、党内监督与审计监督问题以及国有企业境外投资审计问题等。积极回应时代需求，系统深入地研究审计与法治的重点问题，力求解决中国现实问题。

二、以审计学科为基础，融合多学科，填补出版空白

多学科融合研究，常常能够获得单一学科研究无法获得的创新成果。本丛书以审计学科为基础，融合法学、经济学、公共管理学等多学科进行全方位、多层次、多视角研究，分析典型案例，分别对审计促进国家治理、审计法治、审计管理、企业审计等审计重点领域进行深入探讨，力求为国家决策提供切实有效的智力支持。本丛书的出版可在一定程度上填补我国该领域的出版空白。

三、丛书构建

本丛书先后召开编写会议十余次，由中国审计学会会长孙宝厚同志对每本书的论证要点、结构框架、重点问题进行线上或者现场指导。

《审计与法治丛书》包含专著共12部，围绕审计促进国家治理、审计法治、审计管理、企业审计等审计工作的重点领域开展研究，力求推出一套来源可靠、切实有效、论证充分的研究成果。审计学科属于实践性较强的学科，同时，限于资料的有限性，我们力争论述严谨，但也恐有所疏漏，还请各位读者批评指正。

郑国洪

2021年2月28日于毓秀湖畔

PREFACE 序言

2020年1月，习近平总书记对审计工作作出重要指示，强调审计工作要在党中央统一领导下，适应新时代新要求，紧紧围绕党和国家工作大局，全面履行职责，坚持依法审计，完善体制机制，为推进国家治理体系和治理能力现代化作出更大贡献。因此，有必要从审计与法治融合的视角出发，加强审计法治化研究，这是习近平法治思想在审计领域的具体体现，也是强化审计监督保障作用的必备环节，更是我国经济行稳致远、社会安定和谐的重要保障。

审计与法治联动在国家经济安全、政府权力监督、民主法治建设、民生政策落实、体制机制完善等国家治理现代化方面都起着举足轻重的作用。审计与法治联动，可以化解重大风险，维护国家财政经济安全；审计与法治联动，可以有效遏制各类违法违规行为，打击并严惩贿赂、贪污、腐败等问题；审计与法治联动，可以使人民群众了解各级政府及其部门履职担责情况，推进国家社会共治；审计与法治联动，还可以加强民生政策的有效落实，切实维护好、实现好人民群众的切身利益。因此，审计与法治联合发力，必将推进国家治理体系和治理能力现代化。

西南政法大学监察审计学院（商学院）作为在传统政法院校中发展起来的专门从事商科教育与研究的学院，既有商科教育的专业优势，又有学校法学学科的依托，是全国唯一一所设立审计与法治博士点培育学科的院校。西南政法大学还与国家审计署审计科研所、中国审计学会共建“审计与法治研究中心”，中心由学院审计学科负责建设。西南政法大学监察审计学院（商学院）抽调骨干教师，编写《审计与法治丛书》，力求推出一套回应时代所需、论证充分的研究成果，本丛书具有以下特点。

一、聚焦审计发展中的热点、难点与前沿问题

当前，世界经济增长持续放缓，仍处在国际金融危机后的深度调整期，加之受新型冠状病毒肺炎疫情影响巨大，世界大变局加速演变的特征更趋明显。审计是党和国

目 录

第一章　资本市场开放概述

第一节　引言

资本市场作为现代市场经济的重要组成，“牵一发而动全身”，在建设富强民主文明和谐美丽的社会主义现代化强国的新征程中必将发挥更加重要的推动作用。[①]金融活，经济活；金融稳，经济稳。经济兴，金融兴；经济强，金融强。经济是肌体，金融是血脉，两者共生共荣。[②]曾几何时，资本市场在中国经济中仅是一个“小池塘”。到今天，经过30年的发展，我国资本市场已成长为辽阔海洋。[③]截至2019年12月31日，我国共有上市公司3777家，股票市价总值约为592 935亿元，[④]股票市价总值同比增长36.33%，跃身为全球第二大股票市场。

党的十六大提出全面建设小康社会的战略目标，党的十六届三中全会通过的《中共中央关于完善社会主义市场经济体制若干问题的决定》对资本市场发展作出部署，为我国资本市场改革开放和稳定发展指明方向。该决定指出，为适应经济全球化和科技进步加快的国际环境，适应全面建设小康社会的新形势，必须加快推进改革，进一步解放和发展生产力，为经济发展和社会全面进步注入强大动力。积极推进资本市场的改革开放和稳定发展，扩大直接融资。建立多层次资本市场体系，完善资本市场结构，丰富资本市场产品。[⑤]党的十八届五中全会提出创新、协调、绿色、开放、共享五大发展理念。党的十九大报告指出：“开放带来进步，封闭必然落后。中国开放的大门不会关闭，只会越开越大。”[⑥]2018年中央经济工作会议进一步指出资本市场在金融

① 易会满．敢担当善作为 站稳人民立场 努力实现新时代资本市场高质量发展［J］．旗帜，2019（11）：40-42.

② 习近平．习近平：深化金融供给侧结构性改革 增强金融服务实体经济能力［EB/OL］．（2019-02-24）［2021-10-21］.http：//cpc.people.com.cn/n1/2019/0224/c64094-30898681.html.

③ 祝惠春．机构投资者占比提升，对外开放不断扩大：资本市场正在发生结构性变化［N］．经济日报，2020-12-29（9）.

④ 国家统计局．中国统计年鉴2020［M/OL］．［2021-10-21］.http：//www.stats.gov.cn/tjsj/ndsj/2020/indexch.htm.

⑤ 中共中央关于完善社会主义市场经济体制若干问题的决定［EB/OL］．（2003-10-21）［2021-10-21］．http：//news.sina.com.cn/c/2003-10-21/2021962781s.shtml.

⑥ 习近平．决胜全面建成小康社会 夺取新时代中国特色社会主义伟大胜利［EB/OL］．（2017-10-27）［2021-10-21］.http：//www.gov.cn/zhuanti/2017-10/27/content_5234876.htm.

运行中具有牵一发而动全身的作用，要通过深化改革，打造一个规范、透明、开放、有活力、有韧性的资本市场。所谓开放，就是要坚持自主、有序、平等、安全的方针，在更深层次、更宽领域、以更大力度推进资本市场全方位、高水平的双向开放，稳步扩大资本市场双向开放度，不断提高资本市场双向开放质量和水平，推进我国资本市场的国际化进程，更好地实现境内资本市场与境外资本市场的互联互通。① 自改革开放以来，我国资本市场不断发展壮大，并以不断开放的姿态走向世界。② 开放是现代经济体系和成熟金融市场的基本特征，是资本市场发展的内在要求，也是资本市场走向成熟和国际金融中心建设的必由之路。扩大资本市场高水平双向开放是构建双循环发展新格局的内在要求，③ 市场化改革为逐渐步入快车道的资本市场带来了更加光明的前景。2018 年，国家主席习近平在博鳌亚洲论坛的讲话明确了我国金融业开放“宜早不宜迟、宜快不宜慢”的原则。近年来，中国正稳中有序地推动资本市场开放。资本市场开放如同抽离了之前隔离两端的屏障，将促使原本封闭的 A 股市场与境外市场重新融合。[50] 在过去几年里，我国先后推出了一系列加快金融开放的重大举措，中国资本市场的持续对外开放“蹄疾而步稳”，从“筑巢引凤”到“花开蝶来”。其中，资本市场在市场层面、产品层面、机构层面的开放不断推进：沪港通、深港通机制持续优化，A 股被纳入明晟新兴市场指数、富时罗素指数等国际主要指数，沪伦通试点稳步扩大，全面取消合格境外机构投资者（qualified foreign institutional investor，以下简称 QFII）和人民币合格境外机构投资者（RMB qualified foreign institutional investors，以下简称 RQFII）投资额度限制；交易型开放式指数基金（exchange traded fund，以下简称 ETF）互联互通逐步拓展，多个期货品种对境外投资者④ 开放；证券基金期货机构外资股比限制提前全面放开。⑤ 新时代赋予新使命，新时代呼唤新担当。新时代资本市场践行党的初心和使命，要不断满足经济社会发展和人民群众日益增长的财富管理需要。⑥ 改革不停，开放不止，在“十四五”新篇开启的重要时刻，我国资本市场开放也将迈向更高水平，奏响更强音。

资本市场开放不仅是我国实行对外开放、深化金融体制改革，从而分享金融全球化利益的重要进程，还是一国资本市场发达程度的重要标志和一国经济持续发展的内

① 陈峥嵘．习近平总书记关于资本市场建设的重要论述研究［J］．证券市场导报，2019（4）：5，8.

② 余臻．我国资本市场开放的现状与展望［J］．经济体制改革，2019（1）：147-153.

③ 易会满．易会满主席在 2020 金融街论坛年会上的致辞［EB/OL］．（2020-10-21）［2021-10-21］.http：//www.csrc.gov.cn/pub/newsite/zjhxwfb/xwdd/202010/t20201021_384818.html.

④ 境外投资者包括外国的自然人、法人和其他组织；中国台湾、香港、澳门地区的自然人、法人和其他组织；持有中国护照并获得境外所在国家或地区永久居留签证的中国公民。

⑤ 杨毅．资本市场在改革与开放中发展壮大［J］．中国金融家，2020（11）：46-47.

⑥ 易会满．敢担当善作为 站稳人民立场 努力实现新时代资本市场高质量发展［J］．旗帜，2019（11）：40-42.

生动力。资本市场对外开放的经济效应一直是政策制定当局、学术界及业界人士关注的热点。现有研究已从宏观和微观层面考察资本市场开放的经济后果，但相关结论仍处于探讨中。从宏观来看，一部分学者认为，资本市场开放引入了更多的境外资金，有助于增加开放国的投资规模，促进经济增长；[1]同时，境外投资者进入开放国市场并开展交易，有助于发挥境外投资者的信息分析处理优势和监督治理效应，从而提高资本市场的定价效率，[2]支持了资本市场开放的财富效应。而另一部分学者则认为，资本市场开放会加剧资本市场的波动以及金融系统的脆弱性和不稳定性，不利于宏观经济的稳定增长，甚至导致金融危机；[3]并且，部分境外投资者追逐“热钱”的投机行为，也会降低资本市场的定价效率。从微观来看，一部分学者认为，资本市场开放将对公司治理产生影响。现有研究普遍认为，资本市场开放后，外资和境外投资者进入新兴市场国家的上市公司，有助于改善投资者结构、优化公司治理结构、加强外部监督[4]、改善公司信息环境[5]、提升信息披露质量[6]，增强对利益相关者的监督与约束，最终提升公司的治理水平[7]。首先，资本市场开放引进了大量的国际优质资本，为上市公司提供更多的融资渠道选择，缓解了融资约束。其次，资本市场开放会导致更多的分析师关注和分析报告生成，上市公司面临的外部监督压力增大，在一定程度上缓解了外部股东与公司之间的信息不对称，改善了公司所处的信息环境，对公司内部侵占行为起到一定的抑制作用，从而保护了中小投资者的利益。[8]最后，资本市场开放引入了具有一定优势的境外投资者，相较于新兴资本市场的投资者，来自中国香港等发达资本市场的投资者拥有更丰富的投资经验、强大的投资团队与专业化的投资能力，在信息收集、处理与分析等方面更具备经验、技术与人力资源等优势。[11]其带来的监督治理效应能够促进企业改善经营行为，优化资源配置效率[9]，提高公司治理水平[7]。

企业社会责任是公司治理机制均衡过程中的重要策略选择，是内嵌于利益相关者社会契约的社会规范。① 当下，企业社会责任已成为企业发展战略的重要组成部分和衡量企业治理水平的重要尺度，越来越受到社会各界的广泛关注。基于信号传递理论，企业社会责任履行作为公司治理水平高低的“指示灯”，能够向外界传递良好的公司信号，树立企业勇于承担责任的优质形象，有利于公司的长远发展。根据战略环境分析理论，企业外在制度环境变化会影响企业的战略决策，而企业社会责任作为企业战略决策的重要组成部分，也会随着外部环境的改变发生相应变化。[23]资本市场开放不仅增加了资本市场的波动性[10]，也引入了更具先进理念的价值投资者和更成熟的市场规则[11]。企业社会责任作为一项长期战略，不仅能够向潜在利益相关者传递积极信号，对冲经营风险[23]，还能满足市场对企业长期战略决策提出的更

① 陈丽蓉，韩彬，刘莎．内部控制审计、企业社会责任与公司治理整合性研究：基于 A 股主板上市公司的实证分析［J］．财会通讯，2016（3）：32.

高要求。因此，资本市场开放势必会对企业社会责任的履行水平产生不可小觑的影响。

审计师作为资本市场的重要参与者之一，是企业聘请的独立第三方，审查企业财务报告并发布审计意见。随着审计职能的发展，注册会计师在进行财务报告审计的同时，也要对企业的非财务信息进行核对和检查，以衡量管理层诚信及企业的可持续发展能力。① 企业社会责任报告作为一项重要的非财务信息，必将被纳入审计过程，构成审计风险评估及风险应对的重要考量内容，从而对审计师选择、审计费用、审计意见、审计质量等产生影响。资本市场的发展成熟离不开审计、评级、律师等配套服务，作为企业与投资者之间独立的第三方，审计承担着向市场传递企业信息和信号的角色，在资本市场中发挥着重要作用。[13] 资本市场开放后，证券市场的国际化发展对资本市场监管和公司信息披露提出了更高的要求，对审计服务的相关需求亦发生相应改变。[12] 一方面，资本市场开放后，为了满足境外投资者的投资偏好，获得更多境外资本，上市公司会主动优化公司治理，提高信息披露质量。[7] 独立审计作为资本市场的重要参与者之一，被认为是降低信息不对称、缓解代理问题及提高信息披露质量的关键制度安排，聘请高质量审计师能更好地满足公司信息质量和信号传递的价值需求，以迎合境外投资者的审计偏好。另一方面，资本市场开放后，公司受到更多投资者和分析师关注的同时，其财务报表也会被更广泛地阅读和使用，审计师的压力随之增加。由于境外投资者较为成熟且受到的法律保护更为健全，对财务报表中的舞弊行为更加敏感，增加了审计师面临的审计失败风险和诉讼风险，促使我国证券市场审计保险功能的进一步发挥。依据审计信息理论和审计保险理论，审计师降低财务信息风险压力和遭遇诉讼索偿的风险增加，审计成本费用和风险溢价也会受到影响。[13] 中国资本市场的不断发展壮大，离不开审计这一“免疫系统”的监督与净化，也离不开企业社会责任的履行。那么，资本市场开放对审计服务会产生何种影响？对企业社会责任又会产生什么影响？这些都是值得探讨的问题。

第二节　资本市场发展沿革

新中国走过七十余年的光辉历程，我国资本市场也历经了波澜壮阔的三十余年。中国经济高速增长，在世界经济版图上的地位不断上升，成为世界经济增长最重要的发动机之一。② 从 1990 年成立沪深证券交易所，我国的资本市场已经走过三十余年的

① 朱敏，刘拯，施先旺．披露社会责任信息会影响审计收费吗：基于中国上市公司的经验证据［J］．山西财经大学学报，2015，37（12）：113-124.

② 吴剑雄．资本市场与产业结构调整关系研究［D］．上海：上海社会科学院，2012：1.

历史。过去的三十余年，是中国经济增长驶上快车道的三十余年，也是我国资本市场砥砺奋进、栉风沐雨的三十余年。[①] 经过三十余年的发展，中国资本市场从无到有，从小到大，从无序到有序，取得了诸多成就。从创设沪深证券交易所到实施股权分置改革，从设立科创板并试点注册制到通过资本市场开放等一系列改革措施推动资本市场发展，我国资本市场已成为全球第二大资本市场和第一大新兴资本市场，资本市场发展在新中国七十余年的历史上留下了浓墨重彩的一笔。[②]

回顾资本市场的三十余年，中国资本市场的发展是坚定不移高举改革开放大旗的产物，是传统计划经济体制向中国特色社会主义市场经济体制转变的产物，是不断求索构建和优化中国金融体系结构的产物，是提高中国金融市场资金配置效率的产物。[③] 沪深证券交易所创办伊始，两个证券市场总计仅有 10 家上市公司、几亿元股票市值。截至 2019 年 12 月 31 日，沪深两市共有上市公司 3777 家，总市值约为 59 万亿元，[④] 已发展成为全球第二大股票市场和债券市场，且商品期货成交量位居世界第一。三十余年来，中国资本市场可谓是风风雨雨、跌宕起伏、破浪前行。中国资本市场三十余年的发展，是不断规范化、法治化、市场化和国际化的过程。[35] 根据股票发行审核体制的分类，我们可将其大致分为三个阶段：探索阶段（审批制）、规范阶段（核准制）和发展阶段（注册制）。

一、探索阶段（1990—1999 年）

这一阶段是资本市场从不规范逐步走向规范的过程。1990 年 12 月 19 日，伴随上海浦江饭店孔雀厅内的一声锣响，上海证券交易所开市营业，宣告了新中国证券市场的正式诞生。1990 年 12 月 1 日，深圳证券交易所试营业，1991 年 7 月 3 日正式开业。沪深证券交易所相继成立促使分散的柜台交易逐步转向了有组织、集中的场内交易，中国证券市场正式登上了历史舞台，开启了崭新的篇章。1991 年 8 月 28 日，中国证券业协会成立，证券市场至此有了自律监管机构。1992 年 10 月，全国性的监管部门国务院证券委员会和中国证券监督管理委员会成立，标志着中国资本市场开始逐步纳入全国统一的监管框架。之后，国家相继出台了一系列法规和条例：1993 年我国出台了当时证券市场最重要的法规——《股票发行与交易管理暂行条例》，该条例在相当长的时间里规范了股票发行和股票交易，为日后证券法的出台奠定了基础；1993 年

① 郭阳生．资本市场开放、信息环境及其经济后果研究［D］．武汉：中南财经政法大学，2019：14.

② 孙榕．与中国经济比翼齐飞：中国人民大学财政金融学院副院长赵锡军谈资本市场构建与发展［J］．中国金融家，2019（10）：57.

③ 王晋斌．“三十而立”的中国资本市场回顾与展望［J］．人民论坛，2020（36）：90.

④ 国家统计局．中国统计年鉴 2020［M/OL］．［2021-10-21］.http：//www.stats.gov.cn/tjsj/ndsj/2020/indexch.htm.

12 月 29 日颁布了与证券市场相关的另一部重要法律《中华人民共和国公司法》(以下简称《公司法》)。同时，全国人民代表大会常务委员会于 1992 年 8 月开始组织证券法的立法工作，前后历时六年，五度审议、十几次易稿，《中华人民共和国证券法》(以下简称《证券法》)最终于 1998 年 12 月 29 日颁布，并于 1999 年 7 月 1 日正式开始实施。[35]《证券法》的实施，以法律形式确定了资本市场的地位，规范了证券发行和交易行为，将资本市场纳入更高层次的发展轨道。① 自此，我国资本市场逐步进入了规范化、法制化的发展阶段。

在这一阶段，股票发行的审核体制为严格的审批制。审批制是一种具有浓厚行政色彩的核准制度以及计划经济的管理模式，即按照严格的实质管理原则，要求股票发行不仅应满足信息公开的各项条件，还应在计划指标前提下通过更为严格的实质性审查。1993 年 4 月 22 日，国务院颁布了《股票发行与交易管理暂行条例》，标志着审批制的正式确立。在审批制下，股票发行由国务院证券监管机构根据经济发展和市场供求的具体情况，在宏观上制定一个当年股票发行总规模。经国务院批准后，下达给中华人民共和国国家计划委员会(以下简称国家计委)②，国家计委再具体分配到各省、自治区、直辖市、计划单列市和国家有关部门。省级政府和国家有关部门在各自发行的规模内推荐预选企业，证券监管机构对符合条件的预选企业申报材料进行审批。审批制较充分地利用了国家行政权力来监管发行公司，一定程度上保证了股票市场的健康成长。但随着中国市场经济的不断完善，股票市场进一步的发展壮大，这种带有计划经济色彩的发行制度开始显露出越来越严重的弊病。③

二、规范阶段(2000—2017 年)

这一阶段是资本市场逐步规范的阶段。《证券法》的颁布标志着中国资本市场进入了规范发展的阶段，也正式拉开了国内资本市场改革创新的新篇章。此后，以《证券法》为依据，国内开始了一系列的资本市场改革创新。2004 年国务院发布了《国务院关于推进资本市场改革开放和稳定发展的若干意见》(国发〔2004〕3 号)(已失效)，即“国九条”，对我国资本市场的发展作出了全面规划，将大力发展资本市场上升到了战略高度。“国九条”的推出反映了国家层面对资本市场的高度重视，是资本市场发展历程中的重要里程碑；十年之后，即 2014 年，《国务院关于进一步促进资本市场健

① 祁斌．资本市场与中国经济社会发展［J］．中国流通经济，2012，26（9）：15.

② 2003 年，将原国务院体改办和国家经贸委部分职能并入中华人民共和国国家计划委员会，改组为国家发展和改革委员会。

③ 胡汝银，等．中国资本市场演进的基本逻辑与路径［M］．上海：格致出版社，上海人民出版社，2018：105–107.

康发展的若干意见》(国发〔2014〕17 号)发布，即新“国九条”，就进一步促进资本市场的健康发展发布意见，对我国资本市场的发展起到了巨大的推动作用。2004 年 5 月，经国务院批准，中国证监会同意深圳证券交易所在主板市场内设立中小企业板块，作为我国创业板建设的前奏，这不仅有利于缓解我国中小企业融资难的问题，还优化了金融市场主体结构，促进了多层次资本市场的构建。此外，2005 年 4 月经国务院批准，中国证监会发布了《中国证券监督管理委员会关于上市公司股权分置改革试点有关问题的通知》(证监发〔2005〕32 号)(已失效)，股权分置改革试点工作正式启动，从制度层面再造中国资本市场，对中国资本市场的发展具有决定性的意义。基于历史原因，国内在发行股票时存在流通股和非流通股，其中国家股和法人股是不能流通的，这是存量的一部分；而发给居民的一部分是可以流通的。这导致市场规模小，且同股不同权、同股不同利、同股不同价，对资本市场发展存在不利影响。股权分置改革助推了国家股和法人股的流通，给予了流通股适当的补偿，解决了 A 股市场相关股东之间的利益平衡问题，这项改革促进了中国资本市场的持续健康发展，使中国资本市场成为一个全流通的市场。随后，2009 年 10 月 30 日，中国创业板正式上市，该板块始终坚持服务于创新型、成长型企业，为完善创新资本形成机制、落实创新驱动发展战略、服务经济高质量发展作出了积极贡献，是我国孵化创业型、中小型企业的摇篮。总的来说，在这一阶段，我们通过规范和改革进一步“搞活”了资本市场。

在这一阶段，股票发行的审核体制为核准制。核准制要求证券监管机构不仅要对股票发行人公开信息资料的真实性进行审查，还要依据法定标准对发行人进行实质性审查，只有经其审查核准后，才能发行相应股票。股票发行核准制改变了由政府部门预先制定计划额度、选择和推荐企业、审批企业股票发行的行政本位，确立了由主承销商根据市场需要推荐企业，证监会进行合规性初审，发行审核委员会独立审核表决的规范化市场原则。2000 年 3 月 16 日，中国证监会发布了《中国证监会股票发行核准程序》(证监发〔2000〕16 号)(已失效)，标志着我国股票发行体制开始由审批制向核准制转变。2001 年 3 月 17 日，我国股票发行核准制正式启动。这是我国股票发行监管制度的一项重大改革，是促进我国证券市场进一步规范发展的一项重要举措。核准制严格的审核条件有利于保护投资者利益，将一些质量低劣、风险较大的公司排除在证券市场之外，降低了证券市场的投资风险。但同时，投资者容易对证券监督机构的审核产生依赖心理，影响自身独立的投资判断。另外，审核过程的复杂流程使得审核工作效率低下，从而导致发行主体较低的市场效率。

三、发展阶段(2018 年至今)

这一阶段是我国资本市场进一步市场化、法治化和国际化的快速发展阶段。党的十九大报告提出，要“深化金融体制改革，增强金融服务实体经济能力，提高直接融资比重，促进多层次资本市场健康发展”。其中注册制改革吹响了进一步发展资本市场的号角。[35] 注册制的试点意味着资本市场将进一步与国际市场接轨，进一步走向开放。在资本市场改革和对外开放的背景下，A 股市场将实现更加健康、稳定地发展。2018 年 11 月 5 日，习近平总书记出席首届中国国际进口博览会开幕式并发表主旨演讲，宣布在上海证券交易所设立科创板并试点注册制，支持上海国际金融中心和科技创新中心建设。第五次修改后的《证券法》于 2019 年出台，为股票发行注册制开启了资本市场进一步市场化、国际化的征程。2020 年 4 月 27 日，中央全面深化改革委员会第十三次会议审议通过了《创业板改革并试点注册制总体实施方案》，该方案规定将在创业板试点注册制。2020 年 8 月 24 日，创业板注册制首批企业挂牌上市，这宣告资本市场正式进入全面改革的“深水区”，创业板 2.0 扬帆起航。2020 年 10 月 5 日，国务院印发《国务院关于进一步提高上市公司质量的意见》(国发〔2010〕14 号)，提出将“支持优质企业上市。全面推行、分步实施证券发行注册制”。党的十九届五中全会提出全面实行股票发行注册制，建立常态化退市机制，提高直接融资比重，资本市场将开启惟实励新的航程，砥砺奋进新时期新理念下的新目标。我国资本市场先进行了科创板注册制试点，又推出了创业板注册制试点，新三板也进行了进一步改革，除了普通层、创新层，又新设立了精选层，可以转板、上市。另外，外资进入中国资本市场的限制被放宽，同时我们还将全面推行股票发行注册制。这些举措都为中国资本市场进一步市场化、国际化奠定了基础。

在这一阶段，股票发行开始试点和推行注册制。注册制是指证券监管机构只对股票发行人公开信息的形式要件及其真实性进行审查，而对所披露信息的内容不作实质条件限制的制度。核准制变为注册制，会导致市场生态出现重大变化，优质企业容易上市而劣质企业容易退市。相较于审批制和核准制，注册制以市场为主体，程序简单，成熟高效。但该制度对投资者要求更高，此时的证券注册并不能成为投资者免受损失的保护伞。

筚路蓝缕三十载，勇毅笃行启新篇。中国资本市场三十余年的发展过程，是栉风沐雨、迎难而上的发展过程。上证指数经历过疯涨、疯跌，市场投资者在希望与失望的交织中坚守和成长。同时，中国资本市场三十余年的发展过程也是一个收获喜悦和增强自信的过程。今天的中国资本市场具有多层次的证券市场结构，拥有多品种的金融产品，资本市场规模已成为全球第二，逐步努力匹配上中国经济。从计划经济的审批制到核准制，再到注册制，三十余年的中国资本市场经过一代又一代人的摸着石头过河、不懈探索和革故鼎新，取得了巨大成就。当然，资本市场还存在不少需要改革和完善的地方。“雄关漫道真如铁，而今迈步从头越”，在全面深化改革和建设社会主义现代化国家新征程中，中国资本市场肩负着中国金融从金融大国走向金融强国的历史使命。初心如磐、笃行致远。中国资本市场制度建设必须坚持以保护中小投资者利益为主线，以审慎而积极的人民币国际化为推手，久久为功，行稳致远，一个法治化、市场化和国际化的中国资本市场就是中国特色社会主义市场经济发展历史的必然。行而不辍，未来可期。[①]

第三节 资本市场开放发展沿革

纵观中国经济发展史，开放与发展是不可或缺的主题，中国经济走过的历史实践中以开放为起点取得了诸多举世瞩目的成就，金融开放的发展历史是其中的重要内容。古人云："以史为鉴，可以知兴替。"唯有掌握了历史发展的真谛，才能更好地开拓未来。百余年前，在鸦片战争打开中国市场大门伊始，传统农业经济塑造了中国单一的社会经济结构，与之对应的是，本土旧式金融机构——钱庄、票号、账局等垄断市场。中国本土金融业形式单一、模式传统、理念封闭。百余年后，改革开放开启了中国经济发展的新征程，中国金融业迎来市场开放。中国，作为最大的发展中国家，在波谲云诡的国际环境和艰巨繁重的改革任务下，以"构建人类命运共同体"的大国担当为己任，在逆全球化趋势中提出"中国开放的大门不会关闭，只会越开越大"。[②]时至今日，在全球资产配置盛行、人民币国际化进程加快以及"一带一路"倡议持续推进的背景下，扩大对外开放已然是资本市场改革的主旋律。[③]罗马不是一天建成的，当下成熟的资本市场开放模式是一系列资本市场开放措施实施、改进和发展的结果，而非一蹴而就。同时，资本市场开放不是一个静态的、绝对的、不变的过程，而是一个动态的、相对的、持续变化的进程。与中国在农业和工业等其他领域的改革一样，中国在资本市场开放的改革也是渐进式的，主要包括：发行外资股（B 股、H 股、N 股、L 股和 S 股），实施 QFII 制度、合格境内机构投资者（qualified domestic institutional investor，以下简称 QDII）制度、RQFII 制度，实施沪港通、深港通以及沪伦通机制，如表 1-1 所示。根据各种开放进程的特点，将其大致分为三个阶段：发行外资股阶段（B 股、H 股、N 股、L 股和 S 股）、资本市场单向开放阶段（QFII、QDII 和 RQFII）和资本市场双向开放阶段（沪港通、深港通和沪伦通）。

---

① 王晋斌．"三十而立"的中国资本市场回顾与展望［J］．人民论坛，2020（36）：93.

② 王毅．金融开放与中国本土存款性金融机构的发展［D］．长春：吉林大学，2020：3.

③ 郭阳生．资本市场开放、信息环境及其经济后果研究［D］．武汉：中南财经政法大学，2019：14.

表 1–1　中国资本市场开放进程

阶段	开放进程	时间点
阶段一：发行外资股	B 股	1992 年 2 月 21 日
	H 股	1993 年 7 月 15 日
	N 股	1994 年 8 月 4 日
	L 股	1997 年 3 月 21 日
	S 股	1997 年 5 月 9 日
阶段二：资本市场单向开放	QFII	2002 年 12 月 1 日
	QDII	2006 年 4 月 17 日
	RQFII	2011 年 12 月 16 日
阶段三：资本市场双向开放	沪港通	2014 年 11 月 17 日
	深港通	2016 年 12 月 5 日
	沪伦通	2019 年 6 月 17 日

一、发行外资股

（一）发行 B 股

20 世纪 90 年代初期，随着出口顺差增长的放缓，我国外汇储备增速开始下滑。[①]在此背景下，为促进我国资本市场开放和健康发展，同时在与国际市场更深度的融合中提升对外开放的层次和水平，中国证监会不断进行改革和探索，建立了内地资本市场与香港地区及全球资本市场的交易通道。B 股市场的建立是我国开放资本市场，引入海外战略投资者的创举。[②]20 世纪 90 年代初，我国较为年轻的资本市场需要一个国际窗口，国有企业改革需要大量外汇储备，B 股市场应运而生。[③]1992 年 2 月 21 日，第一只 B 股上海电真空在上海证券交易所上市，标志着我国股票市场正式向对外开放迈出第一步，中国资本市场开启新纪元。同年，共有 18 只 B 股上市，占当年发行 A 股、B 股合计数量的 25%。迎着资本市场开放的春风，B 股股票如雨后春笋般拔地而起，从 1992 年的 18 只增长至 1997 年的 101 只，[④]年平均增长率达 92.22%。2001 年，B 股市场允许境内投资者参与交易，其市场交易额和成交量有所增长，随后 B 股数量逐渐趋于平稳，具体如图 1–1 所示。

① 戚克栴．证券市场开放条件研究［D］．北京：中共中央党校，2013：109.

② 赵胜民，闫红蕾．内地与香港股票市场的一体化进程研究［J］．中国经济问题，2016（1）：124.

③ 高开娟．股票市场开放、盈余管理及资本配置效率研究［D］．武汉：中南财经政法大学，2017：16.

④ 国家统计局．中国统计年鉴 2020［M/OL］．［2021–10–21］.http：//www.stats.gov.cn/tjsj/ndsj/2020/indexch.htm.

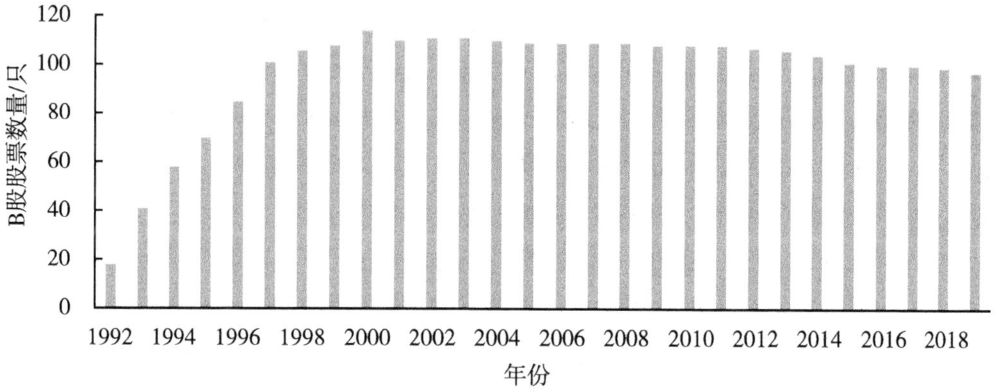

图 1–1　中国 B 股股票数量

资料来源：国家统计局 . 国家数据［EB/OL］.［2020–07–15］.https：//data.stats.gov.cn/easyquery.htm?cn=C01&zb=A0L0C&sj=2020.

然而，随着 H 股融资兴起以及 QFII 制度建立等外部环境的剧烈变化，B 股这一 20 世纪 90 年代资本市场对外开放的“窗口”不再一枝独秀，B 股市场开始走向低迷，并迅速被边缘化。截至 2019 年 12 月 31 日，仅留存 97 只 B 股，占发行 A 股、B 股合计数量比例下降至 2.51%。2019 年 A 股、B 股股票市价总值为 592 935 亿元，而 B 股股票市价总值仅为 1311 亿元，占比仅约为 0.22%。2019 年 A 股、B 股总成交金额为 1 274 159 亿元，而 B 股仅有 587 亿元成交额，占比不足 0.5‰。① 相较于 A 股市场的活跃表现，B 股市场欠缺活力。

随着其他各种股票开放模式的兴起，B 股市场已“风光不再”，但不可忽视 B 股市场曾给我国经济发展作出的巨大贡献。B 股市场作为早期资本市场开放的“窗口”，不仅是资本市场开放的“试金石”，也是资本市场开放“摸着石头过河”的铺路石以及“放一放、试一试、看一看”在资本市场探索中的精神体现。B 股市场的现状表明资本市场需要不断适应外部环境变化、不断开放和改革，只有革新和创新才能顺应时代潮流、迎上经济全球化的趋势。B 股的创立和贡献不负荣光，未来需要进一步改革与发展。

（二）发行 H 股

中国在 1989 年受到部分西方国家的经济制裁，导致国际资本较大规模地撤出，使得企业面临资金短缺的问题，而通过香港地区股市筹集资金无疑是一种便捷、灵活的方式。虽然在 20 世纪 90 年代初，我国通过建立 B 股市场在一定程度上缓解了资金短缺的状况，但 B 股上市公司的注册地和上市地均在境内，只是投资者为境外主体，并没有从根本上解决对境外资金的需求问题。此时中国政府对香港地区恢复行使主权的

① 国家统计局 . 中国统计年鉴 2020［M/OL］.［2021–10–21］.http：//www.stats.gov.cn/tjsj/ndsj/2020/indexch.htm.

情势已经明朗化，在这样一个时代背景下，发行H股不仅可以解决上述资金短缺问题，内地企业赴香港地区上市还可以体现中央对香港地区前途的信心以及中央对香港地区发展的支持。对于香港地区证券市场的发展来说，内地企业赴港上市也具有十分重大的意义。对于扩大香港地区证券市场的规模，改变香港地区证券市场以地产股为主的结构，确保香港地区国际金融中心的地位也具有重要的意义。①

1992年4月，时任国务院常务副总理朱镕基会见时任香港联合交易所主席李业广，双方对内地企业赴港上市进行了讨论，朱镕基同意选取第一批十个以内的大型国有企业赴港上市。此后，两地成立联合小组，对内地企业到香港地区直接上市的障碍进行分析并提出了解决办法。在境外上市相关制度障碍基本解决并与香港联合交易所达成一致的情况下，境内企业到香港地区发行H股开始了实质性操作。②1993年6月29日，青岛啤酒开始H股的认购工作，并于7月15日在香港联合交易所挂牌上市，青岛啤酒成为第一只H股。青岛啤酒H股在香港地区的成功上市，使得H股的发行承销风靡国际资本市场，不少美国的大型投资银行开始在香港地区设立分支机构。与此同时，我国也把H股市场发展作为推动资本市场国际化的重要政策来抓。③H股是继B股之后中国资本市场国际化进程中的又一次求索与鼎新，自此拉开了境内企业赴境外上市的序幕，在直接投资渠道之外，开创了通过境外资本市场筹集资本、利用外资的先河，④对于中国企业海外融资、对于香港证券市场的发展、对于巩固香港国际金融中心的地位，起到了巨大的推动作用。⑤H股的发行，不仅对保持和促进香港市场的繁荣发展起到了“加速器”的作用，还为境内企业募集了大量外汇资金，为国有企业特别是大型国有企业的改革、建立现代企业制度积累了重要的经验，奠定了后续发展的良好基础。

（三）发行N股

中国概念股公司之所以选择海外作为上市交易地而不选择内地A股，重要原因之一是这些公司多数无法达到内地证券市场对盈利条件的要求。在这些中国概念股中，有很大一部分公司属于新兴经济，该类公司需要投入大量研发和营销资金以培养用户和发展市场，因而它们在早期多数无法实现盈利。二是对融资成本和融资时效的考虑。在当时股票发行为审核制的背景下，公司从申请到证监会批准，再到上市交易，所需时间较长，对于急需资金以发展业务的新兴产业公司而言，时间成本和资金成本都过

① 陈泽佳．当代中国股票发行监管法律制度研究［D］．上海：复旦大学，2013：42.

② 陈泽佳．当代中国股票发行监管法律制度研究［D］．上海：复旦大学，2013：43.

③ 聂庆平．H股市场产生过程（四）青岛啤酒在香港成功上市［EB/OL］．（2019-01-28）［2021-10-21］．https：//www.chinaipo.com/hk/69560.html.

④ 李永森．境外上市制度改革与H股“全流通”［J］．中国金融，2019（17）：51-53.

⑤ 胡坚．十一年风雨兼程“H股”扬帆破浪：评《中国企业香港H股上市》［J］．财经界，2005（1）：124-125.

于沉重。因此，它们会寻求海外融资的途径，而美国就是中国企业上市的重要海外交易市场。美国证券市场及投资者相对于香港地区证券市场及其投资者，对科技股有更明显的偏好，因而以科技股为鲜明特点的中国概念股公司大多选择美国的证券交易所，这有利于公司声望的提升和发展更广泛的投资者群体。[14]

在B股、H股相继登场后，N股带着新使命奔赴而来。N股，是指在美国纽约交易所上市的中国内地企业所发行的股票。1994年8月，山东华能发电股份有限公司以美国纽约证券交易所为第一上市地挂牌上市，从而拉开了中国企业进入全球最大资本市场的序幕。① 如果说H股是中国企业踏出境外融资的第一步，N股就是中国企业境外融资踵事增华的第二步，是中国资本市场国际化进程中的又一次尝试。N股的出现和壮大，给中国企业提供更大的海外融资市场。这些企业“走出去”上市后，一方面，通过发行股票引进了大量资金，推动了企业的股份制改造；另一方面，在海外经受了国际资本市场的洗礼，在公司治理方面，有了不同程度的收获。②

相较于H股，虽然N股的上市公司数量和总市值均略逊一筹，但N股孕育了很多新兴产业公司，如信息网络技术公司、互联网服务公司和新能源公司等。N股的多个公司均为中国内地各行业的龙头企业，如网络搜索的龙头企业百度、万维网门户的领先企业网易、互联网综合服务的领先企业奇虎360以及国内最大的先进医疗设备制造商迈瑞医疗。可以说，N股代表了中国内地新兴产业的发展方向，蕴藏着不可低估的发展潜力。[14] 中国资本市场“走出去”的进程愈行愈远，资本市场国际化进程行稳致远。

（四）发行L股

L股指在我国内地（大陆）注册，在伦敦上市，是专供外国投资者和我国港、澳、台地区投资者买卖并以人民币标明票面金额但以外币认购和交易的外资股。1997年3月，北京大唐发电股份有限公司在伦敦证券交易所挂牌上市，成为中国内地（大陆）首家进入欧洲资本市场的公司。③ 北京大唐发电股份有限公司本次发行了12.44亿股境外上市外资L股，发行价为2.52港元，市盈率为11.9倍，筹资达31.35亿港元。该公司先在香港联合交易所挂牌上市，然后以普通股形式在伦敦交易所上市。④

（五）发行S股

随着H股和N股的发展，又一外资股——S股产生。S股指在新加坡上市，是专

① 南焱，李国魂．五主席的关键时刻［J］．中国经济周刊，2010（49）：24.

② 桂浩明．中国资本市场国际化探索［J］．中国金融，2015（22）：23.

③ 南焱，李国魂．五主席的关键时刻［J］．中国经济周刊，2010（49）：26.

④ 佚名．3月21日，历史上的今天发生了什么［EB/OL］．（2020-03-21）［2021-03-10］．https：//www.sohu.com/a/381799199_166075.

供外国投资者和我国港、澳、台地区投资者买卖并以人民币标明票面金额但以外币认购和交易的外资股。相较于中国香港交易所，新加坡交易所上市的门槛相对较低且国际化程度相对较高。① 企业欲到新加坡上市，首先应委任中介机构，由财务顾问、律师、会计师等专业人士为公司制订并执行上市计划。此外，还应选定一家设在新加坡的金融机构作为上市主理商（经理人），该上市主理商一般为新加坡交易所的成员公司、证券银行或者其他受新加坡交易所承认的金融机构。上市主理商在公司准备上市的过程中扮演着积极的角色，它不单主理公司股票的推出，也代表公司呈交上市申请，主理商也会直接与新加坡交易所联系，处理申请上市过程中的其他相关问题。②1997 年 5 月 9 日，天津中新药业集团在新加坡上市，成为第一家以境内企业身份上市的 S 股。1997 年，“天津中新药业”在新加坡成功发行了 1 亿股 S 股，每股发行价格 0.68 美元，筹集资金近 6800 万美元。③2001 年共有 4 家境内企业在新加坡上市，其中中国航油（新加坡）股份有限公司是继“天津中新药业”之后第二家在新加坡直接上市的中国国有企业。2001 年底，中国加入世界贸易组织后，在新加坡上市的“中国概念股”曾掀起热潮，这些境内企业股票交投活跃，股价上升。但到了 2002 年，随着新加坡海峡时报指数下挫，境内企业股价也呈现较大的跌幅。经过一年半的沉寂之后，境内企业到新加坡上市出现新一轮的热潮。2003 年 6 月 5 日，鸿国国际控股有限公司在新加坡交易所上市，成为继 2001 年 12 月中国航油（新加坡）股份有限公司上市一年半后第一家到新加坡上市的境内企业。2003 年，在新加坡上市的境内企业达到 13 家。这些上市公司平均首个交易日取得 51% 的涨幅，远高于其他当地和外国新上市公司 33.7% 的涨幅。之后，境内企业在新加坡上市仍保持持续升温的势头。④

二、资本市场单向开放

自 21 世纪以来，基于我国资本市场投资理念不成熟、公司治理机制不健全和机构投资者规模小、竞争力低等问题，中国证监会同国家外汇管理局等有关部门，组织境内外专家学者开始研究允许外资通过 QFII 形式有限制地投资国内 A 股市场。研究表明：QFII 制度作为有组织、有控制地开放市场的手段之一，能够有效防范开放过快的弊端，有助于推动市场的改革开放和稳定发展；与外商直接投资相比，QFII 不直接参与管理，不谋求控制民族企业的股权、品牌、知识产权以及市场份额，有利于提高利用外资的水平。⑤ 经过反复论证和周密设计，借鉴了境外经验，最终于 2002 年 11 月 5

① 杨运财．境内企业香港、新加坡上市分析及对策研究［D］．西安：西北工业大学，2007：44.

② 吴寿元．关于中国企业在新加坡上市问题研究［D］．北京：首都经济贸易大学，2008：4.

③ 杜晓堂，郑卫峰，孙丽军．中国公司如何赴新加坡上市［J］．中国证券期货，2004（8）：83.

④ 杨运财．境内企业香港、新加坡上市分析及对策研究［D］．西安：西北工业大学，2007：35.

⑤ 中国证券监督管理委员会基金监管部．QFII 法律制度研究［EB/OL］．（2006-12-28）［2021-03-10］．http：//www.csrc.gov.cn/pub/newsite/flb/lfzl/jnlfssyzn/yjyd/200701/t20070108_77313.html.

日，中国证监会和中国人民银行联合颁布《合格境外机构投资者境内证券投资管理暂行办法》（已失效），并于同年 12 月 1 日正式实施，该办法的出台为中国资本市场对外开放再添粉墨一笔。QFII 是外国专业投资机构到境内投资的资格认定制度，它是一国在货币没有实现完全可自由兑换、资本项目尚未开放的情况下，有限度地引进外资、开放资本市场的一项过渡性制度。此制度要求外国投资者若要进入一国证券市场，必须符合一定条件，得到该国有关部门审批通过后汇入一定额度的外汇资金，并转换为当地货币，通过严格监管的专门账户投资当地证券市场。[①]QFII 的建立为境外投资者投资 A 股市场提供了一种行之有效的方法，对增加我国资本市场资金总额、引导境内价值投资理念发挥了积极作用。2003 年 7 月 9 日，瑞士银行买入了 QFII 第一单，备受瞩目的 QFII 正式登上中国证券市场大舞台，中国的资本市场开始进入新时代。此后，大量 QFII 涌入国内资本市场，不仅带来了大量境外资本，也引入了先进的管理方式和成熟的国际化投资精英，为我国更好、更快地发展资本市场注入了新能量。在接下来的 16 年里，QFII 制度经历了数次改革，改革内容包括拓展申请资格（2006 年 8 月）、提高单家申请投资额上限（2009 年 6 月）、规定资产配置原则（2010 年）、提高持股比例（2012 年 7 月）、放宽投资额度上限（2016 年 2 月）、取消股票配置比例要求（2016 年 9 月）、取消资金汇出比例要求（2018 年 6 月）、提高总额度和扩大投资范围（2019 年 1 月）、取消投资总额度限制（2019 年 9 月）等。[②]

随着我国外汇储备的不断增加以及居民财富的不断增长，我国机构与居民去境外投资的需求也越来越高。在此背景下，QDII 应运而生。2006 年 4 月 17 日，中国人民银行、中国银行业监督管理委员会和国家外汇管理局联合颁布《商业银行开办代客境外理财业务管理暂行办法》（银发〔2006〕121 号），表明 QDII 完成了从试点运行到整体制度执行的转变。2006 年 6 月 22 日，中国证监会召集了 QDII 商品的评审会议，华安基金管理公司所提出的 QDII 产品提案顺利通过评审，这也是第一家获得正式 QDII 资格的基金公司。同年 8 月 21 日，中国证监会发出公告通知，批准华安基金管理公司可以正式启动合格境内机构投资者的试点执行计划。2006 年 11 月，华安基金管理公司推出了国内首只 QDII 产品——华安国际配置基金，从此开始了国内基金管理公司的海外之旅。QDII 制度的实施，使得符合条件的境内基金管理公司和证券公司等证券经营机构经批准可以投资海外的证券市场，使得国内资本在可控的范围内能够配置境外资金，提高了境内投资者对投资企业的选择自由，拓宽了境内居民投资渠道，也帮助国内机构投资者将“鸡蛋放在不同的篮子里”，分散投资风险。

为了推出境外人民币存量资金投资于境内资本市场的正规渠道，以弥补离岸人民

① 360 百科 .QFII［EB/OL］.［2021-03-10］.https：//baike.so.com/doc/2297831-2430745.html#refff_2297831-2430745-1.

② 池晓辉 .QFII 投资的发展进程与影响［J］. 中国外资，2019（12）：92.

币投资渠道狭窄的问题。[①] 借鉴 QFII 制度的经验，中国证监会、中国人民银行和国家外汇管理局于 2011 年 12 月 16 日联合发布《基金管理公司、证券公司人民币合格境外机构投资者境内证券投资试点办法》（已失效），启动 RQFII 投资境内资本市场试点，允许境外机构投资者通过离岸人民币账户投资境内的公司。进一步允许境外机构投资者在规定额度内直接使用人民币投资于境内证券市场，拓宽了境外人民币投资渠道，推动了境内资本市场对外开放程度。RQFII 最初试点时，总额度仅为 200 亿元，且全部分配给境内基金管理公司和证券公司的驻港分支机构。而后，QFII 和 RQFII 的投资总额经多次松绑，最终于 2020 年 5 月 7 日，中国人民银行和国家外汇管理局联合发布的《境外机构投资者境内证券期货投资资金管理规定》（中国人民银行 国家外汇管理局公告〔2020〕第 2 号）中明确落实取消合格境外机构投资者和人民币合格境外机构投资者境内证券投资额度管理的要求，该项规定更加有利于境外投资者的资金进出与市场交易，使得 QFII 和 RQFII 对外资的吸引力进一步增强。RQFII 的不断扩容，不仅从侧面加速了人民币的国际化进程，而且进一步扩展了境外机构对中国证券市场的投资渠道。[2]

尽管 QFII、QDII 和 RQFII 的获批额度相较于 A 股市场的规模犹如沧海一粟，但作为资本市场开放初期的一种手段，首次实现了 A 股市场对外资开放。QFII 和 RQFII 的"引进来"以及 QDII 的"走出去"，是资本市场在对外开放基本国策影响下的进一步完善和发展，创建了全新的资本市场开放格局。虽然这只是中国资本市场的单向开放，但在一定程度上形成了具有特殊意义的资本双通道，引领更高层次的市场开放。

三、资本市场双向开放

不管是 QFII、RQFII 制度，还是 QDII 制度，资本市场的开放均是单向且分割的。境外投资者需要通过 QFII 和 RQFII 投资于国内证券市场，而境内投资者也只能通过 QDII 投资于境外证券市场。然而，"沪港通"的出现从根本上改变了中国证券市场封闭的状况，是中国资本市场双向开放进程中的里程碑。2014 年 4 月 10 日，国务院总理李克强在博鳌亚洲论坛上发表讲话时指出我们将着力推动新一轮高水平对外开放，一个很重要的方面，就是要扩大服务业包括资本市场的对外开放。譬如，我们将积极创造条件，建立上海与香港股票市场交易互联互通机制，进一步促进中国内地与香港资本市场双向开放和健康发展。我们将与国际市场更深度融合，不断提升对外开放的层次和水平。[②] 同日，中国证监会和香港地区证监会共同签署联合公告，正式批准上海证券交易所、香港联合交易所有限公司、中国证券登记结算有限责任公司和香港中央结算有限公司正式启动沪港股票交易互联互通机制试点。2014 年 11 月 17 日，"沪

① 谢亚轩，刘亚欣．人民币国际化乘风起航［J］．金融市场研究，2015，40（9）：24.

② 李克强．共同开创亚洲发展新未来［R/OL］．（2014-04-10）［2021-10-21］.http://www.gov.cn/guowuyuan/2014-04/11/content_2656979.htm.

港通”正式开通，首批沪股通标的股票名单包括上证 180 指数成分股、上证 380 指数成分股和 A+H 股上市公司中符合条件的 568 只股票，之后沪股通标的股票名单不断调整，截至每年年底沪股通股票数量如图 1–2 所示。截至 2019 年 12 月 31 日，沪股通共经历 1191 个交易日[①]，共有沪股通标的股票 582 只，累计买入金额约为 5.83 万亿元人民币，累计卖出金额约为 5.37 万亿元人民币，日均买入金额约为 48.98 亿元，日均卖出金额约为 45.06 亿元人民币。[②]香港作为国内与国外的“超级联系人”，在“一国两制”的方针下，有“一国”的优势，同时也有“两制”的优势；有“国内”的特点，也有“境外”的特点。其证券市场与内地证券市场的互联互通不仅能够增强两地股票市场的综合实力，扩大两地投资者的投资渠道，提升两地市场的竞争力，还能支持和配合内地资本项目逐步开放及人民币国际化的进程，推动人民币成为国际市场的投资货币。沪港通为上海证券交易所与香港交易所建立了方便的连接通道，首次实现了中国资本市场的双向开放，深化了我国资本市场与国际资本市场的交流合作，不仅为国内投资者开辟了投资海外股市的渠道，推动了人民币国际化的进程，加强了人民币在国际市场的有序流动，也为国内资本市场引入了更多的境外投资者，完善了中国资本市场的投资者结构，促进了我国资本市场健康稳定发展。[15]

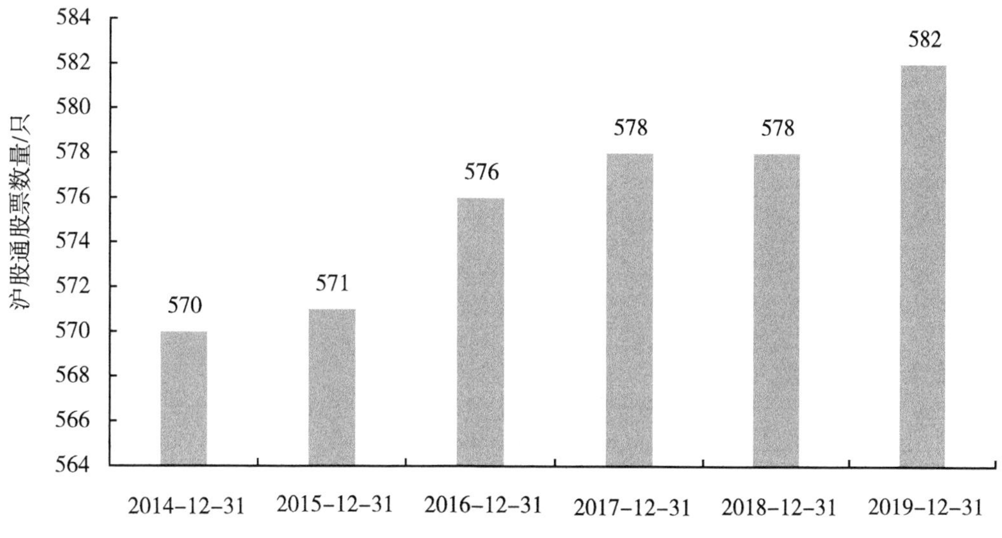

图 1–2　沪股通股票数量

资料来源：CSMAR 数据库 . 沪港通与深港通标的证券基本信息轨迹表[EB/OL].[2021-10-12]. https：//sygydx5.keketh.cn/. 图中数据由作者整理得出。

① CSMAR 数据库 . 沪港通与深港通交易日历表（日）[EB/OL].[2021-10-12].https：//sygydx5.keketh.cn/. 文中数据由作者整理得出。

② CSMAR 数据库 . 沪港通与深港通成交与额度控制表［EB/OL］.［2021-10-12］.https：//sygydx5.keketh.cn/. 文中数据由作者整理得出。

随着“沪港通”的平稳运行和经验积累，“深港通”的启动工作也随之开始。2016年3月24日，李克强总理在博鳌亚洲论坛2016年年会开幕式上发表主旨演讲指出，2016年要择机推出“深港通”。2016年8月16日，《深港通实施方案》经国务院常务会议通过。2016年12月5日，“深港通”交易制度正式实施，首批深股通标的股票名单包括深圳成分指数、深圳中小创新指数成分股以及A+H股上市公司中符合条件的881只股票，之后的数量也不断调整，截至每年年底深股通股票数量如图1–3所示。截至2019年12月31日，深股通共经历715个交易日[①]，共有深股通标的股票709只，累计买入金额约为4.10万亿元人民币，累计卖出金额约为3.65万亿元人民币，日均买入金额约为57.39亿元，日均卖出金额约为51.00亿元人民币。[②]“深港通”的正式开通标志着我国资本市场在国际化方向上又迈出坚实一步，内地与香港地区将在更大范围、更高层次、更深程度加强合作，双方将共同提升两地市场国际竞争力和服务实体经济的能力，资本市场双向开放的大门被进一步打开。从此之后，沪、深、港三地股票市场出现了“水池联体、水管联通、水位联动”的共同发展局面，加大提升了内地与香港地区金融中心的国际地位，显著增强了我国资本市场的综合实力，逐步构建形成既遵循国际市场惯例又具有中国特色的资本市场制度体系。

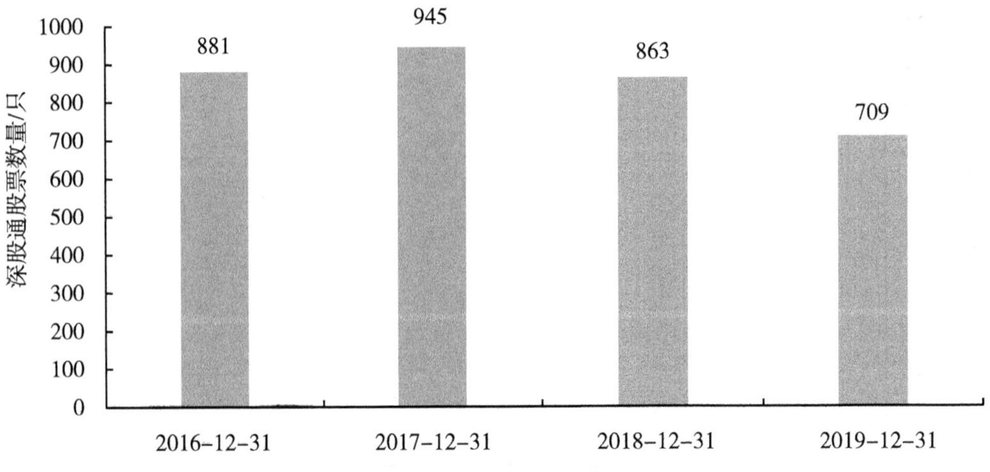

图1–3 深股通股票数量

资料来源：CSMAR数据库.沪港通与深港通标的证券基本信息轨迹表[EB/OL].[2021–10–12].https：//sygydx5.keketh.cn/.图中数据由作者整理得出。

资本市场开放的进程没有完成时，只有进行时。随之而来的“沪伦通”继续继承

① CSMAR数据库.沪港通与深港通交易日历表（日）[EB/OL].[2021–10–12].https：//sygydx5.keketh.cn/.文中数据由作者整理得出。

② CSMAR数据库.沪港通与深港通成交与额度控制表[EB/OL].[2021–10–12].https：//sygydx5.keketh.cn/.文中数据由作者整理得出。

了资本市场双向开放的思想，中国证监会和英国金融行为监管局于 2019 年 6 月 17 日发布联合公告称，原则上批准上海证券交易所和伦敦证券交易所开展“沪伦通”业务，“沪伦通”正式启动。同日，华泰证券发行的“沪伦通”下首只全球存托凭证（GDR）产品在伦敦证券交易所挂牌交易。启动“沪伦通”后，上海和伦敦两大金融重镇将实现互联互通，对于拓宽中英双向投融资渠道、促进中英两国资本市场共同发展，意义深远。中国金融持续开放是中国经济进一步扩大开放、拥抱世界的缩影。“而立之年”的中国资本市场开放进入了新时代，年轻而有活力的资本市场有了新使命和新目标，多项开放措施并举将为中国经济腾飞助力，是我国资本市场国际化进程的加速器。中国的行动一再表明，中国开放的决心不会变，开放的大门只会越开越大。

第四节　资本市场开放与审计的理论基础

一、资本市场开放相关理论基础

（一）投资者认知假说

投资者认知是决定市场资源配置的重要因素，代表着投资者掌握信息的不完全程度，投资者认知水平越高，公司价值越大。① 默顿和罗伯特（Merton & Robert）通过信息不完全的资本市场均衡简单模型提出投资者认知假说，认为基于无摩擦市场和完整信息的金融模型通常不足以捕捉行动中理性的复杂性，尽管在真实的金融世界中观察到了丰富的信息，但在完美市场环境中衍生的理性行为很少为金融制度、复杂的金融工具和合同或监管约束提供明确和重要的角色定位。[16] 随后，布伦南等（Brennan et al.）[17] 等学者在控制其他条件下研究发现，投资者认知水平更高的公司其股票价格反映信息的速度将更快。

根据投资者认知假说，在不完全信息的资本市场中，投资者对公司信息进行辨识需要付出认知成本。辨识公司信息要求的认知成本越高，投资者对该类公司的熟悉程度越低，投资者的认知风险就越大。反之，辨识公司信息要求的认知成本越低，投资者的认知风险就越低，对公司新信息的反应也就越迅速，并能在股价中得以体现。②资本市场开放的互联互通机制为境外投资者提供了股票交易平台，有利于优化投资者结构，提高投资者认知程度，进而通过降低公司特质风险和投资者预期报酬率提高股

① 雷光勇，张英，刘茉．投资者认知、审计质量与公司价值［J］．审计与经济研究，2015，30（1）：17-25.

② 张荣武，曾维新．信息不确定性、投资者认知风险与盈余惯性［J］．财务研究，2017（5）：23.

票价值。① 由于境外投资者是全球投资者的一部分，他们持有多个国家股票的投资组合，不仅在获取全球信息上占有优势，还能够将这些信息处理转换为私人信息，并通过知情交易直接促进与价值相关的信息纳入股票价格进而增加股价信息含量。[2] 随着内地资本市场股价信息含量的提高，境内投资者在境外投资者的价值投资行为引导下会大大降低辨识公司信息所要求的知识成本，因此，资本市场开放有助于降低境内投资者的认知风险，进而提高投资成功率。同时，由于理性的境外投资者具有较强的投资者保护意识以及成熟的长期价值投资理念，他们在构建投资组合时，偏好选择信息透明度高、治理好的公司进行投资，从而能够倒逼内地上市公司提高信息披露质量，缓解公司与外部投资者之间的信息不对称[8]。

（二）"羊群效应"理论

"羊群效应"是指投资者像羊群一样，在"领头羊"的带领下相互模仿、相互跟随，其结果将造成投资者的大规模同向运动，促使资产价格快速形成，增大市场暴涨、暴跌的可能性。② 经济学里经常用"羊群效应"来描述个体的从众跟风心理。

目前已有较多关于羊群行为的理论模型，如声誉羊群行为模型、信息流羊群行为模型以及序列性羊群行为模型等。这些模型从不同角度对羊群行为的效率、理性等问题进行了探讨。例如，沙尔夫斯泰因和斯坦（Scharfstein & Stein）通过建立"学习"模型提出了声誉羊群行为模型理论，该理论中假设了"聪明"和"愚蠢"两种类型的投资经理。③ 其基本思想是："聪明的"经理会收到关于投资价值的信息信号；"愚蠢的"经理会收到纯粹的噪声信号。最初，无论是管理者自己还是劳动力市场都无法识别这些类型。然而，在经理人作出投资决策后，劳动力市场可以更新其信念，即投资经理们会通过模仿其他经理的投资决策，且在这个过程中忽略了他们关于各种选择的具有吸引力的私人信息。尽管从社会的角度来看，这种行为是低效的，但从那些关心自己在劳动力市场声誉的管理者的角度来看，这是明智的。当其他专家也这么考虑时，羊群行为就产生了。1992 年，弗洛特等（Froot et al.）在《街上的羊群：短期投机市场中的信息不足》一文中开始借用"羊群行为"研究投资者的交易视野对资产价格信息性的影响，以及一个拥有大量短视交易者市场的效率是否会低于交易者进行买入和持有的市场。基于研究性羊群行为理论的分析结果指出，短期交易投资者的存在可能导致

---

① FOERSTER S R，KAROLYI G A. The effects of market segmentation and investor recognition on asset prices：Evidence from foreign stocks listing in the United States［J］. The journal of finance，1999，54（3）：981–1013.

② 程天笑，刘莉亚，关益众 .QFII 与境内机构投资者羊群行为的实证研究［J］. 管理科学，2014，27（4）：110.

③ SCHARFSTEIN D S，STEIN J C. Herd behavior and investment［J］.American economic review，1990，80（3）：466.

信息效率低下。交易者往往专注于学习任何可以帮助他们更有效地预测资产价格近期变化的信息。如果投资者的视野狭窄，他们可能会聚集在相同的信息上，试图了解其他知情交易者了解的不同信息，进而可能存在多个羊群平衡，且羊群投资者甚至可能选择研究与基本面完全不相关的信息，导致效率低下。①

在目前投资股票积极性大增的情况下，个人投资者能量迅速积聚，极易形成“羊群效应”。我国资本市场存在大量主要追求短期经济利益的散户投资者，投机性氛围浓厚。[11] 资本市场开放引入大量境外机构投资者，内地投资者会认为践行价值投资理念的境外投资者更具信息优势和更丰富的投资经验，于是处于“领头羊”地位的境外投资者或将引发“羊群效应”，使境内投资者根据境外投资者的持仓情况作出相应的交易决策。从某种程度上说，这些境外投资者引领了境内投资者的行为，进而有助于境内投资者吸收海外成熟的投资经验，抑制过度投机行为，逐渐形成价值投资的氛围。②

（三）“柠檬市场”理论

“柠檬市场”概念最早由美国经济学家乔治·阿克尔洛夫（George A. Akerlof）提出，是“非对称信息学”中的基础理论。“柠檬市场”也称次品市场，是指信息不对称的市场，即在市场中，产品的卖方对产品的质量拥有比买方更多的信息。

阿克尔洛夫（Akerlof）在其 1970 年发表的《柠檬市场：产品质量的不确定性与市场机制》中分析了“柠檬市场”萎缩的过程，通过一个二手车市场的案例，构建了“柠檬市场”理论模型。论文指出在二手车市场中，显然卖家比买家拥有更多的信息，两者之间的信息是非对称的。买家在信息劣势情况下肯定不会相信卖家的话，即使卖家说得天花乱坠。买家唯一的办法就是压低价格以避免信息不对称带来的交易风险造成的损失。同时，买家过低的价格也会使得卖家不愿提供高质量的产品，从而低质品充斥市场，高质品被逐出市场，最后导致二手车市场萎缩。③“柠檬市场”理论的贡献在于，提出了市场的有效运行需要市场双方皆掌握足够的信息，然而信息不对称在市场中是普遍存在的。该理论不仅否定了经济研究中“完全信息”的假设，还指出了价格的“信息”功能，认为市场失灵的根源在于价格在现实市场中具备双重的角色：既要表达市场平均质量的水平，又要符合市场实现均衡时的价格信号角色，而当价格无法承担这样的双重身份时，就会致使市场失灵。随后，“柠檬市场”理论和模型被后人进行了

① FROOT K，SCHARFSTEIN D，STEIN J. Herd on the street：Informational inefficiencies in a market with short-term speculation［J］.The Journal of Finance，1992，47（4）：1461-1484.

② 刘英 . 沪港通五周年成果显著 未来将进一步推动中国资本市场高水平对外开放步伐［N］. 证券日报，2019-11-30（A03）.

③ AKERLOF G A.The market for “lemons”：quality uncertainty and the market mechanism［J］.The quarterly journal of economics，1970，84（3）：488-500.

拓展和延伸，逐渐被应用到各个领域，对现实市场问题研究产生了巨大的推动作用。[18]

“柠檬市场”概念对我国股市依然受用。信息不对称在证券交易市场中同样是客观存在的，可产生“逆向选择”和“道德风险”问题，最终致使资本市场成为“劣币驱逐良币”的“柠檬市场”。[18]我国资本市场存在各种形式的信息不对称，并且上市企业的违法违规行为也存在外部性影响。例如，“雅百特”“辉山乳业”“凯迪生态”等违规事件严重挫伤了投资者信心，降低了股东价值，增加了资本市场不稳定性，导致资本不合理分配。资本市场开放后，境外投资者相对于内地投资者来说居于信息的劣势地位。由于信息很难跨越地理、语言和文化的障碍而进行有效传递，因而境外投资者需要投入更多的时间、精力去分析公司的各种财务和非财务信息，有时甚至要进行实地调研，这些都将导致获取本地公司信息的成本提高[2]。因此，境外投资者为了降低自身面临的信息不对称，必须借助独立的第三方审计师提高企业财务信息披露质量，从而降低投资决策失败的风险。

二、审计相关理论基础

（一）委托代理理论

合伙制企业与股份制企业的兴起为现代企业制度的发展和委托代理理论的兴起奠定了基石。1720年，发生于英国的一场股票投资狂潮“南海泡沫”事件中，众多合股公司纷纷倒闭。这催生了当时被英国习惯法视为非法人实体的合伙制企业——合伙和信托的结合，即通过指定合伙人中的某些人作为其他合伙人的财产托管人，并授予他们与其他个人或团体订立合同的权利，使经营权集中到少数人手中。①18世纪至19世纪中叶，英国发生工业革命，资本主义经济迅速发展，合伙制企业进行集体表决的难度伴随着投资者数量的增加而日益增大，股份制公司逐渐兴起。20世纪30年代，伴随着企业所有者兼具经营者做法的弊端逐渐显露，美国经济学家伯利和米恩斯（Berle & Means）于《现代公司与私有财产》指出，在所有权分散和集体行动成本很高的情况下，从理论而非实证的角度看，职业型的公司经理多半是无法控制的代理人。②

委托代理理论是制度经济学契约理论的主要内容之一。该理论认为，委托人与代理人之间的利益分歧、信息不对称性、契约不完备性和交易费用是产生代理问题的根本原因，委托人可以通过设立适当的激励机制或花费一定的监督成本，来限制代理人背离委托人利益行为的发生，从而降低委托人与代理人之间的利益冲突。③委托代理

① 张仁德，段文斌．公司起源和发展的历史分析与现实结论［J］．南开经济研究，1999（4）：19-27.

② 金晶，王颖．委托代理理论综述［J］．中国商界（下半月），2008（6）：241.

③ 吴小节，曾华，汪秀琼．多层次情境嵌入视角下的委托代理理论研究现状及发展［J］．管理学报，2017，14（6）：936.

关系的存在必然产生代理成本问题，詹森和麦克林（Jensen & Meckling）认为对委托人而言，代理成本包括：监督成本，即委托人为了激励和控制代理人，使后者为前者的利益尽力的成本；担保成本，即代理人用来保证其不采取损害委托人的行为所付出的费用，以及采取了哪种行为将支付赔偿；剩余损失，即委托人因代理人代行决策而产生的一种价值损失，大小等于由代理人决策与委托人在假定具有代理人相同信息和才能的情况下决策所获得的价值的差额。由于委托人与代理人的利益不一致、双方的契约不完全、信息不对称，代理成本必然产生。

现代企业中通常存在两类代理问题：一类是股东与管理层之间的代理问题，另一类是大股东和中小投资者之间的代理问题。[①] 从第一类代理问题来看，股东和高管都是追求个人经济利益最大化的理性经济人，两者所追求的目标偏差和利益冲突是导致代理问题产生的根源。在现代企业制度下，剩余控制权与剩余索取权的分离及信息不对称会产生代理成本，[②] 进而增加股东利益受到理性经理人侵犯的可能性，产生经理人对股东的“内部人控制”[③] 问题。例如，高管超额的在职消费、过度耗用资产以及信息披露不规范等。第二类代理问题则是大股东依托于自身股权权利对企业进行基于个人利益最大化的企业决策干扰，从而对中小股东利益形成“隧道挖掘”[④] 的问题。例如，大股东通过资产购销、产品购销实现关联交易、利用各种金融手段（高派现[⑤]）实现利益侵占等。在这种复杂的代理关系下，为了减少这种代理成本，聘请审计师对双方契约关系的实施进行监督和协调，缩小两者之间信息不对称程度，逐渐成为企业缓解代理问题的主要方式之一。

（二）审计信息假说

信息是影响经济决策效率的重要因素。信息假说认为，资本市场的参与者面临着信息不对称，通常卖方掌握的信息比买方要多，为了追求自身利益最大化，企业经营者甚至可能提供虚假财务信息。[⑥] 尤其是业绩不理想的企业管理层会通过激进的盈余

---

① 王艳艳，陈汉文，于李胜．代理冲突与高质量审计需求：来自中国上市公司的经验数据［J］．经济科学，2006（2）：73.

② 陈丽蓉，黄瑶．管理层剩余控制权、剩余索取权与内部控制审计相关性研究［J］．中国注册会计师，2013（7）：88–94.

③ “内部人控制”是在现代企业中所有权与经营权（控制权）相分离的前提下形成的，由于所有者与经营者利益不一致，由此导致了经营者控制公司，即“内部人控制”现象。佚名．内部人控制［EB/OL］．［2022-03-01］．https：//wiki.mbalib.com/wiki/%E5%86%85%E9%83%A8%E4%BA%BA%E6%8E%A7%E5%88%B6.

④ 约翰逊（Johnson）等提出“隧道挖掘”（tunneling）的概念，又译为“利益输送（侵占）”“掏空”等，这里指大股东通过各种隐蔽复杂手段对中小股东实施的利益侵蚀等行为。JOHNSON S，LA PORTA R，LOPEZ-DE-SILANCES F，et al. Tunneling［J］. American economic review，2000，90（2）：22 – 27.

⑤ 具有“掏空”动机的大股东有可能通过“高派现”这一手段来获取大量现金分红。

⑥ 周莉．信息理论与自愿审计动机探究［J］．科技创业月刊，2010，23（7）：95.

管理行为掩盖自身机会主义行为，提供虚假的财务信息来满足自身利益，进而可能导致有限的市场资源流向劣绩公司，而披露高质量财务信息的企业不得不退出市场，最终形成“柠檬市场”。

20世纪60年代后，随着信息时代的到来，独立审计在资本市场中逐渐承担起改善企业财务信息质量、降低市场信息风险的角色，审计信息假说也应运而生。审计信息假说认为，之所以财务信息使用者存在对注册会计师独立审计的需求，是因为审计的本质功效是提高财务信息可信性和增加财务信息价值，是一种降低财务信息风险的活动。为了避免“柠檬市场”出现，一方面，企业会通过购买独立审计服务对其财务信息进行鉴证，借助审计的信息传递功能将自身优质信息传递给市场以获得投资者的青睐；另一方面，财务信息使用者会借助第三方独立审计师的审计报告，对拟投资企业财务信息进行了解，从而降低信息不对称程度，避免投资失败。

审计信息假说的出现与盛行和委托代理理论的出现与盛行有着类似的背景，即股份公司的兴起和发展。证券交易市场建立后，对于许多投资者来说，投资收益不仅包括过去单纯的股利，还包括股票市场的转让所得。① 基于会计决策有用观，投资者会着重关注所投资企业的会计信息，以及其他企业的会计信息，试图通过不断优化投资组合来获取股票价差。薛祖云等认为，委托代理理论在解释产生审计需求的时候存在一个基本前提，即信息的提供者与信息的使用者之间存在明示的委托代理合同，而信息假说则不需要这样的条件，它是假定股东和利害关系人广泛依赖于财务信息，并将其作为决策的依据。② 由于利益相关者的决策行为广泛依赖企业披露的财务信息，将其作为投融资交易的决策依据，但自身不具有判别财务信息是否真实、公允的能力，因而必须聘请具有会计专长的审计师来进行审查和判断，进而作出鉴定证明并予以报告，满足其相关的信息需求。

（三）审计保险假说

审计的保险功能在1987年由华莱士（Wallace）提出，梅农和威廉姆斯（Menon & Williams）[19]、巴伯等（Baber et al.）[20]也都认同审计的保险功能。审计保险假说认为，审计师通过出具审计意见，对企业财务报告是否真实公允作出承诺；投资者基于对审计师公信力的信赖，相信企业财务报告，并据此进行投资决策，审计师就经审计的财务报告对投资者承担“瑕疵担保责任”[56]。如果审计师因为违反职业规范、缺乏职业胜任能力等出具了不当审计意见，并导致投资者遭受投资损失时，审计师需要承担连

① 薛祖云，陈靖，陈汉文. 审计需求：传统解释与保险假说［J］. 审计研究，2004（5）：21.

② 薛祖云，陈靖，陈汉文. 审计需求：传统解释与保险假说［J］. 审计研究，2004（5）：21.

带的侵权赔偿责任，赔偿投资者的损失。① 据此，审计报告实质上是财务报告所附带的一份“保单”，审计关系可以理解为保险合同关系：“投保人”为上市公司，“承保人”为会计师事务所，“受益人”为参与上市公司证券交易的投资者。梅农和威廉姆斯于 20 世纪 90 年代初选取了一个资本市场上的特殊事件，借助美国第七大会计师事务所拉文索尔和霍瓦斯（Laventhol & Horwath）（以下简称 L&H）破产清算的事例中其客户股票价格的波动来验证审计保险假说。由于事件期内 L&H 客户的股票相对于其他公司出现了显著为负的异常收益，梅农和威廉姆斯通过对不同股票的比较分析发现，在 L&H 申请破产前股价下跌越严重的公司在 L&H 破产披露日会发生越剧烈的下跌。梅农和威廉姆斯认为，这是由于股价下跌越严重的公司，越容易遭到投资者起诉要求弥补投资损失，即“审计保单”的价值更高，若 L&H 破产，则丧失的“审计保单”的价值更大。[19] 我国学者伍利娜等用中国证券法演进的独特历史，从股价中的审计保险价值和审计收费中的审计保险费两个视角，验证了审计保险假说在我国资本市场同时成立。原因在于：其一，在资本市场中，被审计单位的股票价格包含着“审计保单”的价值；其二，审计师收取的审计费用中包含着“保险费率”；其三，审计费用中包含的“保险费率”和“审计保单”的价值正相关。因此，投资者要求审计师降低财务信息风险的同时，还可以将其所面临的财务信息风险全部或者部分地转移给审计师。[69] 当上市公司面临的诉讼风险增加时，其预期的保险价值也会相应增加，审计师也会要求上市公司支付更高的风险溢价。② 同时，当审计师承担的风险过高时，股东可能认为这不是一项最有利的制度安排，进而可能会选择更换审计师。因此，从信息使用者的角度来看，完整的审计不仅需要传递财务信息，还需要对信息提供合理保证，即审计具有信息价值和保险价值的双重功能。

第五节 资本市场开放、企业社会责任与审计的理论基础

一、利益相关者理论

利益相关者理论为 1963 年斯坦福大学研究所结合社会关系网络理论提出的，该理论是企业社会责任缺失相关问题研究的基础理论。利益相关者理论提出之初，其内涵是企业存在于一定的社会关系网络中，企业的经营活动不仅应该考虑企业的经济利

① 倪慧萍，时现．审计风险转移功能与保险性质审计收费：审计保险假说的进一步检验［J］．审计与经济研究，2014，29（2）：30-37.

② 余玉苗．注册会计师审计定价模型中的风险溢价及其内在化研究［J］．会计研究，2005（3）：16-21.

益，而且要将众多与企业相关的社会群体的利益纳入考虑的范畴。美国学者安索夫（Ansoff）在利益相关者理论刚刚提出之后对其应该涵盖的群体进行了分类，他认为，利益相关群里应该包括政府、公众、环境、债权人、供应商、消费者以及公众组织等。[①] 在此基础之上，唐纳森和普雷斯顿（Donaldson & Preston）继续拓展了利益相关者理论，并深入分析利益相关者理论形成的内涵和机理。唐纳森和普雷斯顿认为利益相关者并不是企业单向影响的个人或组织，而是与企业进行双向影响的、能够对企业经营绩效产生影响的个体和组织。[②] 布莱尔（Blair）与以往学者的观点有所差异，他认为，只有那些对企业发展倾注动力的个体和组织才能算作企业的利益相关者，这些利益相关者对企业有积极正向的责任和利益输出。[③] 但多数学者认为，企业的利益相关者主要是在企业经营中被动受企业影响的个体和组织，在企业给予这些个体和组织刺激后，利益相关者才会输出反应。[④] 对利益相关者的影响被称为外部性或者溢出效应，指的是企业对企业外部相关联方产生的经济影响，这部分影响无法从商品买卖反映出来。外部性又分为两种，正外部性和负外部性。正外部性指企业对外部关联方产生积极影响，即外部关联方不用付出成本就能享受到该企业带来的好处。负外部性指企业给外部关联方产生消极影响，即企业的行为会给外部关联方带来损害。

利益相关者理论的发展也带来了一些对于该理论的思考，如利益相关者理论的作用是什么？利益相关者理论是如何发挥作用的？利益相关者理论发挥作用需要怎样的内部和外部条件？实际上，利益相关者理论并不是孤立的，社会关系网络原理以及经济学中的产权理论和契约理论也是利益相关者理论的重要基础。由于这些理论基础的带动，企业社会责任研究的方向和具体内容有了更精确的目标。利益相关者理论成为企业社会责任研究的伴随理论和研究基础，在发展和研究企业社会责任缺失治理机制的过程中起到了重要的作用。利用利益相关者理论指导企业社会责任缺失的研究成为多数此领域研究者的共识。从指导实践的角度出发，利益相关者理论能够有效处理企业与社会各相关组织之间的关系，使得企业在日常经营活动中有规可循，能够在制定决策的过程中有章可依。

利益相关者理论认为，企业是利益相关者的共同体，是公司与利益相关方之间的多方契约关系。资本市场开放后，互联互通机制不仅提高了境外投资者的持股比例，也吸引了更多的财务分析师、券商以及媒体等信息中介对标的公司的跟踪人数和调研

---

① ANSOFF H I. Corporate strategy［M］.New York：McGraw-Hill，1965.

② DONALDSON T，PRESTON L E. The stakeholder theory of the corporation：Concepts，evidence，and implications［J］. The academy of management review，1995，20（1）：65-91.

③ BLAIR M M. Ownership and control：Rethinking corporate governance for the 21st century［M］. Washington D C：Brookings Institute，1995.

④ 王竹泉，杜媛 . 利益相关者视角的企业形成逻辑与企业边界分析［J］. 中国工业经济，2012（3）：108-120.

次数。[21]这些外部监督者更可能积极参与公司治理，要求管理层提供更加透明的盈余信息，有助于改善信息环境，提高信息披露质量。由于践行价值投资理念的境外投资者具有全球化的交易经验、更强的独立性、更先进的分析和沟通工具、更强的信息处理能力和更成熟的交易策略，且具有较强的动机和经验、技术与人力资源等优势去收集与分析企业内在价值的信息，更可能依据非财务信息开展市场交易，[11]因此，他们更倾向于选择具有可持续发展能力和长远发展前景以及信息环境较好的公司。一方面，企业实施企业社会责任战略能够增强企业竞争力，与政府和社区形成更好的关系，增加企业的经济价值，也可以增强企业的可持续发展能力，提高企业的长期财务绩效。进一步研究发现，企业积极履行社会责任意味着企业承担对多元利益相关方的社会责任使得企业的外部知识网络更为丰富，能够获得更为多元化的创新知识资源的获取来源。另一方面，社会责任信息作为关键的非财务信息扮演着向外界传递公司社会责任履行情况的角色，提升了公司信息披露的透明度，降低了信息不对称程度。高质量的社会责任信息披露更有助于促进股价回归企业内在价值，提高股价信息含量，降低股价同步性，进而降低投资者决策风险，有助于境外投资者以及其他利益相关方更为全面地了解公司的运营情况，[22]最终提升境外投资者以及其他利益相关方对公司财务信息的信任。

二、资源基础理论

利益相关者理论注重从需求的角度解释企业为什么要承担社会责任，认为企业承担社会责任是外界的需求，企业只有在满足外部需求的情况下才能够获得内部的收益，最终实现与利益相关者之间的共赢。而资源基础理论则从企业供应社会资源的角度来阐述企业承担社会责任的主要原因。资源基础理论认为企业承担社会责任不是单向付出，这种付出不是公益的，甚至企业承担社会责任是企业在发展至一定阶段后企业内部产生的现实需求，企业需要利用承担社会责任的契机来实现企业资产（如劳动力、生产资料、产品、设备等）的增加。

资源基础理论从另一个视角解释了企业承担社会责任的现实需求：首先，企业在承担相关社会责任的过程中需要投入一定的资源；其次，企业在承担社会责任的过程中可以建立自己的竞争优势并获得经济利益，虽然这一效果的实现可能需要一定的过程；最后，企业在承担社会责任的过程中可以建立与众多资源的联系，促进企业对资源快速地整合，企业声誉在此过程中也附带提升。

在经济全球化背景下，资本市场开放成为一种趋势。资本市场开放带来了更多具有先进理念的价值投资者，增加了资本市场的波动性，引入了成熟市场的规则，对企业的长期战略决策提出了更高的要求，从而对企业承担社会责任的战略决策也产生一定影响。一方面，企业社会责任作为提高企业最终财务绩效的战略性资源，能够降低成本和风险①、赢得声誉和合法性、获取竞争优势。基于理性经济人假设和资源基础理论，企业以"先义后利"为策略②，通过主动履行更多的社会责任，获得政府等各方利益相关者支持的优势异质资源，从而提高企业竞争优势，营造宽松的经营环境，获得更高的社会福利，赚取更大的利润，进而实现利益最大化目标，降低资本外逃概率，减缓市场波动。[23]另一方面，企业承担社会责任表明其愿意分配资源与境外投资者进行交换，相应信息披露是对其期望和信息需求的积极回应，有助于两者建立长期稳定的关系。③

三、信号传递理论

信号是在信息不对称的情况下，拥有私人信息的一方向不知情的另一方传递信息的媒介。通过信号传递可以规避逆向选择的风险，改进市场运行状况。信号理论包括信号传递（signaling model）和信号甄别（screening model）两个方面的内容。信号传递是指通过可观测的行为传递有关价值或质量的真实信息，在这一模式中，信息优势方先行动，向具有信息劣势的一方传递信号。信号甄别是指在不同的合同中识别有关价值或者质量的真实信息，在这一模式中，信息劣势方先行动，信息劣势方首先给出不同合同条款，信息优势方通过选择与自己类型匹配的合同，使得帕累托改进得以实现。事实上，信号传递和信号甄别都是解决关于信息不对称导致的道德风险和逆向选择问题，所以也采用"信号传递"泛指信号传递和信号甄别。

信号传递理论在财务领域的应用始于罗斯（Ross）的研究，他发现拥有大量高质量投资机会信息的经理可以通过资本结构或股利政策的选择向潜在的投资者传递信息。④西方财务学家的研究表明，在信息不对称下，公司向外界传递公司内部信息的常见信号有三种：①利润宣告；②股利宣告；③融资宣告。与利润的会计处理可操纵性相比，股利宣告是一种比较可信的信号模式。在前人研究的基础上，米莱尔（Miller）等正式提出了股利分配的信息含量假说。他指出，公司宣布股利分配能够向市场传递有关公司前景的信息，如果这些信息是投资者以前未能预料到的，那么股票价格就会对股利的变化作出反映，这种反映就是股利的信息含量效应。非预期的股利增加预示

① 赵天骄，肖翔，姜钰羡．企业社会责任与企业投资水平：基于企业生命周期的视角［J］．北京理工大学学报（社会科学版），2019，21（6）：107-115.

② 徐细雄，龙志能，李万利．儒家文化与企业慈善捐赠［J］．外国经济与管理，2020，42（2）：124-136.

③ 陈承，王宗军，叶云．信号理论视角下企业社会责任信息披露对财务绩效的影响研究［J］．管理学报，2019，16（3）：408-417.

④ 佚名．信号传递理论［EB/OL］．［2021-03-01］.https：//wiki.mbalib.com/wiki/%E4%BF%A1%E5%8F%B7%E4%BC%A0%E9%80%92%E7%90%86%E8%AE%BA.

着好消息，是管理当局给市场的一个信号，它表示公司预期会运转得更好。①

埃尔法哈尼（Elfakhani）的研究更进一步揭示了股利信号的价值。他指出，股利信号的价值取决于三个因素：股利变化的方向（增加还是减少）、信号的性质（利好还是利空）、信号的作用（确认、澄清还是混淆）。② 市场更加关注的是股利信号的性质而不是股利变化的方向。因此，并不是所有的股利减少都是坏消息，也不是所有的股利增加都是好消息。传递利好信息的股利减少会导致正的市场反应，而传递利空信息的股利增加会导致负的市场反应。股利信号的作用则与公司披露事项的多少及一致性相关。如果公司披露的信息足以揭示公司的经营状况，而且所披露的各类信息对公司经营状况的揭示具有高度一致性，那么股利增加信号所起的确定性作用对市场的影响就不强，因为所传递信息中非预期信息太少。但如果公司披露的信息较少或所披露信息之间一致性不强，那么股利信号所传递的信息价值就较高，它有利于消除投资者判断上的不确定性，所以更能引起市场的反应。

企业承担社会责任表明其愿意分配资源与境外投资者进行交换，相应信息披露是对其期望和信息需求的积极回应。一方面，在中国A股市场中，个人投资者占比较大，主要以选择资金快进快出等投机性交易策略来追求短期经济利益，[11] 而资本市场开放会引入更多注重企业长期价值的成熟投资者。企业社会责任履行水平往往是中长期价值投资者作出重要决策的依据，③ 持有长期价值投资理念的投资者会更偏向于选择社会责任履行水平更高的企业。社会责任履行水平更高的企业向外界传递自身积极信号，有助于获得成熟投资者的青睐，获得更多境外资本投入。另一方面，社会责任报告是公司关键的非财务信息，现实中由于信息不对称，外界多用公司对外公开披露的信息来衡量其实际表现。故而，公司以披露社会责任信息的方式来满足利益相关者对公司履行社会责任的诉求。资本市场开放后，基于信号传递理论，企业为了在市场竞争中脱颖而出，会主动对外披露高质量社会责任信息，向市场表明自身具有高素质，以期以较低的成本向境外投资者传递信号。

四、声誉理论

企业声誉的研究最早始于1763年的亚当·斯密（Adam Smith）时代。丰布伦和林多瓦（Fombrun & Rindova）通过总结各种观点，提出了一个学术界广泛认同的定义：

---

① MILLER M H，ROCK K. Dividend policy under asymmetric information［J］. The Journal of finance，1985，40（4）：1031-1051.

② ELFAKHANI S. An empirical examination of the information content of balance sheet and dividend announcements：A signaling approach［J］. Journal of financial and strategic decisions，1995，8（2）：65-76.

③ 毛磊，王宗军，王玲玲. 机构投资者持股偏好、筛选策略与企业社会绩效［J］. 管理科学，2012，25（3）：21-33.

企业声誉反映了企业为各种利益相关者提供有价值产出的能力，它是企业过去发生的行为和结果的综合体现。① 企业声誉作为一种衡量的指标，能够有效衡量公司内部与外部利益相关者之间存在的关系，分析企业在目前的竞争环境和制度环境中处于怎样的地位。经济学理论认为，声誉机制为契约得到顺利执行的重要保证机制。博弈论的出现更是促进了声誉理论的发展。买卖双方的交易过程可以视为一个博弈的过程，在一个多期的博弈框架中，声誉效应会促使信息优势方持续性地提供高质量商品或服务，即便它们会为此承担更高的成本。而买方对产品价格的判断不但需要参考市场行情，还会进一步将卖方在交易前形成的声誉作为参考。当交易完成后，买方通过观测产品或服务质量形成新的卖方声誉；卖方会考虑到自己当期的行为会影响买方对自己下一期声誉的判断，从而影响未来的收益及交易的可持续性，于是会优化自己的产品和服务。低声誉无疑直接导致双方合作的中断，减少未来的收入。因此，具有良好声誉的企业会有动力维持自身的声誉。②

丰布伦（Fombrun）将企业声誉分为六个方面：①财务业绩；②产品质量；③员工关系；④社区参与；⑤环境表现；⑥组织事务。从中我们可以发现企业声誉与利益相关者之间存在相互融合的关系，同时企业声誉的六个方面与企业社会责任的涵盖维度高度契合。众多的理论研究都认同良好的企业社会责任表现有助于建立和提升企业声誉。

资本市场的双向开放将原本封闭的 A 股市场与世界市场重新整合，进一步降低对境外投资者的投资管制、促进投资者的资金进出与市场交易，带来更成熟的价值投资理念。[15] 一方面，持有长期价值投资理念的投资者会更偏向于选择社会责任声誉水平更高的企业。从企业战略视角出发，社会责任作为一种长期战略，企业履行社会责任能够树立良好形象，增强企业竞争力，而较好的企业声誉和竞争力有助于企业获得投资者的青睐。[23] 另一方面，企业社会责任与企业声誉呈显著正相关关系。企业社会责任信息披露作为一种有效宣传工具，披露的社会责任报告得到投资者认可后有助于企业树立品牌、提升形象，积累社会资本。[24]

---

① FOMBRUN C J，RINDOVA V. Who tops and who decide? The social construction of corporate reputations [R].New York University，Stern School of Business，Working paper，1996.

② 丁志鑫.债券发行中介声誉与债券融资成本的实证研究 [D]. 上海：上海外国语大学，2020：11.

第二章　资本市场开放的治理效应

第一节　资本市场开放与企业战略差异

一、引言

企业战略作为企业前瞻性和全局性的统筹规划，指引着企业整体的发展方向。[①] 部分企业因面临相同的行业环境和竞争环境，会相互学习效仿，在资源配置和核心能力等方面产生相似性，并逐渐在行业内形成常规战略。[②] 也有部分企业因其独特的资源和能力，出于获取超额回报的目的，在战略选择和实施上另辟蹊径，偏离行业常规，形成战略差异。[③④] 企业战略差异受到首席执行官（CEO）核心自我评价、高管团队薪酬结构、内部控制、企业金融化等企业内部层面的影响。但不可忽视的是，外部环境也影响着企业战略差异，只有组织战略与外部环境和内部条件相匹配，战略才能发挥其应有的作用。[⑤]

近年来，资本市场开放进程显著加快。2014 年与 2016 年先后实施的沪港、深港股票市场交易互联互通机制开启了中国资本市场双向开放的新时代，不仅从投资者结构、市场有效性[25]、股票流动性[26]等方面深刻影响资本市场和宏观经济，而且作为一种外部治理机制，为微观企业行为带来积极效应，如促进企业创新、抑制违规行为、提高会计信息可比性等。那么，资本市场开放是否会影响企业战略决策，会产生怎样的影响，是否会呈现出"牵一发而动全身"的现象？这些问题值得进行深入探讨。

高管作为企业生产经营的负责者，对企业战略的选择和实施起着至关重要的作用。[27] 委托代理理论认为，出于谋取个人私利的目的，高管很可能利用信息优势作

① MINTZBERG H. Patterns in strategy formation [J]. Management science，1978，24 (9).

② DIMAGGIO P J，POWELL W W.The iron cage revisited：institutional isomorphism and collective rationality in organizational fields [J]. American sociological review，1983，48 (2)：147-160.

③ GELETKANYCZ M A，HAMBRICK D C. The external ties of top executives：implications for strategic choice and performance [J]. Administrative science quarterly，1997，42 (4)：654-681.

④ TANG J Y，CROSSAN M W，GLENN R W.Dominant CEO，deviant strategy，and extreme performance：The moderating role of a powerful board [J]. Journal of management studies，2011，48 (7)：1479-1503.

⑤ 张伟华，王斌，黄甲 . 董事会异质性、行业环境与公司战略调整 [J]. 科学决策，2016 (5)：50-74.

出有损于股东利益的战略选择。股东可借助薪酬激励对高管行为及决策起到约束和引导作用，最大限度地将高管薪酬与组织绩效、高管个人发展目标与企业战略目标相联系，① 进而实现股东与高管利益趋同，促使高管制定并实施有利于企业长期发展的企业战略。资本市场开放后，大量追求长期价值的境外投资者进入我国 A 股市场。[11] 而高管薪酬激励作为一项缓解代理冲突的重要机制，为企业治理和未来价值创造了良性条件，与境外投资者的长期价值投资理念不谋而合，从而可能影响境外投资者参与企业治理与决策的程度。因此，高管薪酬激励不仅可能对企业战略选择产生影响，还可能会对资本市场开放与企业战略差异之间的关系强度发生作用。

基于以上分析，本书选取 2010—2019 年我国 A 股上市公司为研究样本，借助“沪深港通”这一自然实验平台，研究资本市场开放对企业战略差异的影响，并探析高管薪酬激励对资本市场开放和企业战略差异之间关系的调节效应。本书可能的边际贡献主要表现在：第一，鲜有文献将资本市场开放作为企业战略差异的外部驱动因素，而本书基于资本市场开放的监督治理效应，首次揭示了资本市场开放对企业战略差异的影响机制，对深入理解资本市场开放的经济后果和企业战略差异的影响因素提供了新的参考；第二，首次将资本市场开放、高管薪酬激励与企业战略差异纳入统一框架下进行研究，通过考察高管薪酬激励对资本市场开放和企业战略差异之间关系的调节效应，丰富和拓展了相关研究领域的文献，为企业完善高管薪酬激励方案提供有益借鉴。

二、理论分析与研究假设

（一）资本市场开放与企业战略差异

随着企业战略差异度的增加，企业信息不对称程度也随之增加，② 高管倾向于利用战略差异掩饰其机会主义行为。资本市场开放后，标的企业成为资本市场国际化进程中的重点监管对象，③ 高管基于获取超额薪酬、维护个人声誉及构建“帝国”等动机实施的机会主义行为将很有可能无处遁寻。一方面，“沪深港通”等资本市场开放政策的实施伴随着一系列监管文件的发布，[6] 香港联合交易所以及港股投资者进一步将其对企业治理、信息披露等行为规范的要求带入内地资本市场，④ 形成了更为严格的法律监管环境。另一方面，分析师、媒体、审计师等在政策驱动下成为标的企业的外部监督主

① 宋渊洋，李元旭．控股股东决策控制、CEO 激励与企业国际化战略［J］．南开管理评论，2010，13（4）：4-13.

② 施先旺，刘会芹．企业战略差异对股价崩盘风险的影响［J］．会计之友，2019（8）：84.

③ 郭阳生，沈烈，郭枚香．沪港通改善了上市公司信息环境吗：基于分析师关注度的视角［J］．证券市场导报，2018（10）：35-43.

④ 邹洋，张瑞君，孟庆斌，等．资本市场开放能抑制上市公司违规吗：来自“沪港通”的经验证据［J］．中国软科学，2019（8）：124.

体①，形成了多方位的市场监督体系。资本市场开放带来的更为严格的外部监督环境有助于提升股票的定价效率[2]，增加高管机会主义行为被揭露进而反映到股价中的可能性。②因此，资本市场开放后，严格的外部监督环境提高了企业的试错成本与违规成本，使得他们不愿意成为那支剑走偏锋背离行业常规战略的“出头鸟”，而更倾向于选择追随行业常规战略，使之成为其生产经营活动的“保护伞”，进而获得持久稳定的发展能力。

此外，资本市场开放较大幅度地降低了境外投资者的投资管制，为我国A股市场引入大量的境外投资者。[11]由于政府监管、文化等方面的差异以及地缘关系的相对疏离，境外投资者较之于境内投资者处于信息劣势地位，[28]他们会更倾向于选择治理水平高、信息透明度高的行业常规企业。同时，由于资本市场开放引入的境外投资者具有更丰富的投资经验、强大的投资团队与专业化的投资能力[8]，境内个人投资者的“羊群效应”可能会使他们根据境外投资者的持仓情况作出相应的投资决策③，因此，尽管受到持股比例限制，境外投资者的投资行为仍会对A股市场产生成倍于其持股比例的影响[8]。此时，战略差异较大的企业由于信息不对称程度较高、盈余波动较大、企业内部治理水平尚不稳定，更不容易赢得境外投资者的青睐，继续偏离行业常规战略可能会使企业蒙受损失，因此，企业有可能主动减少战略差异以满足境外投资者的投资偏好。此外，处于信息相对劣势地位的境外投资者在成为企业股东后，通常具有较为强烈的监管动机和干预积极性[7]，且他们在信息收集、处理与分析等方面更具优势[8]，因而更能降低信息不对称程度，解决企业因内部监督不足所产生的治理失灵现象，使企业战略决策在形成和实施过程中受到有效制约，尤其会抑制个人主导的极端决策的产生[34]，进而促使企业采用更为稳健的行业常规战略。

基于以上分析，本书提出以下假设：

H2-1-1：资本市场开放对企业战略差异具有显著的负向影响。

（二）高管薪酬激励的调节效应

作为提高公司治理效率的有效机制，高管薪酬激励直接影响高管团队成员的工作努力程度[29]和对自身价值的认知，进而影响企业经营管理活动及战略决策制定。心理契约理论认为，高水平的薪酬激励通过满足高管心理预期，激发他们的工作热情，促使其完善企业治理机制、提升内部控制有效性，进而降低企业经营风险、确保企业持续盈

① HUTTON A P，MARCUS A J，TEHRANIAN H. Opaque financial reports，R2，and crash risk [J]. Journal of financial economics，2008，94 (1)：67-86.

② HUTTON A P，MARCUS A J，TEHRANIAN H. Opaque financial reports，R2，and crash risk [J]. Journal of financial economics，2008，94 (1)：67-86.

③ Beatson S A，Chen J. Foreign investment，corporate governance and performance in the chinese listed a share companies [J].Routledge，2017，16 (1)：59-93.

利。此时，基于良好的企业治理和绩效水平，企业自身会延续既有的战略模式以实现其稳定发展，同时，资本市场开放引入的境外投资者对高管行为及决策更加信赖，进而主动减少对企业战略选择的干预。此外，高水平的薪酬激励除了带来激励作用外，也同时加剧了高管的损失厌恶心理。基于维护个人声誉、持续获得较高薪酬等的考虑，持有高水平薪酬的高管战略变革意愿较低，更愿意选择“落袋为安”①、维持既有的战略模式，因而对资本市场开放为企业战略差异带来影响的敏感性较弱。与之相反，根据社会比较理论，当高管所得薪酬与其心理预期不符时，会感觉“被剥削”，进而产生道德风险和逆向选择问题，导致盈余管理等反激励行为。[30]同时，与持有高水平薪酬的高管相比，薪酬较低的高管试错成本低，其更有可能“铤而走险”，通过选择行业非常规战略，以期为企业赢得超额收益，证明自身价值，抑或利用行业非常规战略谋取私利。此时，企业信息透明度低，业绩不稳定，境外投资者可能更加关注高管的战略决策，并通过改善企业信息环境，抑制其极端个人主义行为，减小企业偏离行业常规战略的可能性。

基于以上分析，本书提出以下假设：

H2-1-2：高管薪酬激励对资本市场开放与企业战略差异间的关系起负向调节作用，即高管薪酬激励程度越高，资本市场开放对企业战略差异的负向影响越小。

三、实证设计

（一）样本选择与数据来源

本书以 2010 —2019 年我国 A 股上市公司为研究样本。样本筛选标准包括：①剔除 ST、*ST 类上市公司；②剔除金融类上市公司；③剔除当年调出“沪深港通”及一年内多次调入调出“沪深港通”的公司年度观测值；④剔除 2014 年之后上市的公司；⑤剔除数据缺失样本观测值。经过上述筛选，最终得到 14 018 个样本观测值。此外，为控制极端值对研究结论的影响，本书对所有连续变量进行了 1% 和 99% 的缩尾处理（winsorize）。样本公司的数据均来自中国经济金融研究数据库（CSMAR 数据库），使用的统计及数据处理软件为 Stata 16.0。

（二）主要变量

1. 被解释变量

企业战略差异（*DS*），即企业战略偏离行业主流战略的程度。参照叶康涛等[31]的做法，选取广告和宣传投入（销售费用 / 营业收入）、研发投入（无形资产净额 / 营业收入）、资本密集度（固定资产净额 / 员工人数）、固定资产更新程度（固定

① 董静，邓浩然，赵国振 .CEO 超额薪酬与战略变革：基于行为代理理论的研究［J］. 经济管理，2020，42（10）：138.

资产净额 / 固定资产原值)、管理费用投入(管理费用 / 营业收入)、财务杠杆[(短期借款 + 长期借款 + 应付债券)/ 权益账面价值]六个关键战略维度来测量企业战略差异。

2. **解释变量**

资本市场开放(*HSSC*)。具体利用 2014 年“沪港通”与 2016 年“深港通”政策实施作为外生冲击，借鉴连立帅等[11]的研究，用资本市场开放(*HSSC*)代表沪深股通标的企业虚拟变量，当沪深港通交易制度实施且被列为沪股通或深股通标的企业时取值为 1，否则为 0。

3. **调节变量**

高管薪酬激励(*salary*)。高管薪酬激励主要包括货币薪酬和股权激励两部分，但由于根据公开数据很难判断高管所持股票是自购所得还是股权激励所得[32]，因而借鉴孙红梅等[33]的研究，本书采用薪酬最高的前三位高级管理人员(不包括董事、监事)报酬总额的自然对数衡量高管薪酬激励水平。

4. **控制变量**

本书将其他影响企业战略差异的因素作为控制变量，包括企业规模(*size*)、资产负债率(*LEV*)、上市年龄(*age*)、两职兼任(*dual*)、董事会结构(*boards*)、股权性质(*state*)、高管团队规模(*scale*)、股权集中度(*FIRS*)。此外，为了控制行业和年份对企业战略差异的影响，本书在模型中加入了行业(*IND*)和年份(*year*)固定效应。各变量的定义与测量方法如表 2-1 所示。

表 2-1 资本市场开放与企业战略差异的变量定义与测量方法

变量类型	变量符号	变量名称	测量方法
被解释变量	*DS*	企业战略差异	选取反映企业战略的六个关键维度：①广告和宣传投入(销售费用 / 营业收入)；②研发投入(无形资产净额 / 营业收入)；③资本密集度(固定资产净额 / 员工人数)；④固定资产更新程度(固定资产净额 / 固定资产原值)；⑤管理费用投入(管理费用 / 营业收入)；⑥财务杠杆[(短期借款 + 长期借款 + 应付债券)/ 权益账面价值]。将这六个维度的指标减去各自年度行业平均值并除以年度行业标准差予以标准化，然后取绝对值，最后，对六个标准化后的战略指标取均值，得到战略差异度指标 *DS*。*DS* 数值越大，表明企业的战略差异越大，企业战略偏离行业常规战略的程度越大

续表

变量类型	变量符号	变量名称	测量方法
解释变量	*HSSC*	资本市场开放	虚拟变量，沪深港通交易制度实施且被列为沪股通、深股通标的企业时取值为 1，否则为 0
调节变量	*salary*	高管薪酬激励	高级管理人员薪酬前三名总额的自然对数
控制变量	*size*	企业规模	企业年末资产账面价值取对数
	LEV	资产负债率	负债总额 / 资产总额
	age	上市年龄	从首发上市日期到第 *t* 年的年数
	dual	两职兼任	虚拟变量，董事长与总经理是否兼任，是取 1，否则取 0
	boards	董事会结构	董事会中独立董事所占比例
	state	股权性质	虚拟变量，国有企业取 1，否则取 0
	scale	高管团队规模	高管团队人数总和
	FIRS	股权集中度	第一大股东持股比例
	year	年度效应	虚拟变量
	IND	行业效应	虚拟变量

（三）模型构建

为检验假设 H2-1-1，资本市场开放对企业战略差异的影响，构建如下回归模型：

$$DS_{i,\ t}=\alpha_0+\alpha_1 HSSC_{i,\ t}+\alpha_2 controls_{i,\ t}+IND+year+\varepsilon_{i,\ t} \qquad (2\text{-}1\text{-}1)$$

模型（2-1-1）中，资本市场开放系数 α_1 是本书考察的核心，衡量了资本市场开放对企业战略差异的影响。当 α_1 小于 0 且显著时，H2-1-1 得到支持。*Controls* 表示一组控制变量，下文同。

为检验假设 H2-1-2，高管薪酬激励对资本市场开放和企业战略差异之间关系的调节效应，建立如下回归模型：

$$DS_{i,\ t}=\beta_0+\beta_1 HSSC_{i,\ t}+\beta_2 salary_{i,\ t}+\beta_3 HSSC_{i,\ t}\times salary_{i,\ t}+\beta_4 controls_{i,\ t}+IND+year+\varepsilon_{i,\ t} \qquad (2\text{-}1\text{-}2)$$

模型（2-1-2）中，交互项系数 β_3 是本书考察的核心，衡量了高管薪酬激励对资本市场开放和企业战略差异之间关系的调节效应。根据 H2-1-1，本书预计 β_3 显著为负，说明当高管薪酬激励水平较高时，资本市场开放与企业战略差异的负向关系受到削弱。

四、实证结果与分析

（一）描述性统计分析

表 2–2 为各变量的描述性统计结果。企业战略差异的最小值和最大值分别为 0.165 和 2.047，标准差为 0.326，说明行业内各企业的战略存在较大差异。资本市场开放的平均值为 0.156，说明“沪深港通”样本占全样本的 15.6%。高管薪酬激励的均值为 14.208，中位数为 14.182，标准差为 0.726。由于对高管薪酬激励进行了对数处理，从数值来看，样本差异并不明显。其他主要的控制变量指标中，资产负债率均值为 0.446，样本企业负债情况正常。股权集中度均值为 0.360，最小值和最大值分别为 0.089 和 0.752，从总体来看股权集中度较高，且存在较大差异。

表 2–2 资本市场开放与企业战略差异的主要变量描述性统计

变量	观测值	平均值	中位数	标准差	最小值	最大值
DS	14 018	0.566	0.477	0.326	0.165	2.047
HSSC	14 018	0.156	0.000	0.363	0.000	1.000
salary	14 018	14.208	14.182	0.726	12.491	16.261
size	14 018	22.174	21.941	1.426	19.551	26.435
LEV	14 018	0.446	0.449	0.221	0.042	0.930
dual	14 018	0.239	0.000	0.427	0.000	1.000
boards	14 018	0.373	0.333	0.056	0.182	0.800
age	14 018	9.646	9.000	6.770	0.000	28.000
FIRS	14 018	0.360	0.343	0.152	0.089	0.752
scale	14 018	6.591	6.000	2.484	0.000	40.000
state	14 018	0.436	0.000	0.496	0.000	1.000

（二）回归结果分析

表 2–3 为全样本回归结果。第（1）列仅为固定行业（*IND*）和年份（*year*）效应回归结果，显示资本市场开放（*HSSC*）的回归系数在 1% 的水平上显著为负，表明资本市场开放与企业战略差异呈负向关系，H2–1–1 得到支持；第（2）列为加入控制变量且固定行业（*IND*）和年份（*year*）效应回归结果，显示资本市场开放（*HSSC*）与企业战略差异在 5% 的水平上显著为负，进一步表明资本市场开放后，标的企业选择偏离行业主流战略的可能性减小；第（3）列为包括资本市场开放（*HSSC*）、资本市场

开放（*HSSC*）与高管薪酬激励（*salary*）交互项的回归结果，结果显示 *HSSC*×*salary* 的回归系数在 10% 的水平上显著为正，且高管薪酬激励（*salary*）的回归系数在 1% 的水平上显著为负，表明在高强度的高管薪酬激励的情境效应下，企业选择偏离行业主流战略的可能性减小，资本市场开放与企业战略差异的负向关系受到削弱，H2-1-2 得到支持。

表 2-3 资本市场开放与企业战略差异的回归结果

变量	全样本回归结果		
	(1)	(2)	(3)
HSSC	-0.049***	-0.023**	-0.028***
	(-5.134)	(-2.334)	(-2.634)
salary			-0.030***
			(-6.181)
HSSC×*salary*			0.017*
			(1.658)
size		-0.029***	-0.022***
		(-10.356)	(-6.947)
LEV		0.211***	0.195***
		(13.604)	(12.412)
dual		0.006	0.008
		(0.941)	(1.229)
boards		0.199***	0.188***
		(4.219)	(3.979)
age		0.007***	0.008***
		(14.402)	(14.514)
FIRS		-0.004	-0.013
		(-0.226)	(-0.696)
scale		-0.008***	-0.007***
		(-6.977)	(-6.087)
state		-0.034***	-0.036***
		(-5.147)	(-5.429)

续表

变量	全样本回归结果		
	（1）	（2）	（3）
_cons	0.713***	1.194***	1.443***
	（29.330）	（19.506）	（19.464）
IND/year	控制	控制	控制
N	14 018	14 018	14 018
F	35.173	47.981	46.627
r2_a	0.066	0.110	0.113

注：1.*、** 和 *** 分别表示在 10%、5% 和 1% 的水平上显著，括号内为 t 值。
2. 表中空白表示不适用。

五、进一步分析

（一）资本市场开放对六个战略维度的影响

企业战略差异由六个关键战略维度衡量。其中，广告和宣传投入、研发投入分别代表企业的营销行为和创新能力，资本密集度和固定资产更新程度代表企业的生产扩张行为，管理费用投入代表企业的费用结构，财务杠杆则代表企业的资本运营方式。[①]本书进一步检验资本市场开放对六个战略维度，即研发投入（*D1*）、广告和宣传投入（*D2*）、管理费用投入（*D3*）、资本密集度（*D4*）、固定资产更新程度（*D5*）以及财务杠杆（*D6*）的影响。表 2-4 结果显示：资本市场开放（*HSSC*）的系数仅在第（3）列、第（6）列显著为负。这说明资本市场开放对企业战略差异的影响主要体现在管理费用投入和财务杠杆层面。超额管理费用，特别是管理费用中的在职消费可能意味着企业存在高管为谋取私利而形成的代理成本。企业支付超额管理费用寻求政治庇护增加了企业获取资源的交易成本，损害了其发展的长远利益。[②]除此之外，财务杠杆过高意味着企业有较重的债务负担，经营风险大，很有可能陷入资金链断裂的困境；而若企业财务杠杆过低，将无法最大限度地发挥杠杆效应优化调整资本结构，为其带来额外收益。资本市场开放通过发挥监督治理效应，抑制管理层的激进、自利行为，优化资本结构，使企业管理费用投入与财务杠杆回归行业常规水平，降低企业经营风险，进而助力企业长期发展。

① 刘会芹，施先旺．机构投资者能够感知企业的战略差异吗［J］．投资研究，2019，38（7）：72.

② GURIEV S. Red tape and corruption［J］. Journal of development economics，2003，73（2）：489-504.

表 2-4 资本市场开放对六个战略维度的影响

变量	六个战略维度					
	(1)	(2)	(3)	(4)	(5)	(6)
	D1	*D2*	*D3*	*D4*	*D5*	*D6*
HSSC	0.006	−0.015	−0.055***	−0.002	−0.003	−0.045***
	(0.317)	(−0.769)	(−3.431)	(−0.118)	(−0.175)	(−2.778)
size	−0.045***	−0.016***	−0.057***	0.067***	−0.039***	−0.044***
	(−7.767)	(−2.814)	(−12.248)	(11.897)	(−7.313)	(−9.424)
LEV	0.073**	−0.195***	0.152***	0.101***	−0.005	0.945***
	(2.295)	(−6.173)	(5.911)	(3.273)	(−0.182)	(36.935)
dual	−0.000	0.019	−0.015	0.004	0.001	0.022**
	(−0.006)	(1.412)	(−1.444)	(0.342)	(0.113)	(2.047)
boards	0.230**	0.158*	0.303***	0.107	0.210**	0.118
	(2.382)	(1.650)	(3.888)	(1.145)	(2.387)	(1.520)
age	0.008***	0.004***	0.009***	0.006***	0.009***	0.001
	(7.368)	(3.500)	(10.470)	(5.964)	(9.509)	(0.939)
FIRS	−0.098***	0.018	−0.058*	0.127***	−0.015	0.037
	(−2.577)	(0.488)	(−1.882)	(3.434)	(−0.445)	(1.196)
scale	−0.004*	−0.001	−0.004**	−0.014***	−0.012***	−0.008***
	(−1.677)	(−0.473)	(−2.071)	(−5.916)	(−5.543)	(−4.198)
state	−0.008	−0.107***	−0.059***	−0.015	−0.038***	0.044***
	(−0.568)	(−7.910)	(−5.337)	(−1.112)	(−3.049)	(4.021)
_cons	1.570***	1.189***	1.733***	−0.785***	1.503***	1.150***
	(12.535)	(9.554)	(17.138)	(−6.450)	(13.150)	(11.404)
IND/year	控制	控制	控制	控制	控制	控制
N	14 018	14 018	14 018	14 018	14 018	14 018
F	12.230	11.203	59.104	24.846	16.300	93.860
r2_a	0.029	0.026	0.133	0.059	0.039	0.197

注：*、** 和 *** 分别表示在 10%、5% 和 1% 的水平上显著，括号内为 *t* 值。

（二）股权集中度的调节作用

股权集中度反映了企业所有权的集中程度和大股东对企业的控制能力，[①] 是企业治理体系的重要组成部分，必然对资本市场开放监督治理作用的发挥产生重要影响。故本书将其设定为影响资本市场开放与企业战略差异两者关系的调节变量。一方面，基于壕沟防守效应[②]，出于谋取私人利益的目的，大股东可能凭借控制权优势干预企业的正常经营活动并扭曲资源配置，以“隧道挖掘”的形式侵占中小股东的利益[③]，使存在于大股东与中小股东之间的第二类代理问题尤为突出。尤其是在资本市场法律法规不健全、投资者保护程度较差的情况下，大股东与高管合谋现象更加严重，[④] 以行业非常规战略加剧企业内部信息不对称，进而通过过度投资或投资不足、归类变更盈余管理、操纵费用支出等行为谋取私利。资本市场开放引入的境外投资者作为中小股东，大股东利益掠夺行为会使其利益直接受到损害，并造成企业经营业绩和股价出现较大幅度波动，因此，境外投资者监督大股东行为的主观动因较为强烈，[34] 通过股权制衡的方式缓解信息不对称，减少激进决策的产生，降低企业业绩波动性。另一方面，根据利益协同效应，大股东持股比例越高，企业价值与自身财富之间的关系越紧密。[⑤] 同时，由于大额持股和股票流动性等问题，大股东无法迅速有效地分散企业特质风险，[⑥] 股价变动对股东财富影响加剧。一旦高管作出偏离行业常规的战略决策造成企业业绩大幅度波动，抑或掩饰其自利行为，境外投资者更有能力识别该负面信息，并通过“用脚投票”的方式引致股价下跌，股东财富缩水。[⑦] 因此，资本市场开放后，股票定价效率和股价信息含量提高，[⑧] 大股东为了维护自身财富，会主动加强对管理层的监督力度，抑制其极端战略决策和私利侵占行为。

综上，相对于股权集中度低的企业，在股权集中度较高的企业中，资本市场开放

---

① 李健，杨蓓蓓，潘镇．政府补助、股权集中度与企业创新可持续性［J］．中国软科学，2016（6）：183.

② 壕沟防守效应，即随着高管持股比例的提高，高管对企业的控制力不断增强，原先来自外部的其他约束对他的作用越来越弱，进而高管可以在更大范围内追求个人利益，提高代理成本，降低企业价值。

③ 王爱群，赵东．股票市场开放降低了公司费用粘性吗：基于“沪港通”的经验证据［J］．财会月刊，2020（6）：67.

④ 李烨，严由亮．高管薪酬激励、产权性质与企业绩效：基于股权集中度的调节效应［J］．工业技术经济，2017，36（9）：86.

⑤ SHLEIFER A，VISHNY R W. Large shareholders and corporate control［J］. Journal of political economy，1986，94（3）：461–488.

⑥ FAMA E F，JENSEN M C.Separation of ownership and control［J］.Journal of law and economics，1983，26（2）：301–325.

⑦ 赵东，王爱群．资本市场开放与归类变更盈余管理：基于互联互通机制的经验证据［J］．华东经济管理，2019，33（11）：116.

⑧ 纪彰波，臧日宏．资本市场开放对股票定价效率的影响［J］．现代经济探讨，2019（5）：55–63，87.

对企业战略差异的抑制作用更明显。

本书借鉴郭泽光等[①]的研究，采用第一大股东持股比例衡量股权集中度，将股权集中度大于或等于全样本股权集中度中位数的样本划分为高股权集中度组，将股权集中度小于全样本股权集中度中位数的样本划分为低股权集中度组，对高股权集中度组和低股权集中度组两个子样本分别进行回归。回归结果如表 2-5 所示，在高股权集中度样本中，资本市场开放的回归系数在 5% 的水平下显著为负；而在低股权集中度样本中，资本市场开放的回归系数不显著，表明资本市场开放对企业战略差异的负向效应主要体现在股权集中度较高的企业中。

表 2-5　基于不同股权集中度样本的回归结果

变量	不同股权集中度样本的回归结果	
	（1）	（2）
HSSC	-0.030**	-0.018
	（-2.407）	（-1.191）
size	-0.000	-0.066***
	（-0.132）	（-14.626）
LEV	0.204***	0.208***
	（9.659）	（9.146）
dual	-0.004	0.012
	（-0.416）	（1.308）
boards	0.198***	0.147**
	（3.336）	（1.982）
age	0.005***	0.009***
	（7.119）	（12.115）
FIRS	0.116***	-0.082
	（3.323）	（-1.364）
scale	-0.007***	-0.006***
	（-4.942）	（-3.713）
state	-0.035***	-0.032***
	（-3.852）	（-3.341）

① 郭泽光，敖小波，吴秋生．内部治理、内部控制与债务契约治理：基于 A 股上市公司的经验证据［J］．南开管理评论，2015，18（1）：45-51.

续表

变量	不同股权集中度样本的回归结果	
	（1）	（2）
_cons	0.483***	2.022***
	（6.305）	（20.298）
IND/year	控制	控制
N	7009	7009
F	24.653	31.459
r2_a	0.111	0.139

注：*、** 和 *** 分别表示在 10%、5% 和 1% 的水平上显著，括号内为 t 值。

（三）信息不对称的中介作用

在前述理论推导的基础上，本书进一步探究资本市场开放的监督治理效应是否可能通过“资本市场开放—信息不对称—企业战略差异”这一作用机制实现。资本市场开放后，更多国际资本参与我国 A 股市场，投资者结构和监督主体更加多元化，企业信息环境随之发生变化。首先，资本市场开放引入的投资者多为机构投资者，他们需要利用分析师报告进行投资决策，从而增加了对分析师的需求。① 分析师作为重要的信息中介机构，通过对企业信息进行专业解读，并形成分析报告传递给资本市场，② 企业更多的特质性信息得以“揭露”，从而有效缓解了信息不对称。其次，相比于内地资本市场，香港地区资本市场更加接近于国际成熟资本市场的标准[9]，资本市场开放政策的实施使得标的企业必然需要遵循更加严格的信息披露制度，从而倒逼企业完善信息质量。最后，境外投资者具有较强的自我保护意识，③ 且与企业除投资关系外通常无其他关联，因此，在成为企业股东后，更能独立地对高管行为进行监督，降低其隐匿企业负面信息的倾向，[61] 进而缓解信息不对称程度。

行业常规战略模式是经过长期发展、验证形成的，一般来说，能够有效抵御外部风险。④ 而当企业偏离行业常规战略时，由于前路鲜有人至，未来不确定因素多，非

① BALL R，KOTHARI S P，ROBIN A. The effect of international institutional factors on properties of accounting earnings［J］. Journal of Accounting and Economics，2000，29（1）：1–51.

② 唐建新，程利敏，陈冬 . 资本市场开放与自愿性信息披露：基于沪港通和深港通的实验检验［J］. 经济理论与经济管理，2021，41（2）：85–97.

③ 张延良，白清超，李凡浩 .“陆港通”能提高标的股票的定价效率吗：基于股价同步性的视角［J］. 山东财经大学学报，2020，32（5）：65.

④ 刘会芹，施先旺 . 机构投资者能够感知企业的战略差异吗［J］. 投资研究，2019，38（7）：69.

但不能保证绩效提高，还有可能面临更大经营风险，企业更有可能通过激进的盈余管理等行为获取更多的融资，① 以满足其实施行业非常规战略所需的额外成本。企业战略差异越大，分析师预测和估值的难度越大，② 管理层与股东之间的信息不对称程度加大，③ 进而为他们在推动行业非常规战略时所实施的机会主义行为提供庇护。资本市场开放后，严格的外部监督和成熟的境外投资者有效缓解了企业内外部信息不对称，企业为保证战略的顺利执行而实施的激进行为将很有可能“无处藏匿”，最终促使企业回归行业常规战略。因此，资本市场开放可以通过缓解信息不对称来减小企业战略差异。

参考已有研究，本书采用修正的琼斯（Jones）模型计算可操纵性盈余，使用可操纵性盈余的绝对值衡量信息不对称（*opaque*）。借鉴温忠麟等[95]的研究，本书在模型（2-1-1）的基础上建立模型（2-1-3）和模型（2-1-4）检验信息不对称的中介效应：

$$opaque_{i,t}=\beta_0+\beta_1 HSSC_{i,t}+\beta_2 controls_{i,t}+IND+year+\varepsilon_{i,t} \tag{2-1-3}$$

$$DS_{i,t}=\eta_0+\eta_1 HSSC_{i,t}+\eta_2 opaque_{i,t}+\eta_3 controls_{i,t}+IND+year+\varepsilon_{i,t} \tag{2-1-4}$$

表 2-6 的回归结果显示：首先，模型（2-1-1）资本市场开放的系数在 1% 的水平上显著（$\alpha_1=-0.036$，$p<0.01$），初步具备探讨中介效应的条件；其次，模型（2-1-3）中资本市场开放的回归系数 $\beta_1=-0.007$，资本市场开放与信息不对称在 1% 的水平上显著正相关，说明资本市场开放能够抑制信息不对称；最后，模型（2-1-4）中的中介变量信息不对称对被解释变量企业战略差异的作用显著（$\eta_2=0.160$，$p<0.01$），说明中介效应存在。进一步分析发现，模型（2-1-4）中资本市场开放的回归系数在 1% 的水平上显著（$\eta_1=-0.034$，$p<0.01$），说明信息不对称在资本市场开放与企业战略差异的关系中起部分中介作用，即资本市场开放可以通过缓解信息不对称来减小企业战略差异。

表 2-6　信息不对称的中介效应

变量	模型（1）	模型（3）	模型（4）
	DS	*opaque*	*DS*
HSSC	-0.036^{***}	-0.007^{***}	-0.034^{***}
	（-3.488）	（-3.283）	（-3.377）
opaque			0.160^{***}
			（3.805）

① 孙健，王百强，曹丰，等．公司战略影响盈余管理吗［J］．管理世界，2016（3）：160-169.

② 何玉润，徐云．企业战略差异度会影响分析师盈利预测的准确性吗［J］．北京工商大学学报（社会科学版），2017，32（2）：58-66.

③ CARPENTER M A. The price of change：The role of CEO compensation in strategic variation and deviation from industry strategy norms［J］. Journal of management，2000，26（6）：1179-1198.

续表

变量	模型（1）	模型（3）	模型（4）
	DS	opaque	DS
size	−0.015***	−0.004***	−0.015***
	（−4.951）	（−5.483）	（−4.761）
LEV	0.120***	0.029***	0.115***
	（6.776）	（7.757）	（6.500）
dual	0.006	0.001	0.006
	（0.812）	（0.495）	（0.795）
boards	0.240***	−0.006	0.241***
	（4.714）	（−0.524）	（4.734）
age	0.007***	0.000	0.007***
	（11.860）	（0.212）	（11.860）
FIRS	0.021	0.014***	0.019
	（1.071）	（3.220）	（0.962）
scale	−0.008***	0.000	−0.008***
	（−6.425）	（0.199）	（−6.435）
state	−0.028***	−0.008***	−0.027***
	（−3.996）	（−5.567）	（−3.804）
_cons	0.971***	0.153***	0.946***
	（14.446）	（10.686）	（14.027）
IND/year	控制	控制	控制
N	12 562	12 562	12 562
F	22.884	25.714	22.687
r2_a	0.061	0.068	0.062

注：1. *、** 和 *** 分别表示在 10%、5% 和 1% 的水平上显著，括号内为 t 值。

2. 表格中空白表示不适用。

此外，本书还使用自举法（Bootstrap 方法）（设置 5000 次迭代）检验信息不对称的中介效应。该方法提供中介效应的 95% 置信区间估计，如果区间估计含有 0 就表示中介效应不显著，如果区间估计不含有 0 则表示中介效应显著。结果显示中介效应的结果在 95% 置信区间下不包括 0，说明信息不对称在资本市场开放对企业战略差异的影响中存在中介作用。

六、研究结论与启示

在“十四五”期间，中国资本市场开放将在深度和广度上继续推进，为促进资本市场健康、稳定、高质量发展作出积极贡献。本书以“沪深港通”政策实施为准自然实验，利用 2010 —2019 年我国 A 股上市公司的数据，探讨资本市场开放对企业战略差异的影响，引入高管薪酬激励这一调节变量，考察高管薪酬激励对资本市场开放和企业战略差异之间关系的调节效应。实证研究结果表明：①资本市场开放与企业战略差异显著负相关，即资本市场开放后，标的企业选择偏离行业常规战略的可能性减小；②高管薪酬激励对资本市场开放与企业战略差异间的关系起负向调节作用，高管薪酬激励程度越高，资本市场开放对企业战略差异的负向效应越弱；③资本市场开放与企业战略差异的负相关关系主要体现在股权集中度较高的企业中，信息不对称在资本市场开放对企业战略差异的影响中发挥部分中介作用。本书的研究揭示了资本市场开放与企业战略差异之间的影响机理与内在作用机制，丰富了资本市场开放与企业战略的交叉研究，对完善资本市场开放制度，建设、引导企业制定合理的战略决策，推动国民经济的可持续发展具有重要的现实意义。

基于本书结论，可以得到如下启示：第一，资本市场开放的推进对提高我国市场配置效率、降低市场摩擦及波动性、实现经济可持续发展具有重要作用。在资本市场不断扩大对外开放进程中，相关部门应完善制度机制安排，加强持续监督力度，并进一步丰富境外投资者的人民币投资渠道，提供良性竞争环境以改善投资者结构，引导国内投资风格向专业化与多元化投资转变，充分利用好分析师、媒体、会计师事务所等市场机构的监督与治理效应，推动实体经济有序、健康发展。第二，企业作为宏观经济的微观细胞，其发展方向、经济效益关系着我国经济的未来。高管在制定和选择战略决策时除需考虑企业内外部资源外，还要关注企业所处的政策环境，抓住机遇、化解风险，借力资本市场开放提供的良好契机实现可持续发展。与此同时，企业应制定合理的薪酬激励制度，进一步发挥高管薪酬激励对企业的治理作用，力求在更深程度上缓解代理冲突，保障投资者利益，更好地实现企业目标。

第二节　资本市场开放与高管变更

一、引言

高管作为股东的代理人和组织利益相关者的受托人，是资本市场的重要参与者之一，在公司治理中发挥着重要作用。代理理论认为，高管是自利的理性人，追求自身价值最大化。而高管变更既是理解约束经理人力量的关键要素，也是衡量公司治理机制效率的重要指标。根据资源依赖理论，高管变更通常被视为组织学习和适应的一个重要机制，以应对不断变化的环境需求。资本市场开放后，带来更多投资者和分析师的关注、更大的外部监督压力以及更剧烈的市场竞争，为适应资本市场变化，高管也会发生相应改变。现有文献已从公司业绩、产品市场竞争、外部监督、股权结构和董事会特征等角度研究其对高管变更的影响，然而关于资本市场开放对高管变更影响的研究则相对较少。

目前，已有文献对产品市场竞争是否存在有效的治理效应进行了实证检验，例如，部分学者认为产品市场竞争不仅是约束管理层、提升经济效率的一种有效治理机制，而且还作为高效的、非标准的外部治理机制支撑着经济增长。[36]根据产业组织理论和破产威胁效应，产品市场竞争作为现代公司治理的有机组成部分，其治理机制在于通过价格信号“筛选”出不称职的管理者，同时通过竞争机制带来的破产威胁，对高管发挥有效的监督。国内外学者通过研究高管变更与产品市场竞争的相关性，在一定程度上验证了市场竞争的治理效应。有学者还进一步验证了在不同市场竞争条件下，此治理效用的不同。① 资本市场开放后，境外投资者参与本地股票市场交易，不仅实现了资本的跨境流动，改善了资本市场的投资者结构，[12]也势必会对处于不同竞争态势公司的高管变更产生影响，从而改变原有的治理效用。

基于此，将研究视角聚焦于“沪深港通”开放以来我国上市公司高管变更的相关情况，将产品市场竞争细分为行业层面的竞争强度和公司层面的市场竞争地位，探讨我国资本市场开放对高管变更的影响以及该影响在不同竞争态势上市公司具体表现的异质性。

本节的贡献体现在：①从资本市场开放的视角，丰富了高管变更影响因素的相关文献，从横向角度拓展了相关领域的研究；②从行业间和行业内两个产品市场竞争层

① 蒋荣，陈丽蓉．产品市场竞争治理效应的实证研究：基于 CEO 变更视角［J］．经济科学，2007（2）：102-111.

面分析并实证检验了资本市场开放与高管变更的关系，对产品市场竞争的治理效应进行了拓展研究，并据此为健全公司治理机制提供了相应的建议；③通过探讨不同产权性质与股权集中度如何影响资本市场开放与高管变更的关系，为两者关系的研究提供了全新的微观视角和更为深入细致的微观证据。

二、理论分析与研究假设

（一）资本市场开放与高管变更

资本市场开放不仅是我国实行对外开放、深化金融体制改革，从而分享金融全球化利益的重要进程，还是一国资本市场发达程度的重要标志和一国经济持续发展的内生动力。[①] 资本市场对外开放程度的提高降低了境外投资者的准入门槛，不仅为国内投资者开辟了投资海外股市的渠道，也为国内资本市场引入了更多的境外投资者，[7] 而资本市场开放所引入的境外投资者在公司治理中究竟是“监督者”还是“旁观者”，可从高管变更事件立场清晰地反映其角色定位。

首先，资本市场开放会加强国内外资本市场的联系，降低国内资本市场的稳定性。基于“风险传染效应”，资本市场开放加强了国内和国际市场的联动性和波动性，导致风险出现跨境传播，在一定程度上冲击原有资本市场运行的稳定性，使资本市场价格发生剧烈波动，加大企业面临的经营风险，[10] 进而增加企业的破产风险。当企业风险影响到企业的正常运转和发展，企业面临被特别处理、兼并重组甚至退市，此时董事会和股东会主动更换业绩不达标的高管，以发挥经理人市场的调节和效益功能来保持企业的竞争力和发展力。其次，基于“监督治理效应”，资本市场开放会引入更成熟且理性的境外投资者。与境内投资者相比，境外投资者往往有更丰富的交易经验和更先进的分析、沟通工具，且具有较强的独立性，与公司没有投资以外的关联，因此能够对公司进行更好的监督，[②] 使得高管的自利行为昭然若揭，提高了其违规操作被发现的概率。另外，随着资本市场的开放，这些交易会导致更多分析师关注和分析报告生成。[③] 降低信息不对称的同时也促使高管的真实绩效被披露，提高其不良业绩被发现的可能性。最后，资本市场开放必然会将香港联合交易所以及香港市场的投资者对

---

① BEKAERT G，HARVEY C R，LUNDBLAD C. Does financial liberalization spur growth [J] .Journal of financial economics，2004，77 (1)：3-55.

② 邹洋，张瑞君，孟庆斌，等．资本市场开放能抑制上市公司违规吗：来自“沪港通”的经验证据 [J]. 中国软科学，2019 (8)：120-134.

③ 郭阳生，沈烈，郭枚香．沪港通改善了上市公司信息环境吗：基于分析师关注度的视角 [J]. 证券市场导报，2018 (10)：35-43.

公司治理、信息披露等行为规范的要求和标准带入内地资本市场。[①] 为获得更多的境外投资，公司也会主动提高信息披露质量，这也会在一定程度上对公司股东形成巨大的外部监督压力。基于吸引境外投资和外部监督压力的增大，董事会和股东会主动处罚相关责任人。甚至，较强的外部监督容易使公司潜存的负面消息曝光，从而引起行政机构的介入，促使其对高管行为进行调查。如果证据确凿，行政机构就会对高管进行处罚，[②] 更换高管便是惩罚手段之一。基于以上分析，提出以下假设：

H2-2-1：资本市场开放与高管变更显著正相关。

（二）资本市场开放、产品市场竞争与高管变更

资本市场开放的治理效用提高了我国上市公司对不称职高管变更的可能性，而产品市场竞争作为一种有效的外部治理机制，也会对高管变更产生影响。因此，不同竞争态势下的上市公司对资本市场开放带来的治理效应会有不同反应，高管变更的情况也会有所不同。首先，根据破产清算威胁假说，当企业处于竞争激烈的市场环境中，其利润会受到市场竞争影响，利益相关者势必会增加对公司管理层的监督程度。其次，充分信息假说认为激烈的市场竞争促使市场信息更透明，同质公司业绩对比更充分，公司股东能更清晰地判断高管的经营管理能力，[③] 绩差高管更容易被识别且被更换。最后，从代理理论出发，产品市场竞争可以显著降低股东和经理层之间的委托代理成本，对高管发挥有效的监督约束作用。[④] 根据产业组织理论文献，本节用上市公司面临的行业竞争程度和所处市场竞争地位刻画在不同产品市场竞争下资本市场开放对高管变更的影响。

1. 行业竞争对资本市场开放与高管变更关系的调节效应

从行业间市场竞争来看，当企业处于低竞争行业时，首先，少量的寡头企业往往居于较为强势的地位，拥有较多的话语权，市场中不存在强有力的竞争对手，不会对其构成实质性威胁，所以经理层的工作动力必然不足，[⑤] 行业内企业的整体绩效相对较低。另外，在“结构－行为－绩效”（SCP）范式的框架下，处于集中程度较高行业中的企业为了维持自身所拥有的垄断利润，会通过设置进入壁垒、提高价格、寻租等

① 罗棪心，伍利娜．资本市场开放对公司审计的影响：基于“陆港通”背景的实证研究［J］．审计研究，2018（5）：65-73.

② 王雨潇，王奕璇，叶勇．外部监督对高管变更的影响［J］．软科学，2015，29（2）：82-85.

③ 傅传锐，洪运超．公司治理、产品市场竞争与智力资本自愿信息披露：基于我国A股高科技行业的实证研究［J］．中国软科学，2018（5）：123-134.

④ 张传财，陈汉文．产品市场竞争、产权性质与内部控制质量［J］．会计研究，2017（5）：75-82.

⑤ 李辉，韩少真，赵嘉仁．产品市场竞争与公司治理：替代还是互补［J］．西安建筑科技大学学报（社会科学版），2018，37（5）：51.

手段阻止新企业进入，以维护自身的垄断地位，这也将降低行业内企业的整体绩效。[①]随着资本市场逐步开放，基于境外投资的吸引和外部监督压力的增加，董事会和股东会增加对相关责任人的处罚，绩差高管更容易被识别且被更换。其次，处于弱竞争环境的公司代理问题更严重。[②]在信息不对称的市场环境中，作为自利的经济人，经理人员有采取影响和改变会计信息以实现自身效用的机会主义行为动机。[③]随着资本市场开放引入的大量成熟境外投资者，降低了信息不对称程度，削减了代理成本，[④]为客观评价高管提供了一个行之有效的方法，从而有助于董事会和股东识别不称职的高管，并在恰当时机实施变更决策。最后，处于低竞争行业的公司缺乏充分的"筛选"机制，而资本市场开放会在一定程度上活跃市场竞争，[⑤]增强同行业内竞争对手之间企业业绩比较的可能性，使管理者行为更加透明，其能力也更容易被市场评价，股东能对管理者进行更有效的监督和激励，[⑥]绩差高管更容易被识别，市场竞争的治理效应凸显。

当企业处于高竞争行业时，传统语境下行业层面的产品市场竞争已经发挥一定的治理效应。一方面，市场竞争带来的破产清算"硬预算约束"促使股东和董事会更严格地履行各自的监督职能。[⑦]企业拥有的生产资源、市场环境都大体相当，不仅要面对现有企业的竞争压力，还需面临潜在进入者的威胁，为了保持企业持久的竞争力和发展力，股东主观上努力的意愿相对较强，对作出有损公司利益行为或业绩较差高管的"容忍度"较低，相关高管被更换的可能性较大。另一方面，从代理理论出发，同行业中竞争企业越多，就越利于委托人获取相关信息对经理层进行有效监督并合理评价经理层业绩，[⑧]从而缓解道德风险，降低代理成本。此时，管理层能力和可多维度比较的企业业绩被充分披露，市场价格信号的"筛选"功能得以充分发挥。由此可知，在资本市场开放前高竞争行业的产品市场竞争治理效用已经较强。因此，相比于低竞

① 徐玉德，韩彬．市场竞争地位、行业竞争与内控审计师选择：基于民营上市公司的经验证据［J］．审计研究，2017（1）：90.

② 邢立全，陈汉文．产品市场竞争、竞争地位与审计收费：基于代理成本与经营风险的双重考量［J］．审计研究，2013（3）：51.

③ JENSEN M C，MECKLING W H.Theory of the firm：managerial behavior，agency costs and ownership structure［J］. Journal of financial economics，1976，3（4）：305–360.

④ 钟凯，孙昌玲，王永妍，等．资本市场对外开放与股价异质性波动：来自"沪港通"的经验证据［J］．金融研究，2018（7）：174–192.

⑤ 邹洋，张瑞君，孟庆斌，等．资本市场开放能抑制上市公司违规吗：来自"沪港通"的经验证据［J］．中国软科学，2019（8）：120–134.

⑥ 蒋荣，陈丽蓉．产品市场竞争治理效应的实证研究：基于 CEO 变更视角［J］．经济科学，2007（2）：102–111.

⑦ 傅传锐，洪运超．公司治理、产品市场竞争与智力资本自愿信息披露：基于我国 A 股高科技行业的实证研究［J］．中国软科学，2018（5）：126.

⑧ 刘志强．CEO 权力、产品市场竞争与在职消费［J］．云南财经大学学报，2015，31（6）：124–134.

争行业，处于高竞争行业的公司其高管变更对资本市场开放的敏感性更弱。基于以上分析，提出以下假设：

H2-2-2：与高竞争行业相比，低竞争行业公司的高管变更对资本市场开放的敏感性更强。

2. 市场竞争地位对资本市场开放与高管变更关系的调节效应

从行业内公司市场竞争来看，产品市场竞争对不同公司的影响大相径庭。首先，市场竞争地位较低的企业大部分是垄断型企业的追随者，资源与信息的匮乏使其极可能成为被掠夺的对象，经营风险与外界冲击对其影响较大。[①] 资本市场开放引入了大量的境外理性投资者，公司为了避免因经营业绩不好或高管不良行为对其造成的消极影响，处于低市场竞争地位企业的董事会和股东会主动识别失职高管并让他们被迫离职。其次，资本市场开放带来的境外投资使得低市场竞争地位企业监管层的行为更加谨慎，通过改善绩效和提高公司声誉可适度吸引投资，进而扩大企业盈利空间。此时，基于境外投资的吸引，董事会和股东会增加对高管的业绩压力，绩差高管被迫离职的可能性也会相应增大，资本市场开放带来的公司治理效应凸显。最后，处于低市场竞争地位的上市公司由于难以转嫁外生负面冲击的成本，可能会有更大的压力和动机进行盈余操纵以在财务信息中达到维持特定盈利水平的目的，从而满足融资或维持资本市场股票价格等特定要求。[②] 这样的企业一旦置于资本市场开放的制度背景，引入更具丰富交易经验的理性境外投资者会提高公司不诚信行为被发现的可能性。基于“经理人替罪羊假说”，企业为了掩盖败德行为将其“甩锅”给经理人员，高管变更的可能性也会相应增加。

相反，行业中的领导企业拥有较高的市场竞争地位，能够制定市场价格并获得超额利润。[③] 在行业内处于领导地位，掌握着整个行业的定价趋势，便利的融资渠道与充足的资源为企业提供了雄厚的资金支持，因此受竞争对手的制约较小，[④] 采取操纵财务报告等手段以应对外界环境压力的可能性也较小。同时，市场上的领导地位提高了

① 朱清香，崔晓敏，邹涛．环境绩效对企业价值的影响研究：基于行业集中度与企业竞争地位的双重考虑［J］．金融与经济，2020（1）：43.

② DATTA S，ISKANDAR-DATTA M，SINGH V.Product market power，industry structure，and corporate earnings management［J］.Journal of banking & finance，2013，37（8）：3273-3285.

③ 邢立全，陈汉文．产品市场竞争、竞争地位与审计收费：基于代理成本与经营风险的双重考量［J］．审计研究，2013（3）：53.

④ 朱清香，崔晓敏，邹涛．环境绩效对企业价值的影响研究：基于行业集中度与企业竞争地位的双重考虑［J］．金融与经济，2020（1）：43.

其自然防护效应，降低了企业的经营风险。① 更强的产品市场势力不仅会让企业在应对外生不利冲击时有更大的缓冲空间，还会使企业在面临消费者需求变化时有更强的适应能力，② 容易避免现金短缺等不利局面的出现，最终降低其遭遇经营困难甚至进一步退市的可能性。由此可知，相比低市场竞争地位的公司，高市场竞争地位的公司基于自身较弱的盈余操作动机和较强的自然防护能力，资本市场开放形成的外部监督压力和境外投资吸引等对其影响更小，处于此环境的高管变更对资本市场开放的敏感性更弱。基于以上分析，提出以下假设：

H2-2-3：与高市场竞争地位的公司相比，低市场竞争地位公司的高管变更对资本市场开放的敏感性更强。

三、实证设计

（一）样本选择与数据来源

本节选取 2010—2019 年我国 A 股上市公司作为研究样本。沪深港通交易制度的正式实施时间先后为 2014 年与 2016 年，因此该交易制度实施之后的样本期间分别为 2014—2019 年与 2016—2019 年。依据下文的双重差分模型（DID）设计，本节将 2010—2013 年作为沪深港通交易制度实施之前的样本期间。在具体的样本选择过程中，进行如下处理：①剔除金融行业的样本；②剔除 ST 和 *ST 公司样本；③剔除被调出当年和同时发生调入调出事件年份的观测值；④剔除 2014 年后首次公开募股的公司样本；⑤剔除数据存在缺失的样本。为避免极端值的影响，对所有连续变量在 1% 和 99% 水平上进行了缩尾处理，最终得到 19 409 个公司年度观测值。本节资本市场开放数据为手动整理，其余数据均来自中国经济金融研究数据库，数据分析运用 State 16.0 软件完成。

（二）主要变量

1. 高管变更

本节将高管变更定义为董事长或总经理的职位变更，若两者中的任一职位发生变更或同时发生变更则取值为 1，否则为 0。

① 傅传锐，杨文辉 . 产品市场竞争、竞争地位与智力资本信息披露：基于我国上市公司智力资本信息披露指数（ICDI）的大样本研究［J］. 中国社会科学院研究生院学报，2019（4）：13-30.

② 周夏飞，周强龙 . 产品市场势力、行业竞争与公司盈余管理：基于中国上市公司的经验证据［J］. 会计研究，2014（8）：61.

2. 资本市场开放

借鉴连立帅等[11]以及罗棪心和伍利娜[56]的做法，将 *HSSC* 列为沪深股通标的企业的虚拟变量，当沪深港通交易制度实施且公司被列为沪股通或深股通标的企业时取值为 1，否则为 0。

3. 产品市场竞争

本节将产品市场竞争分为行业和公司两个层面进行衡量。在衡量行业层面的产品市场竞争时，借鉴徐玉德和韩彬①的做法，使用赫芬达尔指数（*HHI*）作为行业竞争程度的替代变量。赫芬达尔指数兼具绝对集中度指标和相对集中度指标的优点，能够合理反映产业的市场竞争程度，当行业内公司数目一定时，赫芬达尔指数越大，行业的竞争程度越小，反之亦然。本节将各行业赫芬达尔指数的平均值大于或等于全部行业赫芬达尔指数平均值的中位值的行业划分为低竞争行业，其余划分为高竞争行业。

在衡量公司层面的产品市场竞争时，借鉴邢立全和陈汉文[70]及产业组织理论的文献，选取公司勒纳指数（*PCM*）作为市场竞争地位的替代变量。考虑到需要对不同行业的上市公司进行比较，参考周强龙和周夏飞②的做法，对公司勒纳指数进行行业均值平减处理，即用单个上市公司的勒纳指数减去所处行业内以销售额加权的勒纳指数均值，最终得到衡量公司层面产品市场竞争的指标加权勒纳指数。该数值越大，表示公司在行业内所处市场竞争地位越高。借鉴傅传锐和杨文辉③的做法，将加权勒纳指数大于或等于所有样本中位数的企业定义为高市场竞争地位组，否则为低市场竞争地位组。

4. 控制变量

借鉴已有关于高管变更影响因素的相关文献，本书选取的控制变量及所有变量的定义如表 2-7 所示。

表 2-7 资本市场开放与高管变更的变量定义

变量名称	变量符号	变量定义
高管变更	*CT*	董事长或总经理是否发生变更，变更时取值为 1，否则为 0

① 徐玉德，韩彬．市场竞争地位、行业竞争与内控审计师选择：基于民营上市公司的经验证据［J］．审计研究，2017（1）：88-97.

② 周强龙，周夏飞．产品市场势力、行业竞争与公司盈余管理：基于中国上市公司的经验证据［J］．会计研究，2014（8）：60-66.

③ 傅传锐，杨文辉．产品市场竞争、竞争地位与智力资本信息披露：基于我国上市公司智力资本信息披露指数（ICDI）的大样本研究［J］．中国社会科学院研究生院学报，2019（4）：13-30.

续表

变量名称	变量符号	变量定义
资本市场开放	*HSSC*	沪深股通标的企业虚拟变量，当沪深港通交易制度实施且公司被列为沪股通或深股通标的企业时取值为 1，否则为 0
行业竞争强度	*HHI*	赫芬达尔指数，$HHI=\sum(X_i/X)^2$，其中，X_i 为第 i 个企业的销售额，用主营业务收入替代；$X=\sum X_i$
市场竞争地位	*EPCM*	经行业均值平减后的加权勒纳指数，*EPCM*= 单个上市公司的 *PCM*– 所处行业内以销售额加权的 *PCM* 均值，*PCM*=（营业收入 – 营业成本 – 销售费用 – 管理费用）/ 营业收入
资产收益率	*ROA*	资产收益率 = 净利润 / 平均资产总额
产权性质	*state*	虚拟变量，国有企业取值为 1，非国有企业取值为 0
资产负债率	*LEV*	资产负债率 = 负债总额 / 资产总额
股权集中度	*FIRS*	第一大股东持股比 = 第一大股东持股数量 / 企业总股本
独立董事比例	*DD*	独立董事在董事会中所占比例 = 独立董事人数 / 董事总人数
董事会规模	*BS*	董事会中董事的总人数
两职兼任	*dual*	董事长与总经理是否由同一人兼任，是则取值为 1，否则取值为 0
监事会规模	*SS*	监事会中监事的总人数

（三）模型构建

借鉴已有文献，构建双重差分模型（2–2–1）来检验假设 H2–2–1。在此基础上借鉴蒋荣和陈丽蓉[①]的方法，将全样本按照行业间市场竞争程度分为高竞争行业组和低竞争行业组，运用模型（2–2–1）对假设 H2–2–2 进行检验。另外，借鉴傅传锐和杨文辉（2019）[②]的做法，将全样本按照行业内市场竞争程度分为高市场竞争地位组和低市场竞争地位组，运用模型（2–2–1）对假设 H2–2–3 进行检验。

$$CT_{i,t}=\alpha_0+\alpha_1 HSSC_{i,t}+\alpha_2 ROA_{i,t}+\alpha_3 state_{i,t}+\alpha_4 LEV_{i,t}+\alpha_5 FIRS_{i,t}+\alpha_6 DD_{i,t}+\alpha_7 BS_{i,t}+\alpha_8 dual_{i,t}+\alpha_9 SS_{i,t}+\alpha_{10} MS_{i,t}+\varepsilon_{i,t} \tag{2-2-1}$$

① 蒋荣，陈丽蓉 . 产品市场竞争治理效应的实证研究：基于 CEO 变更视角［J］. 经济科学，2007（2）：102–111.

② 傅传锐，杨文辉 . 产品市场竞争、竞争地位与智力资本信息披露：基于我国上市公司智力资本信息披露指数（ICDI）的大样本研究［J］. 中国社会科学院研究生院学报，2019（4）：13–30.

其中，下标 i 代表公司，t 代表年份，α_i 为各变量系数，$\varepsilon_{i,t}$ 为残差。

四、实证结果与分析

（一）描述性统计分析

表 2-8 是主要变量的描述性统计结果。其中，上市公司高管变更（*CT*）的平均值为 0.256，说明约 1/4 样本公司发生过高管变更行为。资本市场开放（*HSSC*）的平均值为 0.248，说明加入“沪深港通”样本占总样本的 24.8%。在主要控制变量方面，资产收益率（*ROA*）的平均值为 0.042，标准差为 0.055，显示样本中上市公司的盈利水平差距并不太大。产权性质（*state*）的平均值为 0.419，说明样本中一半以上的公司属于非国有企业。资产负债率（*LEV*）的平均值为 0.430，第一大股东持股比（*FIRS*）的平均值为 34.9%，说明上市公司股权相对集中、平均负债水平适中。独立董事（*DD*）的比例为 37.3%，董事会规模（*BS*）的平均值为 8.713，监事会规模（*SS*）的平均值为 3.628，显示样本上市公司总体上达到我国公司治理准则的基本要求。两职合一（*dual*）的平均值为 0.241，说明上市公司两职合一比例约占总体的 1/4。

表 2-8 资本市场开放与高管变更的主要变量描述性统计

变量	观测值	平均值	中位数	标准差	最小值	最大值
CT	19 409	0.256	0.000	0.436	0.000	1.000
HSSC	19 409	0.248	0.000	0.432	0.000	1.000
ROA	19 409	0.042	0.038	0.055	−0.177	0.209
state	19 409	0.419	0.000	0.493	0.000	1.000
LEV	19 409	0.430	0.426	0.209	0.047	0.879
FIRS	19 409	0.349	0.328	0.148	0.093	0.748
DD	19 409	0.373	0.333	0.053	0.333	0.571
BS	19 409	8.713	9.000	1.735	3.000	20.000
dual	19 409	0.241	0.000	0.427	0.000	1.000
SS	19 409	3.628	3.000	1.134	1.000	13.000

（二）相关性分析

表 2-9 是主要变量的相关性检验结果，结果显示资本市场开放与高管变更在 1%

水平上显著正相关，假设 H2-2-1 得到初步验证。为进一步挖掘各变量之间的关系，本节将对变量进行更深入的检验和分析。

表 2-9　资本市场开放与高管变更的主要变量相关性检验结果

变量	*CT*	*HSSC*	*ROA*	*state*	*LEV*	*FIRS*	*DD*	*BS*	*dual*	*SS*
CT	1.000	0.033***	−0.106***	0.143***	0.088***	0.029***	0.004	0.015**	−0.104***	0.047***
HSSC	0.033***	1.000	0.065***	0.037***	0.097***	0.012	0.018**	0.034***	−0.037***	0.046***
ROA	−0.096***	0.059***	1.000	−0.153***	−0.409***	0.094***	−0.043***	0.021***	0.057***	−0.075***
state	0.143***	0.037***	−0.109***	1.000	0.306***	0.224***	−0.060***	0.261***	−0.290***	0.404***
LEV	0.089***	0.094***	−0.368***	0.308***	1.000	0.073***	−0.007	0.139***	−0.144***	0.215***
FIRS	0.035***	0.014**	0.107***	0.226***	0.076***	1.000	0.031***	0.017**	−0.057***	0.097***
DD	0.003	0.013*	−0.032***	−0.058***	−0.001	0.043***	1.000	−0.538***	0.114***	−0.087***
BS	0.017**	0.048***	0.028***	0.277***	0.147***	0.037***	−0.464***	1.000	−0.195***	0.296***
dual	−0.104***	−0.037***	0.037***	−0.290***	−0.144***	−0.063***	0.121***	−0.180***	1.000	−0.169***
SS	0.044***	0.048***	−0.040***	0.389***	0.207***	0.102***	−0.094***	0.338***	−0.161***	1.000

注：表格上三角为斯皮尔曼（spearman）相关系数，下三角为皮尔逊（Pearson）相关系数；***、**、* 分别表示显著性水平为 1%、5%、10%。

（三）回归结果分析

从回归结果表 2-10 可以看出，在全样本中，资本市场开放（*HSSC*）的回归系数为 0.166，并在 1% 水平上显著，说明在实施沪深港通后标的公司发生高管变更的概率显著提高，假设 H2-2-1 得到验证。进一步将全样本分为低竞争行业和高竞争行业两组以及低市场竞争地位和高市场竞争地位两组，表 2-10 第（2）列和第（3）列为以行业竞争为分组变量的回归结果，结果显示，不管是高竞争行业组还是低竞争行业组，资本市场开放与高管变更均显著正相关，低竞争行业组的资本市场开放回归系数为 0.255，高竞争行业组的资本市场开放回归系数为 0.141（<0.255），说明在低竞争行业中高管变更对资本市场开放的敏感性更强，假设 H2-2-2 得到验证。表 2-10 第（4）列和第（5）列为以公司层面的市场竞争地位（*EPCM*）作为分组变量的回归结果，结果显示，无论是高市场竞争地位组还是低市场竞争地位组，资本市场开放与高管变更均显著正相关，低市场竞争地位组的资本市场开放回归系数为 0.176，高市场竞争地位

组的资本市场开放回归系数为 0.151（<0.176），表明高管变更对资本市场开放的敏感性在低市场竞争地位的公司更强，假设 H2-2-3 得以验证。

表 2-10 资本市场开放影响高管变更的回归结果

变量	因变量				
	全样本	低竞争行业组	高竞争行业组	低市场竞争地位组	高市场竞争地位组
	（1）	（2）	（3）	（4）	（5）
HSSC	0.166***	0.255***	0.141***	0.176***	0.151***
	（4.314）	（2.657）	（3.343）	（3.090）	（2.880）
ROA	−3.329***	−3.650***	−3.302***	−2.761***	−3.824***
	（−10.019）	（−3.889）	（−9.277）	（−5.621）	（−8.403）
state	0.538***	0.417***	0.534***	0.535***	0.538***
	（13.679）	（3.625）	（12.655）	（9.623）	（9.630）
LEV	0.205**	−0.304	0.271***	0.112	0.302**
	（2.262）	（−1.265）	（2.744）	（0.865）	（2.369）
FIRS	0.183	0.226	0.125	0.103	0.282*
	（1.563）	（0.716）	（0.983）	（0.616）	（1.706）
DD	0.059	0.333	−0.058	0.470	−0.399
	（0.166）	（0.387）	（−0.149）	（0.958）	（−0.781）
BS	−0.034***	−0.039	−0.038***	−0.037**	−0.033**
	（−2.968）	（−1.342）	（−2.957）	（−2.230）	（−2.024）
dual	−0.436***	−0.272**	−0.453***	−0.507***	−0.366***
	（−9.679）	（−1.973）	（−9.480）	（−7.943）	（−5.729）
SS	−0.027	0.014	−0.037**	−0.032	−0.021
	（−1.645）	（0.357）	（−2.058）	（−1.374）	（−0.942）
constant	−0.914***	−0.690	−0.830***	−0.977***	−0.828***
	（−4.616）	（−1.447）	（−3.771）	（−3.470）	（−2.957）
N	19 409	2383	17 026	9701	9708

续表

变量	因变量				
	全样本	低竞争行业组	高竞争行业组	低市场竞争地位组	高市场竞争地位组
	（1）	（2）	（3）	（4）	（5）
pseudo r^2	0.030	0.018	0.030	0.030	0.030
wald chi^2	662.420***	55.180***	579.510***	330.980***	341.840***

注：***、**、* 分别表示显著性水平为 1%、5%、10%。

五、进一步分析

（一）资本市场开放对不同产权性质企业高管变更的异质性影响

产权性质对公司经营目标和管理决策发挥着重要作用，进而影响企业的行为导向。在中国情境下，产权性质不同的公司其监督机制存在一定的差异。① 不同性质的控股股东所追求的经济目标有所差异，对经理人员经营业绩的评价标准不同，对高管的更替和任命也有所不同。② 国有企业不但体现着国家所有制的组织形式，而且担负着政府调控经济命脉的重要使命，其高管变更受行政选拔机制的影响更大。[51] 国有企业与地方政府之间的"天然纽带"使得国有企业在应对风险和融资约束上都有特殊优待，且我国国有企业高管独有的"任命制"和更多的政策负担使得其变更与企业业绩之间的敏感性较弱。③ 资本市场开放后，带来了更多成熟的境外投资者，也吸引了更多分析师的关注，外部监督压力增加，[56] 资源配置效率提高，[9] 国有企业的高管逐渐开始自食其力。通过更换不称职高管，有助于国有企业建立有效的公司治理机制，解决国有企业资源配置效率低和信息不对称等问题，提高国有企业的竞争力和发展力。而对于非国有企业来说，虽然资本市场开放提供了更多的"北上"资金，缓解了信息不对称，改善了制度环境，但在原本市场治理效用就较强的情况下，资本市场开放对非国企高管变更的叠加共振影响就没有国有企业明显。基于此，按照产权性质将样本分为国有企业和非国有企业两组，运用模型（2-2-1）检验资本市场开放对不同产权性质的上市公司高管变更的影响。

① 辛清泉，林斌，王彦超．政府控制、经理薪酬与资本投资［J］．经济研究，2007（8）：110-122.

② 周晓敏，刘红霞．高管变更与企业财务绩效的交互影响：来自 A 股上市公司的经验证据［J］．商业研究，2018（12）：153-161.

③ 周晓敏，刘红霞．高管变更与企业财务绩效的交互影响：来自 A 股上市公司的经验证据［J］．商业研究，2018（12）：153-161.

回归结果如表 2-11 所示，由回归结果可知，在国有企业中，资本市场开放与高管变更在 1% 水平上显著正相关，而对于非国有企业而言，资本市场开放与高管变更并不显著。由此可知，高管变更对资本市场开放的敏感性在国有企业更强。

表 2-11　进一步分析：按产权性质分组

变量	因变量	
	国有企业组	非国有企业组
	（1）	（2）
HSSC	0.277***	0.004
	（5.166）	（0.076）
ROA	−4.455***	−2.485***
	（−8.288）	（−5.765）
LEV	−0.252*	0.620***
	（−1.924）	（4.841）
FIRS	0.687***	−0.367**
	（4.319）	（−2.063）
DD	0.293	−0.229
	（0.624）	（−0.403）
BS	−0.038***	−0.034*
	（−2.632）	（−1.665）
dual	0.073	−0.614***
	（0.901）	（−11.240）
SS	−0.023	−0.033
	（−1.259）	（−0.995）
constant	−0.451*	−0.724**
	（−1.778）	（−2.038）
N	8132	11 277
pseudo r−squared	0.011	0.021
wald chi^2	122.700***	248.150***

注：***、**、* 分别表示显著性水平为 1%、5%、10%。

（二）资本市场开放对不同股权集中度企业高管变更的异质性影响

股权集中度决定着上市公司控制权的分布，影响着包括高管在内的利益相关者之间的委托代理关系。[①] 对于自身股权结构状态不同的公司，境外投资者的监督作用是不同的。一方面，若公司的股权结构较集中，基于自身利益的需要，大股东更有动力去收集信息和监督管理者，从而可以避免常说的"搭便车"问题。[②] 由于资本市场开放带来的境外投资吸引，大股东会进一步增大监督高管的力度。此时，资本市场开放对高管变更的治理作用凸显。另一方面，对于股权较集中甚至"一股独大"的上市公司而言，境外投资者可能难以撼动内部人控制的局面，无法实施有效监督[③]；而对于自身股权结构较分散的公司而言，境外投资者的话语权更大，当高管绩效不好或者出现有损公司利益的行为时，不称职高管更容易被更换。如此，股权集中度的异质性对资本市场开放与高管变更的关系究竟会存在何种影响，是一个有待证实的话题。基于此，以前十大股东持股比例的中位数为依据，将研究对象分为股权相对集中和相对分散两个子样本，运用模型（2-2-1）检验资本市场开放对不同股权集中度的上市公司高管变更的影响。

回归结果如表 2-12 所示，由回归结果可知，在股权相对集中的公司中，资本市场开放与高管变更在 1% 水平上显著正相关，而对于股权相对分散的公司而言，资本市场开放与高管变更并不显著。由此可知，资本市场开放能显著提高股权相对集中、公司高管变更的可能性，而对于股权相对分散的公司，高管变更在资本市场开放前后并没有显著变化，结果表明适当的股权集中有助于监督效率提高，资本市场开放有利于缓解股东与高管的"共谋"现象。

表 2-12　进一步分析：按股权集中度分组

变量	因变量	
	股权相对集中组	股权相对分散组
	（1）	（2）
HSSC	0.241***	0.064
	（4.438）	（1.158）

① 周建，方刚，刘小元．外部制度环境、内部治理结构与企业竞争优势：基于中国上市公司的经验证据［J］．管理学报，2010，7（7）：963–971.

② SHLEIFER A，VISHNY R W. Large shareholders and corporate control［J］. Journal of political economy，1986，94（3）：461–488.

③ 邹洋，张瑞君，孟庆斌，等．资本市场开放能抑制上市公司违规吗：来自"沪港通"的经验证据［J］. 中国软科学，2019（8）：125.

续表

变量	因变量	
	股权相对集中组	股权相对分散组
	（1）	（2）
ROA	−2.696***	−3.665***
	（−5.359）	（−8.194）
state	0.617***	0.461***
	（10.236）	（8.647）
LEV	0.245*	0.180
	（1.862）	（1.414）
FIRS	0.108	0.127
	（0.621）	（0.553）
DD	−0.306	0.304
	（−0.608）	（0.607）
BS	−0.011	−0.061***
	（−0.677）	（−3.710）
dual	−0.547***	−0.322***
	（−8.223）	（−5.211）
SS	−0.025	−0.041*
	（−1.087）	（−1.789）
constant	−1.037***	−0.644**
	（−3.639）	（−2.240）
N	9701	9708
pseudo r^2	0.042	0.021
wald chi^2	457.970***	244.930***

注：***、**、* 分别表示显著性水平为 1%、5%、10%。

六、研究结论与启示

本节以我国沪深港股票市场交易互联互通为研究背景，以 2010 —2019 年我国沪深两市 A 股上市公司为样本，采用多期双重差分法（DID）的分析方法，实证检验资本市场开放与高管变更的相关性以及行业层面和公司层面的产品市场竞争对此关系的治理效应。研究结果表明：①资本市场开放显著提高上市公司高管变更的可能性；②相对于高竞争行业和高市场竞争地位的企业，高管变更对资本市场开放在低竞争行业和低市场竞争地位企业的敏感性更强，表明资本市场开放提高了产品市场竞争对高管的识别与约束，促进了公司治理的完善，双重制度压力会产生叠加效应；③进一步分析发现，高管变更对资本市场开放的敏感性在国有企业和股权较集中企业更强。产品市场竞争调节效应产生差异的原因可能在于：低竞争行业更多地受到外部监督和产品市场竞争的影响，而高竞争行业的产品市场竞争已经发挥一定的治理效用；低市场竞争地位企业受外界不利冲击的影响较大，而高市场竞争地位企业较强的自然防护能力为其提供天然的庇护。

本节以“沪深港通”的开通为切入点，为资本市场开放的经济效应提供了公司层面的实证证据；同时，以高管变更为视角，揭示了资本市场开放的公司治理效用。由此可见，继续推进互联互通制度，有助于加强对高管的监督与约束、降低信息不对称程度、减少代理成本，进而加强投资者保护程度，提高公司治理水平，促使我国证券市场的健康发展。多维度的研究结论为我们在全面对外开放和产品市场竞争越来越激烈的环境下构建全方位的公司治理机制提供了有益的启示：①高速健康的经济发展离不开证券市场的有力支持，逐步开放股票市场是我国资本市场不断发展和深化金融领域供给侧改革的必然选择。继续推进互联互通制度，有助于组织利益相关者间资源的重新配置和结构关系的重塑，增加不称职高管被更换的可能性，提高公司治理水平，促使我国证券市场健康发展。我国要坚定不移扩大对外开放，以开放促改革促发展。[①] ②综合考虑产品市场竞争与资本市场开放之间的互动关系，优化匹配内外部治理机制，如对处于低竞争行业和市场竞争地位比较低的企业而言，可以考虑强化资本市场开放的外部治理效用，进而形成产品市场竞争与外部监督的治理共鸣，放大治理效果，而对处于高竞争行业和市场竞争地位比较高的企业而言，可以着重考虑通过完善企业本身，从内部治理机制入手，促进公司治理效用提升。

当然，本节的研究还存在一定的局限性。其一，目前产品市场竞争相关研究中行

① 李克强 .2020 年政府工作报告［R/OL］.（2020-05-22）［2021-01-29］.http：//www.gov.cn/premier/2020-05/22/content_5513757.htm.

业竞争和市场竞争地位衡量指标的客观性和普适性尚存争议，因此，今后需要进一步完善产品市场竞争衡量指标的选取与相关数据的收集方法。其二，在产品市场竞争的衡量方面，由于大量未上市公司的存在，仅以上市公司为样本，研究行业的产品市场竞争程度，可能会存在一定的偏差。

第三节　资本市场开放与研发投入

一、引言

研发投入作为影响创新能力的关键因素[①]，显著提升企业竞争力[②]，为企业赢得超额收益与未来价值[③]，推动技术进步[④]，增强国家自主创新能力、提升经济质量与国际竞争力[⑤⑥]。为激励企业研发投入，政府通过发放财政补贴与采取税收优惠等方式引导研发投入资源合理配置，[⑦] 而资源合理配置需要有效率的资本市场支撑。为建立有效资本市场，国家逐步加深资本市场开放程度，将资本市场单向开放转为双向开放，引入了更具专业性和更关注长期价值的境外投资者，境外投资者对影响企业长期价值研发投入的重视会激发企业研发投入的积极性与主动性。首先，基于“羊群效应”与“学习效应”，境外投资者对企业长期价值的重视能够强化研发投入的价值信号，对企业与其他投资者产生积极的导向作用。[⑧] 其次，基于委托代理理论，境外投资者为降低代理成

① 周江燕．研发投入与企业业绩相关性研究：基于中国制造业上市公司的实证分析［J］．工业技术经济，2012，31（1）：49–57.

② 邹颖，谢恒．研发投入、企业竞争力与股权资本成本［J］．山西大学学报（哲学社会科学版），2020，43（4）：69–77.

③ 刘柏，王馨竹．企业研发投资对超额收益的影响研究［J］．科研管理，2019，40（5）：101–109.

④ 周燕，蔡宏波．南北贸易、R&D 投入与中国工业行业技术进步［J］．南京大学学报（哲学·人文科学·社会科学版），2010，47（3）：45–54.

⑤ 范红忠．有效需求规模假说、研发投入与国家自主创新能力［J］．经济研究，2007（3）：33–44.

⑥ 董小君，石涛．驱动经济高质量发展的科技创新要素及时空差异：2009 —2017 年省级面板数据的空间计量分析［J］．科技进步与对策，2020，37（4）：52–61.

⑦ 佟爱琴，陈蔚．政府补贴对企业研发投入影响的实证研究：基于中小板民营上市公司政治联系的新视角［J］．科学学研究，2016，34（7）：1044–1053.

⑧ LEUZ C，LINS K V，WARNOCK F E.Do foreigners invest less in poorly governed firms［J］. The review of financial studies，2010，23（3）：3245–3285.

本保证自身收益会主动参与公司治理[①]，强化监督机制，提高管理层违规成本[②]，抑制管理层减少研发投入的机会主义动机，保障了研发投入的持续供给。最后，基于信号传递理论，为获得更多境外资金，企业会主动增加研发投入，向投资者传递优质企业信号，以迎合投资者偏好。

研发投入具有规模大、周期长和转化收益风险大等特点，故企业研发投入的持续离不开稳定的资金支持。[③]研发投入的资金主要来源内部经营留存和外部融资。在经济繁荣期，企业利润不断增长带来绩效持续向好与盈余资金接连扩充，[④]使得内部资金对研发投入的满足程度提高；同时股票市场和银行借贷市场摩擦降低[⑤]，获取外部融资约束减少。但在经济下行期，市场需求下降，企业存货堆积的同时收入萎缩，导致自有资金减少，研发投入资金持续供给受到挑战；同时国家货币政策从紧[⑥]，银行等金融机构贷款意愿下降，加之研发高风险的叠加效应，企业的融资约束成倍增加[⑦]，抑制研发投入。资本市场开放在增加证券市场上资本的流动性与资金供给[⑧]的同时也提高了企业信息披露质量要求，改善资金供给者与企业之间的信息不对称问题[⑨]，减少了企业融资成本，降低了企业面临的融资约束。即资本市场开放可能会通过降低融资约束，化解企业研发投入资金需求困境，促进企业研发投入增加。而资本市场开放通过缓解融资约束对研发投入积极作用是否会随着经济周期的变化而变化？这是我们亟须解决的问题。

现有文献主要从企业治理机制、企业资源和政府政策三个方面展开研发投入影响因素的研究。在企业治理方面，学者们探索了管理层特质、高管激励机制和股权结构等对研发投入的影响；在企业资源方面，有学者探析社会资本、融资约束缓解、地理位置的优越性对研发投入的正向作用；在政府政策方面，前人通过实证分析探究了政府补助、税收政策对研发投入的积极作用，但目前鲜有学者将资本市场开放、融资约

---

① HERMES N. Foreign bank presence，domestic bank performance and financial development [J] . Journal of emerging market finance，2004，3 (2) : 207–229.

② 邹洋，张瑞君，孟庆斌，等 . 资本市场开放能抑制上市公司违规吗：来自“沪港通”的经验证据 [J] . 中国软科学，2019 (8) : 120–134.

③ 解维敏，方红星 . 金融发展、融资约束与企业研发投入 [J] . 金融研究，2011 (5) : 171–183.

④ 黄新建，张德勤 . 经济周期、议价能力与企业绩效：基于中小板和创业板制造业企业的实证研究 [J] . 软科学，2017，31 (1) : 49–52，57.

⑤ 江龙，宋常，刘笑松 . 经济周期波动与上市公司资本结构调整方式研究 [J] . 会计研究，2013 (7) : 28–34.

⑥ 吴娜 . 经济周期、融资约束与营运资本的动态协同选择 [J] . 会计研究，2013 (8) : 54–61.

⑦ 刘春红，张文君 . 经济周期波动与融资约束的动态调整 [J] . 中央财经大学学报，2013 (12) : 37–42.

⑧ 沈红波，寇宏，张川 . 金融发展、融资约束与企业投资的实证研究 [J] . 中国工业经济，2010 (6) : 55–64.

⑨ 钟覃琳，陆正飞 . 资本市场开放能提高股价信息含量吗：基于“沪港通”效应的实证检验 [J] . 管理世界，2018，34 (1) : 169–179.

束和研发投入纳入同一框架并对融资约束在不同经济周期作用的变化进行研究。

基于此，本节以 2010 —2019 年我国 A 股上市公司为研究样本，实证检验资本市场开放对研发投入的影响及其影响机制，并考察在不同经济周期中影响机制的变化。研究发现：资本市场开放具有价值引导作用与治理效应，能对研发投入产生积极影响，其实现路径是通过降低企业融资约束，促进企业增加研发投入，且促进作用在经济萧条期更强。进一步分析发现，与信息披露水平高、境外投资者公司治理参与度低的企业相比，资本市场开放对研发投入的促进作用在信息披露水平较低、境外投资者参与较强则企业更为明显。本节的贡献主要有：①借助“沪深港通”政策落地，考察了资本市场开放对企业研发投入的促进作用，既为资本市场开放的积极经济后果提供经验证据，也有效补充研发投入影响因素研究的相关文献；②基于中介效应模型，考察资本市场开放对研发投入促进作用的内在机理，揭示了资本市场开放对企业资源配置的影响路径，为扩大资本市场开放提供了实践经验；③从不同经济周期视角分析了融资约束中介效应的表现差异，不仅为企业如何抓住资本市场开放契机，提升自身研发创新能力和获取市场竞争优势提供了借鉴意义，还为政府部门利用资本市场逐步开放，更好地服务于实体经济、促进经济复苏提供了依据。

二、理论分析与研究假设

（一）资本市场开放对研发投入的影响

资本市场开放引进了以价值投资者为主的成熟投资者[①]，该类投资者更加重视与企业长期价值密切相关的研发投入[②]。其理性投资行为更能促进上市公司股票价值回归、股价信息含量提高[③]和研发投入价值信号效用增强，从而引导市场资源向研发投入倾斜。此外，境外投资者愿意主动参与公司治理[④]，强化了对管理层的监督约束，抑制了管理层减少研发投入的机会主义行为，从而保障研发投入供给。

根据信号传递理论，企业的研发投入能释放更强市场竞争力、更高可持续性以及

① 李蕾，韩立岩．价值投资还是价值创造：基于境内外机构投资者比较的经验研究［J］．经济学（季刊），2014，13（1）：351-372.

② 黄健峤，王雅琪，邓祎璐，等．股票市场开放提高企业创新产出水平了吗：基于陆港通的准自然实验［J］．会计与经济研究，2020，34（1）：21-37.

③ 任灿灿，郭泽光，田智文．资本市场开放、股价信息含量与企业全要素生产率：基于“沪深港通”的准自然实验［J］．国际商务（对外经济贸易大学学报），2021（2）：141-156.

④ 刘程，王仁曾．资本市场开放与公司治理优化：基于“沪港通”的准自然实验［J］．财会月刊，2020（12）：18-26.

更低违约风险的信号[①]，投资者更有意愿投资研发投入较多的企业，并据此产生对企业的未来预期，以决定是否投资[②③]以及投资多少。但研发投入也具备未来收益不确定性[④]、创造价值的非线性、随机性、波动性，[⑤]以及投资者对公司层面专有信息掌握的不完全性[⑥]，导致研发投入的价值信号传递效率存在局限性，投资者很难准确识别研发投入的真实价值从而进行有效投资决策。而资本市场开放后，大量境外价值投资者涌入内地，相较于内地投资者，境外投资者拥有较强信息收集、处理能力以及专业知识，不仅能够更加准确评估公司研发投入的内在价值，[⑦]而且能够有效降低研发活动特性所致的信息不对称性，提升股价信息含量。在“学习效应”与“羊群效应”作用下，境外投资者的决策成为资本市场的“风向标”，[⑧]对其他投资者产生导向作用。因此，资本市场开放能够强化研发投入的价值信号，在利益动机的驱使下，为吸引境外投资者，并通过该类投资者的投资行为放大研发价值信号以撬动其他投资者获得更多资金，企业更愿意增加研发投入。

研发投入效益产生具有明显的滞后性，[⑨]大量流向研发投入的资金不一定在当期转化为收益，这就使得研发投入在当期可能成为企业负担[⑩]，改变高管薪酬的风险与时

① 杨志强，袁梦，张雨婷．企业研发创新与债券信用利差：基于信号传递理论的分析［J］．上海财经大学学报，2021，23（1）：42-60.

② 栗新，王铁男．投资者对研发投入的反应：资本结构的信号作用［J］．宁夏大学学报（人文社会科学版），2017，39（3）：153-160.

③ 胥朝阳，赵晓阳．研发投入是反映市场价值的信号吗：基于企业绩效的中介效应［J］．财会通讯，2019（15）：99-102.

④ KOTHARI S P，LAGUERRE T E，LEONE A J．Capitalization versus expensing：Evidence on the uncertainty of future earnings from capital expenditures versus R&D outlays［J］．Review of accounting studies，2002，7（4）：355-382.

⑤ 徐欣，唐清泉．R&D 活动、创新专利对企业价值的影响：来自中国上市公司的研究［J］．研究与发展管理，2010，22（4）：22.

⑥ 齐结斌，安同良．机构投资者持股与企业研发投入：基于非线性与异质性的考量［J］．中国经济问题，2014（3）：27-39.

⑦ 罗宏，陈小运．资本市场对外开放促进公司创新了吗：基于“沪港通”交易制度的经验证据［J］．当代财经，2020（8）：68.

⑧ LEUZ C，LINS K V，WARNOCK F E. Do foreigners invest less in poorly governed firms［J］．The review of financial studies，2010，23（3）：3245-3285.

⑨ 徐欣，唐清泉．R&D 活动、创新专利对企业价值的影响：来自中国上市公司的研究［J］．研究与发展管理，2010，22（4）：20-29.

⑩ 张治河，许珂，李鹏．创新投入的延迟效应与创新风险成因分析［J］．科研管理，2015，36（5）：10-20.

间分布，导致高管为实现短期薪酬目标减少研发投入的机会主义行为[①②]。资本市场开放后，引入大量更加重视企业长期价值的境外投资者，此时高管的自利行为与境外投资者追求的长期价值发生冲突。为了保证自身权利，境外投资者有更强的公司治理意愿，[③]积极地“用手投票”，直接参与公司治理，抑制管理层机会主义行为，从而保障研发投入持续供给。此外，境外投资者与内地企业关联较少，受企业内部关联人影响较小，独立性较高，降低了管理层堑壕效应[④]，促使资金流向利于公司价值增长的研发投入。[⑤]由此，本部分提出以下假设：

H2-3-1：资本市场开放增加企业研发投入。

（二）融资约束在资本市场开放对研发投入影响中的中介效应

首先，资本市场开放实现内地资本市场与香港地区资本市场的互联互通[⑥]，有效促进了资本在境内与境外的自由流动。大量境外资金涌入扩大境内资金供给量[⑦]，缓解资本市场资金供需紧张问题。其次，资本市场开放会将境外投资者信息披露行为规范的标准和要求带入境内资本市场，企业会主动提高信息披露质量，[⑧]使得企业内外信息不对称程度降低。同时，境外投资者凭借其专业的信息收集和分析能力通过获取私有信息也会降低企业信息不对称。[⑨]避免支付资金使用溢价使得企业以较低成本获得融资成为可能。由此可见，资本市场开放通过增加资金供给和降低资金成本两方面降低企业融资约束。

融资约束上升意味着企业内部资金的不足与外部融资摩擦加大，对企业生存提出

---

① 林永坚，王志强，李茂良．高管变更与盈余管理：基于应计项目操控与真实活动操控的实证研究［J］．南开管理评论，2013，16（1）：4-14，23.

② 邵剑兵，陈永恒．高管股权激励、盈余管理与审计定价：基于盈余管理异质性的视角［J］．审计与经济研究，2018，33（1）：44-55.

③ HERMES N. Foreign bank presence，domestic bank performance and financial development［J］. Journal of emerging market finance，2004，3（2）：207-229.

④ 管理层堑壕效应即管理者堑壕假说，是指管理者的利益体现在对公司的控制和不断投资的新项目中（不管项目的盈利如何），公司的融资决策取决于管理者的这种利益是否能够得到满足。

⑤ FERREIRA M A，MATOS P. The colors of investors' money：The role of institutional investors around the world［J］. Journal of financial economics，2008，88（3）：499-533.

⑥ 连立帅，朱松，陈超．资本市场开放与股价对企业投资的引导作用：基于沪港通交易制度的经验证据［J］．中国工业经济，2019（3）：100-118.

⑦ 杨兴全，李沙沙．沪港通如何影响公司现金持有［J］．北京工商大学学报（社会科学版），2020，35（4）：69-80.

⑧ 邹洋，张瑞君，孟庆斌，等．资本市场开放能抑制上市公司违规吗：来自“沪港通”的经验证据［J］．中国软科学，2019（8）：124.

⑨ 齐结斌，安同良．机构投资者持股与企业研发投入：基于非线性与异质性的考量［J］．中国经济问题，2014（3）：27-39.

了挑战。[①] 若继续增加研发投入，对企业来说就意味着更高的沉没成本与财务风险，[②] 这迫使企业减少研发投入以换取生存。企业在此时可能将现有资源投入到“短平快”的项目以谋求生机[③]，从而挤出回报周期较长的研发投入[④]。同时，融资约束上升也提醒着企业应该保留一定的现金储备，[⑤] 这进一步促使企业减少研发投入以保证自身存活。融资约束下降，一方面能够让企业较为及时有效地获取资金供给，降低研发投入收益滞后性给企业生产与经营可持续性带来的风险，另一方面能够缓解持续研发投入因为融资问题被打断的难题。以上两方面使得企业加大研发投入意愿得到强化。资本市场开放后，融资成本降低，资金供给增加，促使企业寻求减少外部融资的摩擦，缓解企业融资约束难题，改善“量入为出”的研发投入决策现状，企业研发投入增加。由此，本部分提出第二个假设：

H2-3-2：融资约束在资本市场开放对研发投入的积极影响中发挥中介作用。

（三）不同经济周期中融资约束在资本市场开放对研发投入影响中的中介效应

经济周期变化除了会导致产品市场有效需求的改变[⑥]，影响企业利润与自有资金，还会改变企业外部融资环境[⑦]，影响银行信贷[⑧]，导致公司内外融资成本差异，进而影响企业融资约束状况[⑨]。企业自有资金与外部融资环境的变化可能会导致融资约束中介作用在资本市场开放与研发投入的关系中呈现不同的表现。

随着宏观经济环境态势持续下行，经济低迷，市场需求减少，企业利润与净值有所降低，导致企业内部资金减少，研发投入的持续性更依赖于外部融资。与此同时，

---

① 逯宇铎，戴美虹，刘海洋．融资约束降低了中国研发企业的生存概率吗［J］．科学学研究，2014，32（10）：1476–1487.

② 江伟，胡玉明，曾业勤．融资约束与企业成本粘性：基于我国工业企业的经验证据［J］．金融研究，2015（10）：133–147.

③ 陈海强，韩乾，吴锴．融资约束抑制技术效率提升吗：基于制造业微观数据的实证研究［J］．金融研究，2015（10）：148–162.

④ AGHION P，ASKENAZY P，BERMAN N，et al. Credit constraints and the cyclicality of R&D investment：Evidence from france［J］. Journal of the european economic association，2012，10（5）：1001–1024.

⑤ 张悦玫，张芳，李延喜．会计稳健性、融资约束与投资效率［J］．会计研究，2017（9）：36.

⑥ 陈艳．宏观经济环境、投资机会与公司投资效率［J］．宏观经济研究，2013（8）：66–72.

⑦ 于蔚，钱彦敏．转型经济中宏观冲击与公司融资决策：基于资本结构动态调整框架的实证研究［J］．证券市场导报，2011（10）：24–30.

⑧ 祁树鹏，冯艳，李京晓．经济周期对我国商业银行信贷风险管理的影响分析：基于 VAR 模型的实证研究［J］．金融监管研究，2015（4）：1–14.

⑨ 江龙，宋常，刘笑松．经济周期波动与上市公司资本结构调整方式研究［J］．会计研究，2013（7）：28–34.

银行会高估企业违约概率①，收紧信贷规模②，并且其他投资者投资意愿也会降低[37]，在研发投入高成本和周期性长的叠加影响下，企业融资难度成倍增加，融资约束呈几何式增长③。虽然原材料与劳动力成本在经济萧条期的降低使得企业创新成本降低④，在机会成本效应影响下企业可能会激发研发投入兴趣⑤，但苦于企业内部资金匮乏、外部融资困难，研发投入寸步难行。资本市场开放恰逢其时地缓解了企业试图增加研发投入却受制于融资约束的难题，让更多境外资金流入境内资本市场，扩充市场资金量。⑥同时，以价值投资者为主的境外投资者看中研发投入在经济复苏时所带来的长期价值，并将此时企业业绩不佳归因于外部环境。⑦故该类投资者愿意持有企业股票，缓解了因经济萧条引致的企业融资约束问题，为陷入资金困境的企业雪中送炭。为吸引外部资金，企业也会“迎合”资金的偏好，将可以利用的资金流向研发投入以增加自身长期价值。

在经济繁荣期，由于宏观环境不断向好，市场需求旺盛，企业利润水平较高。此时企业自有资金更多，对研发投入支持能力增强，对外部融资依赖减弱。在市场需求刺激和自有资金支持下，企业有更强意愿增加研发投入取得技术进步以获得超额收益。⑧在此时，投资者对未来有着较好的预期，投资情绪高涨⑨，若企业有融资需求，也能较易的获取融资。同时，银行等金融机构相信企业在此时的盈利与偿债等能力，更愿意放款给企业创造更多价值。⑩融资约束在此时并不是企业研发投入的困扰，所以资本市场开放通过缓解融资约束对研发投入的促进作用类似于锦上添花。资本市场开放、经济周期、融资约束、研发投入四者的关系如图 2-1 所示。

---

① 祁树鹏，冯艳，李京晓．经济周期对我国商业银行信贷风险管理的影响分析：基于 VAR 模型的实证研究［J］．金融监管研究，2015（4）：1-14.

② 陈雨柯，吕介民．经济周期、政府信贷干预与企业技术创新：基于中国制造业上市企业的微观证据［J］．华东经济管理，2019，33（4）：51-59.

③ 程惠芳，文武．融资约束、经济周期与研发投入［J］．浙江工业大学学报（社会科学版），2015，14（3）：241-248.

④ Barlevy G. On the cyclicality of research and development［J］. American economic review,2007,97（4）：1131-1164.

⑤ 陈雨柯，吕介民．经济周期、政府信贷干预与企业技术创新：基于中国制造业上市企业的微观证据［J］．华东经济管理，2019，33（4）：51-59.

⑥ 陈艳．宏观经济环境、投资机会与公司投资效率［J］．宏观经济研究，2013（8）：66-72，99.

⑦ 陈武朝．经济周期、行业周期性与盈余管理程度：来自中国上市公司的经验证据［J］．南开管理评论，2013，16（3）：27.

⑧ 陈艳．宏观经济环境、投资机会与公司投资效率［J］．宏观经济研究，2013（8）：66-72，99.

⑨ 罗时空，龚六堂．企业融资行为具有经济周期性吗：来自中国上市公司的经验证据［J］．南开管理评论，2014，17（2）：74-83.

⑩ 江龙，宋常，刘笑松．经济周期波动与上市公司资本结构调整方式研究［J］．会计研究，2013（7）：28-34.

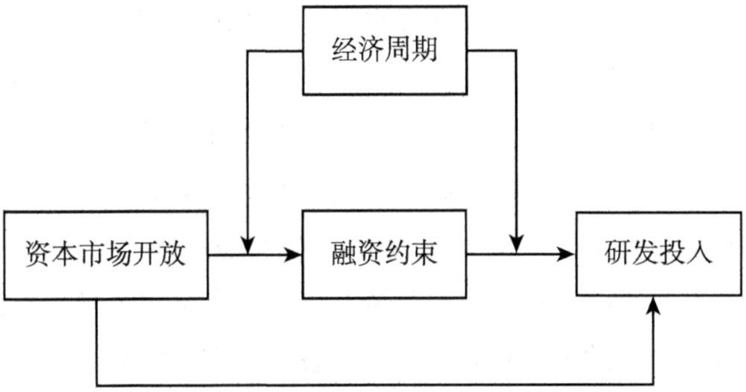

图 2-1 四者关系

基于上述分析，提出以下假设：

H2-3-3：融资约束的中介效应具有周期性特征，相对于经济繁荣期，融资约束的中介作用在经济萧条时表现得更显著。

三、实证设计

（一）样本选择与数据来源

本节以 2010 —2019 年中国 A 股上市公司为研究样本，并剔除以下样本观测值：① ST、*ST 以及退市的上市公司；②剔除当年调出“沪深港通”及一年内多次调入调出的公司年度观测值；③金融行业类上市公司；④相关数据缺失的样本上市公司。最终获得 11 156 个公司一年份观测值。本节“沪深港通”数据为手工整理，其余所有数据均来自中国经济金融研究数据库。为避免极端情况对回归结果的影响，本节对所有连续变量均采取了 1% 上下的缩尾处理。本节采用的统计分析软件为 Stata 16.0。

（二）主要变量

1. 研发投入

研发投入包括费用化的研发投入和资本化的研发投入，用企业年度内研发投入总和来表示，并取对数。

2. 资本市场开放

借鉴连立帅等[11]的做法，本节设计资本市场开放为“沪深港通”虚拟变量，当“沪深港通”交易制度实施且企业当年为“沪港通”或“深港通”标的企业时取值为 1，否则为 0。

3. 融资约束

参考杨胜刚[①]、徐思等[②]和魏志华[③]的研究，选用KZ指数来度量企业融资约束。具体公式如下：

$$KZ_{i,t}=-1.001909\times\frac{OCF_{i,t}}{asset_{i,t}}+3.139193\times leverage_{i,t}-39.3678\times\frac{dividends_{i,t}}{asset_{i,t}}-1.314759\times\frac{cash_{i,t}}{asset_{i,t}}+0.2826389\times TobinQ_{i,t} \tag{2-3-1}$$

其中，*OCF* 为经营性净现金流，*asset* 为总资产，*leverage* 为资产负债率，*dividends* 为应付股利，*cash* 为现金持有水平，*TobinQ* 为托宾 *Q* 值。

4. 经济周期

参考陈漫等[④]的研究，借助斯廷坎普（Steenkamp）和方（Fang）[⑤]的方法，通过 HP 滤波法提取国内生产总值（*GDP*）中的经济周期因素。

先通过 HP 滤波法得到长期趋势 GDP_t^l：

$$\sum_{i=1}^{T}(GDP_t-GDP_t^l)^2+\lambda\sum_{i=1}^{T}[(GDP_{t+1}^l-GDP_t^l)-(GDP_t^l-GDP_{t-1}^l)]^2(\lambda=100) \tag{2-3-2}$$

其中 GDP_t 为 t 年实际 *GDP*，GDP_t^l 表示 t 年 *GDP* 中的长期趋势部分。因为 *GDP* 为年度数据，所以 λ 取 100。

再借助德勒斯奈德（Deleersnyder）等[⑥]的方法得到经济周期部分：

$$GDP_t^c=GDP_t-GDP_t^l \tag{2-3-3}$$

GDP_t^c 为 *GDP* 中的经济周期因素。在分离出经济周期因素后，若 GDP_t^c 大于 0 则说明经济处于繁荣期，那么 *contraction* 取 1；若 GDP_t^c 小于 0 则说明经济处于萎缩期，那么 *contraction* 取 0。分析结果表明，2010 年、2011 年、2018 年和 2019 年属于经济繁荣期，

① 杨胜刚，钟先茜，姚彦铭．资本市场对外开放与企业融资约束：来自沪港通的证据［J］．财经理论与实践，2020，41（5）：36–43.

② 徐思，何晓怡，钟凯．“一带一路”倡议与中国企业融资约束［J］．中国工业经济，2019（7）：155–173.

③ 魏志华，曾爱民，李博．金融生态环境与企业融资约束：基于中国上市公司的实证研究［J］．会计研究，2014（5）：73–80，95.

④ 陈漫，张新国．经济周期下的中国制造企业服务转型：嵌入还是混入［J］．中国工业经济，2016（8）：93–109.

⑤ STEENKAMP E M，FANG E. The impact of economic contractions on the effectiveness of R&D and advertising：Evidence from U.S. companies spanning three decades［J］. Marketing science，2011，30（4）：628–645.

⑥ Deleersnyder B et al. Weathering tight economic times：The sales evolution of consumer durables over the business cycle［J］. Quantitative marketing and economics，2004，2（4）：347–383.

2012 年到 2017 年属于经济萎缩期。

5. 控制变量

参考黄健峤等[①]、陈运森等[②]的做法，选取企业规模（*size*）、货币资金（*monetary*）、董事会规模（*BS*）、独立董事人数（*IND*）、企业年龄（*age*）作为控制变量。

表 2-13 资本市场开放与研发投入的变量定义

变量符号	变量名称	变量定义
ln*RD*	研发投入	研发投入自然对数
HSSC	资本市场开放	当“沪深港通”交易制度实施，且企业当年为“沪深港通”标的时为 1，否则为 0
KZ	融资约束	*KZ* 指数越大，融资约束越高
contraction	经济周期	处于经济萎缩期时，*contraction* 取 0；处于经济繁荣期时，*contraction* 取 1
size	企业规模	当年年末总资产自然对数
monetary	货币资金	当年末货币资金自然对数
BS	董事会规模	董事会人数
IND	独立董事人数	当年董事会独立董事人数
CR	流动比率	当年末流动资产 / 当年末流动负债
old	企业年龄	企业成立年份到 *t* 年的总年数加 1，并取对数
AF	分析师关注	分行业、年度计算分析师关注人数均值，若当年企业分析师关注人数大于平均值，说明分析师关注度高，取值为 1，否则为 0
big4	四大审计	当审计机构是四大会计师事务所时取 1，否则为 0
dual	两职合一	若企业董事长兼任总经理为 1，否则为 0

（三）模型构建

考虑到“沪深港通”政策的实施不仅为研究提供了准自然的实验环境，还为构建双重差分模型提供了良好的基础。参考前人的做法，本节构建了行业固定效应与年度

① 黄健峤，王雅琪，邓祎璐，等. 股票市场开放提高企业创新产出水平了吗：基于陆港通的准自然实验［J］. 会计与经济研究，2020，34（1）：21-37.

② 陈运森，黄健峤. 股票市场开放与企业投资效率：基于“沪港通”的准自然实验［J］. 金融研究，2019（8）：151-170.

固定效应的回归模型：

$$\ln RD_{i,t}=\beta_0+\beta_1 HSSC_{i,t}+\sum control_{i,t}+\sum industry+\sum year+\varepsilon_{i,t} \quad (2\text{-}3\text{-}4)$$

$$KZ_{i,t}=\beta_0+\beta_1 HSSC_{i,t}+\sum control_{i,t}+\sum industry+\sum year+\varepsilon_{i,t} \quad (2\text{-}3\text{-}5)$$

$$\ln RD_{i,t}=\beta_0+\beta_1 HSSC_{i,t}+\beta_2 KZ_{i,t}+\sum control_{i,t}+\sum industry+\sum year+\varepsilon_{i,t} \quad (2\text{-}3\text{-}6)$$

在模型（2-3-4）中，*HHSC* 为政策干预性变量，当“沪深港通”政策已经实施，并且上市公司为“沪深港通”标的企业时取 1，否则取 0。ln*RD* 为研发投入的自然对数，*KZ* 为企业融资约束程度，其他变量如表 2-13 所示。在控制年度与个体固定效应后，主要关注 *HSSC* 系数，若其显著为正，则研究设计 H2-3-1 得到支持，表明资本市场开放促进了企业的研发投入。

四、实证结果与分析

（一）描述性统计分析

表 2-14 展示了主要变量描述性统计结果。研发投入自然对数均值为 17.705，中位数为 17.668，说明各个上市企业的研发投入总体较为均衡、离散程度较低，但最大值和最小值分别为 25.025 和 7.409，说明头部企业和尾部企业差异明显。*HSSC* 平均值为 0.227，说明样本中平均有 22.7% 被列入过沪深港通标的名单。*KZ* 平均值为 1.508，且最大值与最小值差异较大，表明各个企业面临的融资约束差异较大。

表 2-14 资本市场开放与研发投入的主要变量描述性统计

变量	观测值	平均值	中位数	标准差	最小值	最大值
ln*RD*	11 156	17.705	17.668	1.564	7.409	25.025
HSSC	11 156	0.227	0.000	0.419	0.000	1.000
KZ	11 156	1.508	1.539	0.823	−1.820	10.030
contraction	11 156	0.259	0.000	0.438	0.000	1.000
size	11 156	22.088	21.860	1.341	19.081	28.504
old	11 156	2.991	2.996	0.267	1.386	4.127
board	11 156	8.679	9.000	1.638	5.000	15.000
IND	11 156	3.193	3.000	0.553	2.000	5.000

续表

变量	观测值	平均值	中位数	标准差	最小值	最大值
CR	11 156	3.230	1.818	4.151	0.357	23.312
monetary	11 156	20.273	20.122	1.307	14.760	26.494

表 2-15 进一步呈现了主要变量的相关系数矩阵。*HSSC* 与 ln*RD* 的皮尔逊相关系数为 0.333，斯皮尔曼相关系数为 0.344，且均显著为正，初步验证了假设 H2-3-1，表明资本市场开放会使得企业提高研发投入。同时，*size* 和 *monetary* 与 ln*RD* 之间的相关性系数显著为正。

表 2-15　资本市场开放与研发投入的主要变量相关系数矩阵

变量	ln*RD*	*HSSC*	*KZ*	*contraction*	*size*	*old*	*board*	*IND*	*CR*	*monetary*
ln*RD*	1.000	0.344***	0.194***	0.013	0.576***	0.026***	0.104***	0.145***	−0.211***	0.504***
HSSC	0.333***	1.000	0.157***	0.110***	0.501***	0.099***	0.075***	0.105***	−0.196***	0.428***
KZ	0.130***	0.143***	1.000	−0.139***	0.422***	0.187***	0.089***	0.120***	−0.726***	0.095***
contraction	0.020**	0.110***	−0.155***	1.000	−0.001	−0.068***	0.001	−0.002	0.043***	0.086***
size	0.555***	0.508***	0.356***	0.012	1.000	0.220***	0.243***	0.296***	−0.513***	0.781***
old	−0.023**	0.080***	0.184***	−0.069***	0.145***	1.000	0.119***	0.073***	−0.209***	0.126***
board	0.098***	0.091***	0.087***	−0.002	0.273***	0.111***	1.000	0.641***	−0.140***	0.201***
IND	0.159***	0.106***	0.107***	−0.003	0.335***	0.060***	0.731***	1.000	−0.151***	0.263***
CR	−0.172***	−0.134***	−0.438***	0.065***	−0.246***	−0.122***	−0.067***	−0.064***	1.000	−0.165***
monetary	0.532***	0.439***	0.063***	0.079***	0.833***	0.071***	0.223***	0.293***	−0.066***	1.000

注：表格上三角为斯皮尔曼（spearman）相关系数，下三角为皮尔逊（pearson）相关系数；***、**、* 分别表示显著性水平为 1%、5%、10%。

（二）回归结果分析

表 2-16 的列 2 和列 3 报告了模型 2-3-4 的回归结果。列 2 为只控制个体固定效应与年度固定效应，由回归结果可知，*HSSC* 的系数为 1.203，并且在 1% 的水平上显著。列 3 在引入规模等控制变量和控制行业与年度双向固定效应后，*HSSC* 的系数为 0.190，同样也在 1% 的水平上显著为正。上述结果验证了假设 H2-3-1 的成立，并且表明了资本市场开放这一重要改革制度的落地，有效地促进了上市公司的研发投入，发挥了虚拟经济为实体经济服务的功能。

表 2-16 资本市场开放、研发投入以及不同经济周期下融资约束中介效应

变量	模型（2-3-4）		模型（2-3-5）	模型（2-3-6）	contraction=1		contraction=0	
	lnRD	lnRD	KZ	lnRD	KZ	lnRD	KZ	lnRD
HSSC	1.203***	0.190***	-0.098***	0.180***	-0.112***	0.358***	-0.098***	0.115***
	(32.735)	(5.937)	(-5.221)	(5.618)	(-3.676)	(5.972)	(-4.216)	(3.017)
KZ				-0.105***		-0.011		-0.128***
				(-6.506)		(-0.284)		(-7.082)
size		0.656***	0.477***	0.706***	0.546***	0.641***	0.456***	0.719***
		(36.740)	(45.631)	(36.358)	(28.231)	(14.903)	(36.811)	(32.878)
old		-0.404***	0.261***	-0.377***	0.140***	-0.449***	0.312***	-0.342***
		(-10.276)	(11.330)	(-9.540)	(3.815)	(-6.216)	(10.919)	(-7.258)
board		0.005	-0.007	0.005	-0.005	0.006	-0.008	0.006
		(0.578)	(-1.356)	(0.495)	(-0.573)	(0.342)	(-1.159)	(0.546)
IND		-0.011	0.027*	-0.008	0.017	0.012	0.030	-0.021
		(-0.408)	(1.701)	(-0.303)	(0.645)	(0.228)	(1.503)	(-0.652)
monetary		0.148***	-0.380***	0.108***	-0.417***	0.111***	-0.366***	0.115***
		(9.536)	(-41.797)	(6.477)	(-25.856)	(3.155)	(-33.583)	(6.057)
CR		-0.016***	-0.054***	-0.022***	-0.065***	-0.026***	-0.050***	-0.019***
		(-6.046)	(-34.215)	(-7.773)	(-25.147)	(-4.713)	(-25.148)	(-5.586)
industry/year	yes	yes	yes	yes	yes	yes	yes	yes
_cons	15.811***	0.222	-1.931***	0.019	-2.059***	1.222**	-2.068***	-0.235
	(97.200)	(0.810)	(-12.030)	(0.067)	(-7.319)	(2.188)	(-10.747)	(-0.741)
N	11 156	11 156	11 156	11 156	2894	2894	8262	8262
F	58.033	158.020	102.688	157.289	57.224	55.270	59.792	116.611
r2_a	0.293	0.550	0.442	0.552	0.603	0.597	0.371	0.540

注：1.***、**、* 分别表示显著性水平为 1%、5%、10%，括号内为 t 值。

2. 表中空白表示不适用。

表 2-16 的列 4 报告了模型 5 的回归结果。*HSSC* 的系数为 -0.098，并且在 1% 的水平上显著，结果表明资本市场开放能够缓解企业融资约束。表 2-16 的列 5 报告了

模型 2–3–6 的回归结果，*HSSC* 的系数为 0.180，*KZ* 的系数为 –0.105，均在 1% 的水平上显著。表明资本市场开放能够通过缓解融资约束，促进企业增加研发投入，假设 H2–3–3 得到支持。经自举法（Bootstrap）与索贝尔（Sobel）边缘测试，中介效应仍然显著，且该中介效应为部分中介。

在表 2–16 的列 6 和列 7 汇报了在经济繁荣期的结果。虽然资本市场开放能够在繁荣期削弱企业面临的融资约束，且资本市场开放后，企业研发投入显著增加，但是此时融资约束并不是限制研发投入的主要因素，即融资约束在此时并不能发挥中介作用。列 8 和列 9 结果表明，在经济萧条期，资本市场开放能够缓解企业面临的融资约束难题，增加企业研发底气，促使企业加大研发投入。这使得研发投入呈现逆周期表现，并加速经济复苏。

五、进一步分析

资本市场开放对上市公司研发投入的影响的路径主要有：一是价值信息传导路径，即强化研发投入价值信号；二是内部治理路径，投资者通过直接参与企业管理，积极“用手投票”，缓解委托代理问题。基于此，我们拟进一步探索。

（一）价值信息传导路径

四大会计师事务所是高审计质量、高品质的代表，与非四大会计师事务所相比，四大会计师事务所有更高的市场认同度，所以价值向好的企业可以通过聘请四大会计师事务所的信号传递作用将自己与其他企业区分开来。同时，四大会计师事务所为维护自身的声誉，更有动机去选择财务状况佳和风险低的优质企业。同时，分析师往往更会跟踪未来价值高、成长性强的企业。因此，分析师的“解读机制”也会促使企业的研发投入价值信号增强。由此可知，聘请四大会计师事务所和关注度高的分析师的企业通常能向外传递企业价值信号，从而使得资本市场开放的价值引导功能对研发投入促进作用的边际效果降低，所以本节以是否聘请四大会计师事务所审计和分析师关注度的高低作为是否传递研发投入价值信号的分组依据。

表 2–17 展示了回归结果。由列（1）和列（3）可知，在非四大会计师事务所审计（big4=0）和分析师关注度低（*AF=0*）的企业内，*HSSC* 系数显著为正，而在四大会计师事务所审计（big4=1）和分析师关注度高（*AF=1*）的企业内，*HSSC* 系数均不显著。结果表明，资本市场开放对研发投入的促进作用在非四大会计师事务所审计和分析师关注低的企业显著，而在四大会计师事务所审计和分析师关注高的企业并不显著。回归结果与本节的预期一致，表明价值信息传导功能越强，资本市场开放对研发投入的促进作用也越强。

表 2-17 信息传导

变量	ln*RD*			
	big4=0	big4=1	*AF*=0	*AF*=1
	(1)	(2)	(3)	(4)
HSSC	0.148***	0.049	0.121***	0.059
	(4.233)	(0.303)	(2.740)	(1.091)
size	0.632***	0.743***	0.594***	0.702***
	(31.684)	(8.088)	(23.560)	(24.980)
old	−0.299***	−0.138	−0.243***	−0.296***
	(−7.093)	(−0.543)	(−4.518)	(−4.659)
board	0.013	−0.023	−0.007	0.023
	(1.330)	(−0.566)	(−0.549)	(1.612)
IND	−0.049*	0.131	−0.006	−0.027
	(−1.650)	(1.091)	(−0.148)	(−0.616)
monetary	0.117***	0.092	0.111***	0.079***
	(6.843)	(1.152)	(5.117)	(3.041)
CR	−0.019***	−0.004	−0.017***	−0.024***
	(−6.771)	(−0.215)	(−4.703)	(−5.604)
industry/year	yes	yes	yes	yes
_cons	1.288***	−4.277**	1.750***	0.729*
	(4.113)	(−2.518)	(4.433)	(1.665)
N	8622.000	560.000	5394.000	3788.000
F	115.011	23.208	67.923	84.962
r2_a	0.535	0.718	0.501	0.659

注：1. ***、**、* 分别表示显著性水平为 1%、5%、10%，括号内为 *t* 值。
2. 表中空白表示不适用。

（二）内部治理路径

从内部治理角度来看，资本市场开放要发挥内部治理效应，主要是因为境外投资者能够直接或间接参与公司治理，监督和约束企业高管与控股股东的不当行为，改善内部控制，最终对研发创新等长期活动产生正面影响。① 因此，当企业内部控制有缺陷的时候，资本市场开放对研发产生的积极作用更为显著。而在两职兼任的企业内，董事会不能完全发挥独立和积极的监督作用，② 意味着首席执行官有更大的权力，境外投资者很难通过参与治理对企业产生影响。本节采用两职兼任与内控缺陷作为衡量影响内部治理指标，验证资本市场开放发挥治理效应对研发投入产生的影响。由表 2-18 列（1）和列（2）可知，在两职分离（*dual*=0）的上市公司，资本市场开放对研发投入的影响显著为正，而在两职兼任（*dual*=1）的上市公司内却不显著。说明在权力集中的企业，资本市场开放的治理效应有限，对研发投入的影响不明显。表 2-18 列（3）和列（4）展示了在内部控制是否有缺陷情况下的回归结果，在内部控制有缺陷（*is deficiency*=1）的企业中，资本市场开放能够显著提高研发投入，而在内部控制没有缺陷（*is deficiency*=0）的企业中，资本市场开放与研发投入的关系不显著。验证了资本市场开放在内部控制有缺陷企业内治理作用更为明显这一推论。

表 2-18　内部治理

变量	ln*RD*			
	dual=0	*dual*=1	*is deficiency*=0	*is deficiency*=1
	（1）	（2）	（3）	（4）
HSSC	0.180***	−0.078	0.048	0.260***
	（4.420）	（−1.337）	（1.152）	（4.049）
size	0.635***	0.743***	0.677***	0.684***
	（27.362）	（23.550）	（32.114）	（16.418）
old	−0.333***	−0.157**	−0.232***	−0.402***
	（−6.342）	（−2.515）	（−5.134）	（−4.199）
board	0.012	−0.024*	0.003	−0.001
	（1.009）	（−1.768）	（0.329）	（−0.055）
IND	−0.049	0.069	−0.040	0.010
	（−1.346）	（1.576）	（−1.278）	（0.163）

① 黄健峤，王雅琪，邓祎璐，等．股票市场开放提高企业创新产出水平了吗：基于陆港通的准自然实验［J］．会计与经济研究，2020，34（1）：30-31.

② 朱玉杰，雪莲，李文佳．产品市场竞争下两职合一对公司绩效的影响［J］．技术经济，2016，35（5）：124.

续表

变量	lnRD			
	dual=0	*dual*=1	*is deficiency*=0	*is deficiency*=1
	(1)	(2)	(3)	(4)
monetary	0.141***	0.087***	0.119***	0.117***
	(6.827)	(3.216)	(6.406)	(3.183)
CR	−0.019***	−0.014***	−0.017***	−0.020***
	(−5.261)	(−3.369)	(−5.662)	(−3.012)
industry/year	yes	yes	yes	yes
_cons	0.763**	−0.854	0.147	−0.291
	(2.156)	(−1.548)	(0.451)	(−0.442)
N	6548	2634	6679	2503
F	103.158	58.084	112.126	43.137
r2_a	0.573	0.634	0.583	0.583

注：1. ***、**、* 分别表示显著性水平为 1%、5%、10%，括号内为 *t* 值。
2. 表中空白表示不适用。

六、研究结论与启示

当前资本市场开放进入深化改革的关键时期，有效的开放不仅有助于促进跨境资金双向有序流动①，推动企业更好地参与国际经济合作、有效利用外资②，还有利于价值投资理念与完备市场规范的传入，更好地发挥市场的资源配置功能。本节以“沪深港通”政策的实施为背景，研究资本市场开放对企业研发投入的影响。研究证实：资本市场开放与研发投入正相关，融资约束在资本市场开放对研发投入的促进作用中起到部分中介作用，且这一作用在经济萧条期更加明显。结果表明，资本市场开放能够通过价值引导促进资源合理配置，有助于提升资本市场服务于实体经济的能力，增强企业脱虚向实的内生动力。同时，资本市场开放通过缓解融资约束对研发投入逆周期表现具有推动作用，加速经济复苏。进一步分析发现，资本市场开放对研发投

① 马玲．孙国君．稳妥有序推进资本项目开放 稳慎推进人民币国际化［EB/OL］.［2022-08-11］.https：//www.financialnews.com.cn/cj/zczx/202103/t20210305_213212.html.

② 李克强.2020 年政府工作报告［R/OL］.（2020-05-22）［2021-01-29］.http：//www.gov.cn/premier/2020-05/22/content_5513757.htm.

入的促进作用在价值信号传递较少、内部治理较差的企业更大，这表明价值信号的有效传递与公司治理结构的完善有助于减少资本市场开放的冲击。综上，资本市场开放与其引入的境外投资者，使企业治理更完善、投资更良性、信息更透明、资金更活跃、市场更公平，为经济发展与复苏增加了底气、注入了活力。同时，在研发投入变成研发产出后，既增强了实体企业的核心竞争力，提高了长期价值，并不断吸引境外投资者投资，形成了良性循环；又为社会带来技术进步，促进经济复苏。

基于此，本节提出以下政策建议：第一，在资本市场开放取得阶段性成果的基础上，坚定不移地扩大开放，并通过推动资本市场高质量开放引入更多理性的境外价值投资者，利用其专业素养和信息收集渠道，提高股价的信息含量，减小定价误差，减少股价不能反映企业真实价值的现象，为企业传递更多的研发价值信息，增强对研发投入价值的理解；第二，企业要保证研发投入的持续供给为技术创新打下坚实基础，充分利用研发投入的价值信号工具，增强投资者信心，吸引外资，扩大资本市场开放效用，提高资源配置效率，引导资金脱虚向实，振兴实体经济，落实供给侧改革；第三，政府应该在经济萧条时采取诸如降低利率与发放财政补贴等刺激政策，缓解企业融资难、生存难等问题，并积极鼓励有条件的企业研发创新，加速经济复苏；第四，在资本市场进一步开放的当口，收益与风险并存，企业应明白“打铁还需自身硬”，主动学习境外先进的管理理念，在加强内部控制、提高信息披露水平的同时增加企业的研发投入，以此增强企业的核心竞争力与风险应对能力。

第四节　资本市场开放、产品市场竞争和资本配置效率

一、引言

资本配置效率是企业能否获取投资收益、实现价值增值的一个重要影响因素[①]，良好的配置效率是企业价值提升和健康发展的基础性条件[②]，直接关系企业的生存与发展，因而提高资本配置效率对企业而言极为重要。根据权衡理论，企业资本结构决策的变化反映了对市场环境的适应性，而资本结构偏离度与调整速度体现了资源配置效率及市场运行效率。[③]资本市场开放后引进了大量的境外投资者，势必会改变企业的

① 李炜．资本市场开放、会计准则国际趋同与资本配置效率［J］．财会通讯，2020（17）：36.

② 李虹．企业资本配置效率影响因素研究述评与展望［J］．商业经济，2020（5）：77.

③ 丁一，李启佳．资本市场开放与企业资本结构决策：基于沪港通效应的准自然实验研究［J］．河南大学学报（社会科学版），2020，60（4）：45.

资本结构，进而影响资本配置效率。资本配置效率是衡量资本市场有效性的重要指标之一，① 一直是学术界研究的热点，已经有学者从政府干预、法治化保障水平、市场化进程、金融资本市场等宏观层面，也有学者从信息不对称与代理问题、公司治理整体机制、股权集中程度、独立董事比例、两权分离程度等部分治理机制等微观层面的角度研究了对资本配置效率的影响，然而关于资本市场开放对资本配置效率影响的研究则相对较少。本节以“沪深港通”机制的实施这一外生事件为研究对象，以分析资本市场开放对我国企业资本配置效率的影响，以期为资本市场资本配置的相关研究提供借鉴。

产品市场作为企业外部治理的重要组成部分，能够通过竞争促使企业优胜劣汰，实现资本的优化配置。② 产业组织理论认为，行业内的竞争对手会针对其他企业的财务经营状况来调整自己的财务竞争策略，并最终表现在公司资本结构的变动中。③ 资本市场开放后，境外投资者参与本地股票市场交易，不仅实现资本的跨境流动，优化资本市场的投资者结构，改善资本配置的环境，也势必会对处于不同竞争态势公司的资本配置效率产生影响，从而改变原有的治理效用。

基于此，本节以我国“沪深港通”交易制度的实施为背景，研究了我国资本市场开放对资本配置效率的影响，并将产品市场竞争细分为行业层面的竞争强度和公司层面的市场竞争地位，探讨在不同竞争状态下上市公司在资本市场开放与资本配置效率具体表现的异质性。

本节的贡献体现在：①为资本市场开放与资本配置的相关研究提供证据，有助于完善我国资本市场对外开放经济后果的研究，对于进一步推动我国资本市场的对外开放具有一定的借鉴意义。②首次将资本市场开放、产品市场竞争与资本配置效率纳入统一框架下进行研究，从行业间和行业内两个产品市场竞争层面分析并实证检验了资本市场开放与资本配置效率的关系，丰富和拓展了产品市场竞争的治理效应研究领域的文献，为健全公司治理机制提供有益借鉴。③通过探讨不同产权性质与股权集中度如何影响资本市场开放与资本配置效率的关系，为两者关系的研究提供了全新的微观视角和更为深入细致的微观证据。

---

① 王建新，丁亚楠．沪深港通背景下的资本市场开放与资源配置效率：基于信息透明度的中介效应研究［J］．云南社会科学，2020（4）：122.

② 陈丽蓉，黄明凤，孙昭愚．资本市场开放促进企业履行社会责任吗：基于产品市场竞争与股权异质性的调节效应［J］．云南财经大学学报，2021，37（2）：54-55.

③ 刘奕嘉．产品市场竞争与资本结构关系研究：基于国有和民营上市公司的比较［J］．商业时代，2015（15）：82-84.

二、理论分析与研究假设

（一）资本市场开放对资本配置效率的影响

“沪深港通”交易制度的实施作为我国资本市场对外双向开放的一个里程碑事件[①]，增加了中国资本市场与国际资本市场的联动性，深化了我国资本市场和国际资本市场的交流合作[②]。外资带来的国际资本流入成了股票市场上重要的增量资金来源，为企业持续发展注入资金支持，提供增长动力，有助于提高我国企业的资本配置效率[③]。下面从两个角度分析资本市场开放是如何影响资本配置效率的。

1. 从潜在投资者视角来看

被选入互联互通标的的上市公司具有为迎合境外投资者而提升信息披露水平的动机。[④]潜在的机构投资者具有投资能力卓越和资金实力雄厚的特点[⑤]，并且境外投资者出于对业绩和风险的综合考量，通常偏好大市值、低市盈率、更多公众持股、公司治理水平高和较少信息不对称问题的价值型上市公司，特别是当他们与境内投资者相比处于信息劣势地位的时候[⑥⑦⑧]。相应地，境内公司为了吸引更多精明的境外投资者，建立起信任的投资者关系，会主动改善公司的信息披露质量[⑨]，从而获得更多的关注[⑩]。同时，根据信号传递理论，上市公司可以将提升信息披露质量作为一种信号，传递给缺

① 朱琳，伊志宏．资本市场对外开放能够促进企业创新吗：基于“沪港通”交易制度的经验证据［J］．经济管理，2020，42（2）：42.

② 钟凯，孙昌玲，王永妍，等．资本市场对外开放与股价异质性波动：来自“沪港通”的经验证据［J］．金融研究，2018（7）：176–177.

③ 王建新，丁亚楠．沪深港通背景下的资本市场开放与资源配置效率：基于信息透明度的中介效应研究［J］．云南社会科学，2020（4）：123.

④ 黄健峤．股票市场开放与公司信息环境［D］．北京：中央财经大学，2019：51.

⑤ 王秀丽，齐荻．资本市场开放提高企业投资效率了吗：基于“陆港通”的多期双重差分法实验证据［J］．国际商务（对外经济贸易大学学报），2019（6）：92–106.

⑥ KHO B，STULZ R M，WARNOCK F E. Financial globalization，governance，and the evolution of the home bias［J］.Journal of accounting research，2009，47（2）：597–635.

⑦ GUL F A，KIM J，QIU A A.Ownership concentration，foreign shareholding，audit quality，and stock price synchronicity：Evidence from China［J］.Journal of financial economics，2010，95（3）：425–442.

⑧ BRADSHAW M T，BUSHEE B J，MILLER G S.Accounting choice，home bias，and U.S.investment in non–U.S.firms［J］.Journal of accounting research，2004，42（5）：795–841.

⑨ 李沁洋，许年行．资本市场对外开放与股价崩盘风险：来自沪港通的证据［J］．管理科学学报，2019，22（8）：111.

⑩ 曾威．股权集中度、分析师关注与投资效率［J］．浙江金融，2019（3）：38–43.

乏时间和精力挑选合适投资标的公司的境外投资者。[①] 因此，高质量会计信息能够通过改善契约和监督降低道德风险和逆向选择，缓解投资者间信息不对称，进而提高投资者对公司的估计精确度，降低信息风险和投资者的估计偏误，从而使资金流向投资回报率高的领域，增强资本流动性，改善市场的信息环境。透明度较高的资本市场对以逐利性为主要目的资本的吸引力更高。随着资本市场的不断开放，较高的会计信息透明度是其吸引国际资本、提高自身资本配置效率的重要优势。[②]

2. 从境外股东视角来看

“沪深港通”交易制度的实施成功地向国内资本市场引入了一批成熟的境外投资者。[③] 一方面，境外投资者自身的引导效用，影响着境内资本市场的管理层的行为。第一，相对于境内投资者而言，来自发达资本市场的投资者可能拥有更丰富的投资经验、强大的投资团队与专业化的投资能力[④]，具有信息收集的渠道优势与信息分析的能力优势，这些优势进而转化为管理者在进行投资决策时的信息优势，管理者决策的准确性直接影响着企业的资本配置效率，而决策效率的实现又取决于管理者掌握信息的充分程度。境外投资者的加入优化了境内资本市场企业的信息环境，使得管理层能够及时抓住投资机会，优先识别良好的投资项目，更有可能作出最优的交易决策，将货币资本流向效益好、成长性高的行业和公司[⑤]，提高了资金的使用效率，从而促进资本配置效率的提升。第二，基于信号传递理论，来自于成熟市场的境外投资者是更加趋于理性的价值投资者，长期的发达资本市场的投资经验使其更善于收集和处理公司特质信息，在投资标的选择上具有导向作用[⑥]，促使境外的成熟投资者对境内投资者起到“示范效应”并可能引发“羊群效应”[⑦]，不少投资者会追随外资的步伐投资或重仓外资所持股的上市公司，因而境外投资者的有无和多少作为一种信号传递机制，使得境内

① CHUM C Y，KIM H，RYU D.Foreign investor trading and information asymmetry：Evidence from a leading emerging market［J］. Applied economics Letters，2017，24（8）：540-544.

② 王建新，丁亚楠 . 沪深港通背景下的资本市场开放与资源配置效率：基于信息透明度的中介效应研究［J］. 云南社会科学，2020（4）：124.

③ 朱琳，伊志宏 . 资本市场对外开放能够促进企业创新吗：基于“沪港通”交易制度的经验证据［J］. 经济管理，2020，42（2）：42.

④ 连立帅，朱松，陈关亭 . 资本市场开放、非财务信息定价与企业投资：基于沪深港通交易制度的经验证据［J］. 管理世界，2019，35（8）：140.

⑤ 周中胜 . 公司治理改善与资源配置效率优化：来自中国上市公司的经验证据［J］. 山西财经大学学报，2011，33（2）：69-75.

⑥ 陈运森，黄健峤，韩慧云 . 股票市场开放提高现金股利水平了吗：基于“沪港通”的准自然实验［J］. 会计研究，2019（3）：57.

⑦ CHANG C.Herding and the role of foreign institutions in emerging equity markets［J］.Pacific-basin finance journal，2010，18（2）：175-185.

投资者为了提升投资决策成功的概率，在制定投资决策、选择交易项目时会学习和模仿境外投资者的投资行为，将目光聚集到境外的成熟投资者已经识别出的项目上，从而提升资本市场配置效率，激发经济内生增长动力。①

另一方面，在资本市场持续开放的背景下，根据境外投资者监管理论，作为企业股东的境外投资者具有较为强烈的监管动机和干预积极性②，这将会对企业的经营管理活动产生直接的治理作用，优化公司治理机制。因为相较于境内投资者，境外投资者与境内企业的经营业务关联度低，具有更强的独立性，为了保障自身利益，更能发挥监督作用。③ 并且，根据成本收益理论，境外投资者为了获得较高投资收益会积极参与公司治理，从而完善公司治理结构，提升公司治理绩效。④ 故资本市场开放能提高公司治理质量，改善公司治理水平，优化公司治理机制。根据现代企业代理理论，公司治理机制作为一系列的制度安排，其目的在于保护投资者的利益不受内部管理者的侵害，从而能够得到应有的资本回报。公司治理机制主要是通过改善信息不对称、缓解代理问题从而提升公司资本配置效率⑤⑥。因为良好的公司治理能够向市场传递公司经营规范、投资收益高效等信息，这有助于降低投资者与管理者之间关于企业经营信息的不对称性，从而缓解企业的融资约束，缓解因内部资金匮乏导致的投资不足；同时，良好的公司治理有助于约束公司激进的投资行为，抑制因管理层的自利行为而导致的投资过度。公司投资不足与过度投资都是公司资本配置效率低下的表现，将会导致公司价值损失，进而损害投资者利益。此外，良好的公司治理机制能通过缓解股东和经理人之间的第一类代理问题以及控股股东和中小股东之间的第二类代理问题，加强对投资决策实施者的监督和控制，降低投资偏误风险，保证资本配置效率的提升。

基于以上分析，提出以下假设：

H2-4-1：资本市场开放后，资本配置效率显著提升。

（二）产品市场竞争对资本市场开放与资本配置效率之间关系的影响

资本市场开放带来的境外投资者的加入使得资本配置效率得到了提升，而产品市

① 刘锋，张宸．提升资源配置效率 激发经济内生增长动力［N］．中国证券报，2019-06-18（A03）．

② 刘程，王仁曾．资本市场开放与公司治理优化：基于“沪港通”的准自然实验［J］．财会月刊，2020（12）：19.

③ 王秀丽，齐荻．资本市场开放提高企业投资效率了吗：基于“陆港通”的多期双重差分法实验证据［J］．国际商务（对外经济贸易大学学报），2019（6）：92-106.

④ 杨嘉琳，王满仓，任晓燕，等．境外机构投资者持股周期与公司治理绩效关系的实证研究［J］．运筹与管理，2018，27（7）：152-160.

⑤ 李云鹤，李湛，唐松莲．企业生命周期、公司治理与公司资本配置效率［J］．南开管理评论，2011，14（3）：112.

⑥ 李鑫，李香梅．代理冲突、公司治理因素的激励约束效应与资本配置效率［J］．管理世界，2014（11）：166.

场竞争作为连接宏观经济和微观企业的重要桥梁，是“世界范围内提升经济效率最强的力量”[①]，产品市场竞争的激烈程度将直接影响资本市场开放对资本配置效率的作用幅度。在我国不完全竞争的市场环境及行业性行政垄断[②]的制度背景下，产品市场竞争还主要分为由行业集中度所决定的系统性或结构性竞争以及由企业竞争地位所引致的差异性或个体性竞争两方面。[③]通常而言，行业集中度可以反映出该行业内的竞争强度，行业集中度越低，该行业内的竞争越激烈。[④]故本节用上市公司面临的行业竞争程度和所处市场竞争地位刻画在不同产品市场竞争下资本市场开放对资本配置效率的影响。

1. 资本市场开放、行业竞争与资本配置效率

从行业竞争程度来看，首先，高竞争行业中的产品同质性水平较高，市场进出成本较低，面临潜在进入者多的威胁，面对有限的市场份额被剥夺和良好的投资机会被抢占的可能性大。[⑤]为了防止被市场淘汰，破产威胁约束管理者进行非企业价值最大化的非效率投资行为。[⑥]其次，当行业竞争程度较高时，企业之间的信息交流更加通畅。基于充分信息假说理论，激烈的行业竞争能通过约束管理层权力[⑦]、减少管理层和股东之间代理冲突[⑧]降低第一类代理成本，同时通过防止大股东“掏空”降低第二类代理成本[⑨]，故行业间各公司经营信息的透明度就会上升。这自然会缓解各利益方之间的信息不对称程度[⑩⑪]，降低股东监督的边际成本[⑫]，导致管理层进行非效率投资获取私利的能力受到限制[⑬]，减少管理者进行非效率投资的机会主义行为，促进资本配置效率

① SHLEIFER A，VISHNY R. Pervasive shortages under socialism［J］. The RAND journal of economics，1992，23（2）：237-246.

② 于良春，张伟 . 中国行业性行政垄断的强度与效率损失研究［J］. 经济研究，2010，45（3）：16-27，39.

③ 杨兴全，尹兴强 . 行业集中度、企业竞争地位与现金持有竞争效应［J］. 经济科学，2015（6）：78-91.

④ 邢立全，陈汉文 . 产品市场竞争、竞争地位与审计收费：基于代理成本与经营风险的双重考量［J］. 审计研究，2013（3）：52.

⑤ 马春爱，杨焕荣 . 市场竞争与公司投资：投资机会敏感性关系［J］. 会计之友，2018（16）：6.

⑥ 姚曦，姚梦鸽，杨超 . 产品市场竞争、管理者能力与公司非效率投资［J］. 会计之友，2020（15）：15.

⑦ 谭庆美，魏东一，董小芳 .CEO 权力、产品市场竞争与盈余质量［J］. 中央财经大学学报，2015（5）：54-63.

⑧ 姜付秀，黄磊，张敏 . 产品市场竞争、公司治理与代理成本［J］. 世界经济，2009，32（10）：46-59.

⑨ 张功富 . 产品市场竞争、大股东持股与企业过度投资：来自沪深工业类上市公司的经验证据［J］. 华东经济管理，2009，23（7）：68-75.

⑩ HOLMSTRON B.Moral hazard in team［J］.The bell journal of economics，1982（2）：324-340.

⑪ NALEBUFF B J，STIGLITZ J E.Prizes and incentives：Towards a general theory of compensation and competition［J］.The bell journal of economics，1983，14（1）：21-43.

⑫ 韩忠雪，祝小琴，王晓青 . 产品市场竞争、会计稳健性与企业投资效率［J］. 财会通讯，2019（24）：18-24.

⑬ 谭庆美，魏东一，董小芳 .CEO 权力、产品市场竞争与盈余质量［J］. 中央财经大学学报，2015（5）：54-63.

的提升。上述特征使得高竞争行业公司的资本配置效率原本就处于较高水平，从而削弱了境外投资者带来的监督治理效用和公司治理的优化对资本配置效率的影响。

低竞争行业由于同质公司少，容易呈现出垄断和寡头的格局，故面临的破产威胁小，管理层业绩压力小，管理层主动披露高质量信息的动机弱，于是该类公司信息披露质量较差，信息不对称程度加大，代理问题较为凸显。① 此时的行业竞争程度有助于发挥资本市场开放带来的境外投资者的监督治理效用，因为境外投资者会直接参与企业的经营管理提升公司信息披露质量。高质量的会计信息能够缓解委托者和代理者之间存在的代理冲突和信息不对称问题，监督和约束代理人（股东、经理人、大股东）为了满足自身利益而进行过度投资和投资不足的行为，减少非效率投资，提高投资效率②，从而促进资本配置效率的提升。故相对于高竞争行业，低竞争行业的资本配置效率受到资本市场开放影响更大，即在低竞争行业中，资本配置效率对资本市场开放的敏感性更强。

基于以上分析，提出以下假设：

H2-4-2：相较于高竞争行业，资本市场开放对资本配置效率的提高作用在低竞争行业更显著。

2. 资本市场开放、市场竞争地位与资本配置效率

从公司所处市场竞争地位来看，高市场竞争地位公司更容易受到同行企业关注③，其“标杆”作用易于形成行业共识并引发“学习效应”④。基于信号传递理论，该类公司为了吸引更多投资者关注，并维持自己的地位，会通过披露高质量信息增加自身与低市场竞争地位公司的区别度。⑤ 高质量的信息可以减轻企业之间的不了解程度，降低标的选择偏误风险，使有限的资本配置到高生产率的公司。此外，竞争地位较高的公司在行业内处于领导地位，掌握着整个行业的定价趋势，便利的融资渠道与充足的资源为公司提供了雄厚的资金支持，故受竞争对手的制约较小，⑥ 通过改善外部环境绩效来提升企业资本配置效率的动机较弱。因此，上述特征相对缓解了境外投资者价值投资的示范效应以及基于经济目标的监管行为对资本配置效率的影响。与之相反，低

---

① 杨兴全，尹兴强．行业集中度、企业竞争地位与现金持有竞争效应［J］．经济科学，2015（6）：78-91.

② 罗斌元．会计信息质量对企业投资效率的作用机理［J］．商业研究，2014（6）：64-75.

③ 傅传锐，杨文辉．产品市场竞争、竞争地位与智力资本信息披露：基于我国上市公司智力资本信息披露指数（ICDI）的大样本研究［J］．中国社会科学院研究生院学报，2019（4）：18.

④ 张宏亮，王靖宇．薪酬管制、激励溢出与国企社会成本：一项准自然实验［J］．中国软科学，2018（8）：120.

⑤ 傅传锐，杨文辉．产品市场竞争、竞争地位与智力资本信息披露：基于我国上市公司智力资本信息披露指数（ICDI）的大样本研究［J］．中国社会科学院研究生院学报，2019（4）：18.

⑥ 朱清香，崔晓敏，邹涛．环境绩效对企业价值的影响研究：基于行业集中度与企业竞争地位的双重考虑［J］．金融与经济，2020（1）：43.

市场竞争地位公司由于处在弱势地位，资源匮乏和信息劣势导致其难以形成特定的掠夺条件，被掠夺风险更高。同时，有限的资源使得低竞争地位公司相互争夺资源获利的可能性较小，破产风险较高。① 此时，境外投资者会加大对该类公司的监管力度，促进内部治理机制的完善并加大对非效率投资识别力度，有效降低管理者因自利造成投资过度和因融资约束造成投资不足的倾向，促进资本配置效率的提升。故相对于高市场竞争地位的公司，低市场竞争地位公司的资本配置效率受到资本市场开放影响更大，即资本配置效率对资本市场开放的敏感性在低市场竞争地位公司中更强。基于以上分析，提出以下假设：

H2-4-3：相较于高市场竞争地位的公司，资本市场开放对资本配置效率正向作用在低市场竞争地位公司中更显著。

三、实证设计

（一）样本选择与数据来源

本节选取 2010 —2019 年我国 A 股上市公司作为研究样本。在具体的样本选择过程中，进行如下处理：①剔除金融行业的样本；②剔除 ST 和 *ST 公司样本；③剔除被调出当年和同时发生调入调出事件年份的观测值；④剔除 2014 年后首次公开募股的公司样本；⑤剔除数据存在缺失的样本。为避免极端值的影响，对所有连续变量在 1% 和 99% 水平上进行了缩尾处理，最终得到 19 721 个公司年度观测值。本节资本市场开放数据为手动整理，其余数据均来自中国经济金融研究数据库，数据分析运用 Stata 16.0 软件完成。

（二）主要变量

1. 资本配置效率

依照托宾（Tobin）的投资 Q 理论，托宾的投资 Q 敏感模型表示企业新增投资对投资机会的动态调整，即只要边际 Q 不等于 1，企业就会不断地对资本存量进行调整，企业的新增投资对投资机会的敏感度可以动态反映企业的资本配置效率。因此，本节使用托宾的投资 Q 模型度量企业层面资本配置效率。

2. 资本市场开放

借鉴连立帅等[11]以及罗棪心和伍利娜[56]的做法，将资本市场开放列为“沪深股通”标的企业的虚拟变量，当“沪深港通”交易制度实施且公司被列为“沪股通”或“深

① 杨兴全，尹兴强．行业集中度、企业竞争地位与现金持有竞争效应［J］．经济科学，2015（6）：78-91.

股通”标的企业时取值为 1，否则为 0。

3. 产品市场竞争

本节将产品市场竞争分为行业和公司两个层面进行衡量。在衡量行业层面的产品市场竞争时，借鉴姚宏等[①]以及徐玉德和韩彬[②]的做法，使用赫芬达尔指数作为行业竞争程度的替代变量。赫芬达尔指数兼具绝对集中度指标和相对集中度指标的优点，能够合理反映产业的市场竞争程度。当行业内公司数目一定时，赫芬达尔指数越大，行业的竞争程度越小，反之亦然。借鉴蒋荣和陈丽蓉[③]的做法，本节将各行业赫芬达尔指数的平均值大于或等于全部行业赫芬达尔指数平均值的中位值的行业划分为低竞争行业，其余划分为高竞争行业。

在衡量公司层面的产品市场竞争中，借鉴吴昊旻等[④]、贾军和魏雅青[⑤]的研究，选取公司勒纳指数作为市场竞争地位的替代变量，*PCM*=（营业收入－营业成本－销售费用－管理费用）/ 营业收入。

4. 控制变量

控制变量主要包括自由现金流量（*CF*）、公司规模（*size*）、资产负债率（*LEV*）、成长性（*growth*）、资产有型性（*TANG*）、资产周转率（*ATO*）、年度虚拟变量（*year*）。变量具体含义如表 2-19 所示。

表 2-19　资本市场开放与资本配置效率的变量定义

变量名称	符号	变量定义
企业投资	*INV*	公司 *i* 第 *t* 年的新增投资为企业的资本性支出除以期初总资产
投资机会	*TobinQ*	托宾 *Q* 值，市场价值除以企业总资产后取自然对数
资本市场开放	*HSSC*	沪深股通标的企业虚拟变量，当沪深港通交易制度实施且公司被列为沪股通或深股通标的企业时取值为 1，否则为 0

① 姚宏，贾娓，郝小玉，等．产品市场竞争、董事会结构变化与盈余管理［J］．管理评论，2018，30（4）：194-205.

② 徐玉德，韩彬．市场竞争地位、行业竞争与内控审计师选择：基于民营上市公司的经验证据［J］．审计研究，2017（1）：88-97.

③ 蒋荣，陈丽蓉．产品市场竞争治理效应的实证研究：基于 CEO 变更视角［J］．经济科学，2007（2）：102-111.

④ 吴昊旻，杨兴全，魏卉．产品市场竞争与公司股票特质性风险：基于我国上市公司的经验证据［J］．经济研究，2012，47（6）：101-115.

⑤ 贾军，魏雅青．产品市场竞争、客户关系治理与企业创新关系研究：基于行业竞争程度与企业市场地位的双重考量［J］．软科学，2019，33（12）：66-71.

续表

变量名称	符号	变量定义
行业竞争强度	*HHI*	赫芬达尔指数，$HHI=\sum_{i=1}^{N}(X_i/X)^2$，其中，$X_i$ 为第 i 个企业的销售额，用主营业务收入替代；$X=\sum X_i$，其中 $X=\sum X_i$，X_i 为公司当年营业收入占当年同行业总营业收入（X）的比重
市场竞争地位	*PCM*	*PCM*=（营业收入 - 营业成本 - 销售费用 - 管理费用）/ 营业收入
自由现金流量	*CF*	经营性活动现金流量净额 / 总资产
客户规模	*size*	公司当年总资产的自然对数
资产负债率	*LEV*	总负债 / 总资产
公司成长性	*growth*	（当年营业收入 - 上年营业收入）/ 上年营业收入
资产有型性	*TANG*	（固定资产净额 + 存货净额）/ 总资产
资产周转率	*ATO*	营业收入 / 总资产
年份	*year*	年份虚拟变量，是该年则取值为 1，否则为 0

（三）模型构建

借鉴已有文献罗核心和伍利娜[56]、连立帅等[11]、李明娟和金海钰①，构建双重差分模型（2-4-1）来检验假设 H2-4-1。在此基础上借鉴蒋荣和陈丽蓉②的方法，将全样本按照行业间市场竞争程度分为高竞争行业组和低竞争行业组，运用模型（2-4-1）对假设H2-4-2进行检验。另外，借鉴傅传锐和杨文辉③的做法，将全样本按照行业内市场竞争程度分为高市场竞争地位组和低市场竞争地位组，运用模型（2-4-1）对假设 H2-4-3 进行检验。

$$INV_{i,t}=\alpha_0+\alpha_1 Q_{i,t}HSSC_{i,t}+\alpha_2 HSSC_{i,t}+\alpha_3 Q_{i,t}+\sum control_{i,t}+\sum year+\varepsilon_{i,t} \quad (2\text{-}4\text{-}1)$$

其中，下标 i 代表公司，t 代表年份，α_i 为各变量系数，$\varepsilon_{i,t}$ 为残差。

① 李明娟，金海钰．股权结构、公司治理与国有企业资本配置效率：基于混合所有制改革背景［J］．哈尔滨商业大学学报（社会科学版），2020（3）：3-13.

② 蒋荣，陈丽蓉．产品市场竞争治理效应的实证研究：基于 CEO 变更视角［J］．经济科学，2007（2）：102-111.

③ 傅传锐，杨文辉．产品市场竞争、竞争地位与智力资本信息披露：基于我国上市公司智力资本信息披露指数（ICDI）的大样本研究［J］．中国社会科学院研究生院学报，2019（4）：13-30.

四、实证结果与分析

（一）描述性统计分析

从描述性统计表 2-20 可以看出，企业投资的平均值为 0.059，中位数为 0.039，说明大部分企业投资的投资水平在中位数以上；最小值为 0.000，最大值为 0.356，并且标准差为 0.064，大于平均值，说明不同企业之间的投资具有一定的个体差异。投资机会的平均值为 0.577，中位数为 0.469，平均值和中位数差距不大。资本市场开放的平均值为 0.254，说明加入"沪深港通"样本占总样本的 25.4%。在主要控制变量方面，公司规模的平均值为 22.280，中位数为 22.110，说明大部分企业的公司规模较大。自由现金流量的平均值为 0.044，中位数为 0.043，平均值和中位数比较接近。资产负债率的平均值为 0.443，中位数为 0.440，平均值和中位数较接近，说明大部分企业的资产负债率较高，在 50% 左右。主营业务收入增长率（*growth*）的平均值为 0.195，最小值为负，说明部分企业主营业务收入出现下降趋势。资产有型性的平均值为 0.380，最小值为 0.030，最大值为 0.811，说明部分企业的资产有型性存在较大的个体差异。资产周转率的平均值为 0.628，中位数为 0.524，说明大部分企业的资产周转率较高。

表 2-20　资本市场开放与资本配置效率的主要变量描述性统计

变量	样本数	平均值	中位数	标准差	最小值	最大值
INV	19 721	0.059	0.039	0.064	0.000	0.356
TobinQ	19 721	0.577	0.469	0.491	−0.136	2.159
HSSC	19 721	0.254	0.000	0.436	0.000	1.000
size	19 721	22.280	22.110	1.309	19.750	26.230
CF	19 721	0.044	0.043	0.070	−0.168	0.242
LEV	19 721	0.443	0.440	0.211	0.051	0.914
growth	19 721	0.195	0.111	0.482	−0.562	3.317
TANG	19 721	0.380	0.368	0.182	0.030	0.811
ATO	19 721	0.628	0.524	0.443	0.067	2.564

（二）相关性分析

从表 2-21 可以看出，被解释变量和解释变量、控制变量的相关性，企业投资与投资机会、资本市场开放存在显著的相关关系，从解释变量、控制变量的相关性来看，模型不存在严重的多重共线性问题。为进一步挖掘各变量之间的关系，本节将对变量进行更深入地检验和分析。

表 2-21 资本市场开放与资本配置效率的主要变量相关性检验结果

变量	*INV*	*TobinQ*	*HSSC*	*size*	*CF*	*LEV*	*growth*	*TANG*	*ATO*
INV	1.000	0.018**	−0.038***	−0.026***	0.187***	−0.112***	0.183***	0.048***	0.102***
TobinQ	−0.018**	1.000	−0.067***	−0.571***	0.093***	−0.375***	0.060***	−0.203***	0.033***
HSSC	−0.065***	−0.067***	1.000	0.440***	0.096***	0.070***	0.010	−0.079***	−0.008
size	−0.022***	−0.541***	0.437***	1.000	0.069***	0.505***	0.038***	0.155***	0.022***
CF	0.133***	0.102***	0.093***	0.062***	1.000	−0.132***	0.035***	0.071***	0.193***
LEV	−0.060***	−0.333***	0.065***	0.491***	−0.145***	1.000	0.003	0.337***	0.115***
growth	0.200***	0.020***	−0.021***	0.031***	−0.001	0.042***	1.000	−0.058***	0.126***
TANG	0.023***	−0.199***	−0.077***	0.173***	0.043***	0.347***	−0.041***	1.000	0.060***
ATO	−0.013*	−0.010	−0.009	0.044***	0.127***	0.146***	0.060***	0.029***	1.000

注：表格上三角为斯皮尔曼相关系数，下三角为皮尔逊相关系数；***、**、* 分别表示显著性水平为 1%、5%、10%。

（三）回归结果分析

从回归结果表 2-22 可以看出，在全样本中，“沪深港通”的回归系数为 0.003，通过了 10% 的显著性水平检验，说明资本市场开放与资本配置效率存在显著的正相关关系，假设 H2-4-1 得到验证。进一步将全样本分为高竞争行业和低竞争行业两组以及高市场竞争地位和低市场竞争地位两组，表 2-22 第（2）列和第（3）列为以行业竞争为分组变量的回归结果，结果显示，在低竞争行业组，资本市场开放与资本配置效率在 1% 水平上显著，假设 H2-4-2 得到验证。表 2-22 第（4）列和第（5）列为以公司层面的市场竞争地位作为分组变量的回归结果，结果显示，在低市场竞争地位组，资本市场开放与资本配置效率在 1% 水平上显著，假设 H2-4-3 得到验证。

表 2-22 资本市场开放影响资本配置效率的回归结果

变量	因变量				
	全样本	高竞争行业组	低竞争行业组	高市场竞争地位组	低市场竞争地位组
	（1）	（2）	（3）	（4）	（5）
TobinQ_HSSC	0.003*	−0.002	0.009***	−0.003	0.009***
	（0.002）	（0.003）	（0.002）	（0.003）	（0.003）
TobinQ	−0.006***	−0.005**	−0.008***	−0.003*	−0.010***
	（0.001）	（0.002）	（0.002）	（0.002）	（0.002）

续表

变量	因变量				
	全样本	高竞争行业组	低竞争行业组	高市场竞争地位组	低市场竞争地位组
	(1)	(2)	(3)	(4)	(5)
HSSC	0.004***	0.009***	0.000	0.011***	-0.001
	(0.002)	(0.002)	(0.002)	(0.002)	(0.002)
size	0.001	-0.001	0.002***	-0.002***	0.003***
	(0.001)	(0.001)	(0.001)	(0.001)	(0.001)
CF	0.133***	0.122***	0.129***	0.149***	0.086***
	(0.007)	(0.009)	(0.010)	(0.011)	(0.009)
LEV	-0.021***	-0.013***	-0.018***	-0.016***	-0.017***
	(0.003)	(0.004)	(0.004)	(0.004)	(0.003)
growth	0.026***	0.024***	0.030***	0.028***	0.023***
	(0.002)	(0.002)	(0.002)	(0.002)	(0.002)
TANG	0.004	-0.010**	0.021***	-0.003	0.018***
	(0.003)	(0.004)	(0.004)	(0.004)	(0.004)
ATO	-0.008***	-0.002*	-0.017***	-0.001	-0.009***
	(0.001)	(0.001)	(0.002)	(0.003)	(0.001)
_cons	0.065***	0.069***	0.040**	0.133***	0.008
	(0.012)	(0.017)	(0.016)	(0.018)	(0.016)
N	19 721	9183	10 538	9847	9874
F	109.351	49.741	82.219	61.030	54.339
r2_a	0.118	0.098	0.158	0.124	0.108

注：***、**、* 分别表示显著性水平为 1%、5%、10%。

五、进一步分析

（一）资本市场开放对不同产权性质企业资本配置效率的异质性影响

由于产权特性、政治特性以及与政府间千丝万缕的联系，我国国有企业与非国有企业在资本市场开放带来的资本配置方面的表现也存在着很大的差异。国有企业处于特殊地位，国有资产监督管理委员会、国家审计署、中央纪委及多套法律法规体系形成了强劲的监管合力，对其控制的公司有着比较严格的监管①，这有效地增加了披露高质量会计信息的可能性，促使资本交易的信息环境更加透明，能有效地帮助企业进行合理定价，同时还能缓解信息不对称的问题②，从而优化了资本的有效配置。而对于非国有企业，政府政策法规的改革不到位，使得其缺乏公平规范的法制环境、政策环境和市场环境，非国有企业的经营者及内部运作均缺乏有效的外部监督。资本市场开放伴随着一系列监管文件的发布③，香港联合交易所以及港股投资者进一步将其对企业治理、信息披露等行为规范的要求和标准带入内地资本市场④，形成了更为严格的监管环境，故非国有企业受到该政策的影响较大，需要承担的监管压力较大。这有效地改善了非国有企业的制度环境，提高企业会计信息披露质量，缓解了信息不对称，增加了识别高效投资项目的可能性。相对于国有企业来说，虽然资本市场开放带来了更多的外资和更加完善的外部监督体系，但在原本市场治理效用就较强的情况下，资本市场开放对国有企业资本配置效率增加的叠加共振影响就没有非国有企业明显。基于此，按照产权性质将样本分为国有企业（*state*=1）和非国有企业（*state*=0）两组，运用模型（2-4-1）检验资本市场开放对不同产权性质企业资本配置效率的影响。

回归结果如表 2-23 所示，由回归结果可知，在非国有企业中，资本市场开放与资本配置效率在 5% 水平上显著正相关，而对于国有企业而言，资本市场开放与资本配置效率并不显著。由此可知，资本市场开放对资本配置效率的提升效用在非国有企业更强。

表 2-23 进一步分析：按产权性质分组

变量	因变量	
	国有企业组	非国有企业组
	（1）	（2）
TobinQ_HSSC	0.003	0.006**
	（0.003）	（0.003）
TobinQ	−0.004**	−0.006***
	（0.002）	（0.002）

① 黄鹏，方小玉．集团公司治理对内部资本市场效率的影响：来自我国 2009 年系族集团的经验证据［J］．苏州大学学报（哲学社会科学版），2012，33（1）：103.

② 姚菲．股权结构、会计信息质量与投资效率实证分析［J］．财会通讯，2016（21）：29.

③ 张立民，彭雯，钟凯．“沪港通”开通提升了审计独立性吗：基于持续经营审计意见的分析［J］．审计与经济研究，2018，33（5）：35-45.

④ 邹洋，张瑞君，孟庆斌，等．资本市场开放能抑制上市公司违规吗：来自“沪港通”的经验证据［J］．中国软科学，2019（8）：124.

续表

变量	因变量	
	国有企业组	非国有企业组
	（1）	（2）
HSSC	0.000	0.004
	（0.002）	（0.003）
size	0.002***	0.003***
	（0.001）	（0.001）
CF	0.161***	0.112***
	（0.009）	（0.010）
LEV	-0.007*	-0.026***
	（0.004）	（0.004）
growth	0.026***	0.025***
	（0.003）	（0.002）
TANG	-0.001	0.014***
	（0.004）	（0.004）
ATO	-0.011***	-0.003*
	（0.001）	（0.002）
_cons	0.026*	0.016
	（0.015）	（0.020）
N	8627	11 129
F	50.266	71.521
r2_a	0.132	0.117

注：***、**、* 分别表示显著性水平为 1%、5%、10%。

（二）资本市场开放对不同股权集中度企业资本配置效率的异质性影响

股权集中度是由于集团实际控制人持股比例不同表现出来的集中或分散的数量化指标。随着股权集中度的增加，将会产生以下两方面的效应：第一，当股权集中度提高到控股股东完全掌握了公司控制权时，所有权比例的提高会削弱控股股东获取控制权私人收益的动机。① 根据利益协同效应，当较高的股权集中度使所有权超过最低限

① 黄鹏，方小玉．集团公司治理对内部资本市场效率的影响：来自我国 2009 年系族集团的经验证据［J］．苏州大学学报（哲学社会科学版），2012，33（1）：103.

度的控制权时，股权越集中，则外部中小股东与控股股东的利益越趋于一致，控股股东就会按照所有股东的共同利益行事，从而提高会计盈余的价值相关性，即盈余质量。第二，根据自由现金流理论，当管理层拥有较多的闲置资金时，他们会倾向于以牺牲股东的利益为代价增加自己的财富。那么，随着实际控制人股权的提高，即便不考虑“掏空”便利性的问题，本着降低代理成本的需要，大股东就有更大的动机去监控管理层为获取资金而进行的寻租行为，从而使得企业将有限的交易资金放在投资收益最大的地方，有助于资本进行有效配置。因此，相较于股权相对分散的公司，股权集中度较高时，资本市场开放通过缓解代理问题来提升资本配置效率的作用不易得到发挥。基于此，以公司第一大股东持股比例的中位数为依据，将研究对象分为股权相对集中和相对分散两个子样本，运用模型（2-4-1）检验资本市场开放对不同股权集中度的上市公司资本配置效率的影响。

回归结果如表 2-24 所示，由回归结果可知，在股权相对分散的公司中，资本市场开放与资本配置效率在 5% 水平上显著正相关，而对于股权相对集中的公司而言，资本市场开放与资本配置效率并不显著。由此可知，资本市场开放能显著提高股权相对分散公司资本配置效率的可能性，而对于股权相对集中的公司，资本配置效率在资本市场开放前后并没有显著变化。

表 2-24 进一步分析：按股权集中度分组

变量	因变量	
	股权相对集中组	股权相对分散组
	（1）	（2）
TobinQ_HSSC	0.003	0.006**
	（0.003）	（0.003）
TobinQ	-0.004**	-0.006***
	（0.002）	（0.002）
HSSC	0.000	0.004
	（0.002）	（0.003）
size	0.002***	0.003***
	（0.001）	（0.001）
CF	0.161***	0.112***
	（0.009）	（0.010）
LEV	-0.007*	-0.026***
	（0.004）	（0.004）

续表

变量	因变量	
	股权相对集中组	股权相对分散组
	（1）	（2）
growth	0.026***	0.025***
	（0.003）	（0.002）
TANG	-0.001	0.014***
	（0.004）	（0.004）
ATO	-0.011***	-0.003*
	（0.001）	（0.002）
_cons	0.026*	0.016
	（0.015）	（0.020）
N	8627	11 129
F	50.266	71.521
r2_a	0.132	0.117

注：***、**、* 分别表示显著性水平为 1%、5%、10%。

六、研究结论与启示

本节以我国沪深港股票市场交易互联互通为研究背景，以 2010 —2019 年我国沪深两市 A 股上市公司为样本，实证检验资本市场开放与资本配置效率的关系以及行业层面和公司层面的产品市场竞争对此关系的治理效应，实证研究结果表明：①资本市场开放与资本配置效率显著正相关。也就是说，资本市场开放后资本配置效率有所提升。②相对于高竞争行业和高市场竞争地位的企业，资本配置效率对资本市场开放在低竞争行业和低市场竞争地位企业的敏感性更强。也就是说，相较于高竞争行业和高市场竞争地位，资本市场开放对资本配置效率的提高作用在低竞争行业更显著。③进一步分析发现，资本配置效率对资本市场开放的敏感性在非国有企业和股权较分散企业更强。也就是说，资本市场开放对资本配置效率的提高作用在非国有企业和股权较分散企业更显著。

基于本节结论，可以得到如下启示：第一，在保持市场稳定的前提下，应当稳步推进资本市场对外开放政策，不断扩大资本市场对外开放的广度和深度，积极引进外资，有序提升市场开放水平，有效借助境外成熟资本市场上投资者的投资经验来规范境内资本市场的纪律，提高公司的信息环境和治理水平，促进资源的优化配置。第二，公司应当积极适应资本市场开放过程中的环境变化，抓住机遇，迎接挑战。如对处于高竞争行业和市场竞争地位较高的企业而言，可以着重考虑通过完善企业本身，从内部治理机制入手，促进公司治理效用提升。而对处于低竞争行业和市场竞争地位较低的企业而言，可以考虑强化资本市场开放的外部治理效用，进而形成产品市场竞争与外部监督的治理共鸣，放大治理效果，这样才会充分享受资本市场开放的红利，将市场化改革的挑战转变成自身发展的机遇。第三，应当充分发挥资本市场开放在非国有企业、股权分散企业的治理作用，改变企业经营生产的资本配置的弊端，真正促进资本正确流动，共同建造良好的投资环境，推动实体经济发展。

第三章　资本市场开放与企业社会责任

第一节　企业社会责任的法律规范

履行经济与法律责任是每个企业的应尽之责，践行社会与道德责任是每个企业发展壮大的必由之路。任何企业存在于社会之中，都是社会的企业①，企业想要获得大众的支持，就应当积极履行社会责任。随着市场经济的不断发展，我国企业社会责任运动正逐步走向“标准化、法制化、社会化、价值化”[38]，但劣质食品、污染排放等企业社会责任缺失事件仍层出不穷，为此，党和政府通过多种途径规范和引导企业履行社会责任。2017 年党的十九大报告中提出精准扶贫、保护环境，为企业履行社会责任提供了方向；2021 年通过了《中华人民共和国国民经济和社会发展第十四个五年规划和 2035 年远景目标纲要》，提出要“推动民营企业守法合规经营，鼓励民营企业积极履行社会责任、参与社会公益和慈善事业”。在党和政府的努力下，我国企业社会责任履行情况得到好转，这对企业价值提升、国家经济发展具有重大意义。而要促进企业积极履行社会责任并发挥其正向作用，关键在于要将企业社会责任上升到法律高度，以法律形式明确规定企业的权利义务[39]。但目前我国企业社会责任法律体系尚未成形，为更好地监管企业履行社会责任，建立起一套成熟的企业社会责任法律体系迫在眉睫。本节将基于现有的企业社会责任法律规范体系，了解国内外企业社会责任立法选择，结合已有文献对企业社会责任立法进行探索。

一、国外企业社会责任的法律实践

企业社会责任是指在对股东承担法律责任的同时，企业还要承担对员工、消费者、社区和环境的责任。②自企业社会责任提出以来，便受到了国际社会的广泛关注。国际上对于企业履行社会责任逐渐由呼吁倡导升级为强制要求，有关企业社会责任的标准和政策也开始相继出台。以美国、英国等为代表的西方发达国家在企业社会责任的实践和理论方面发展较早，其对企业社会责任的立法也更为完善，因此本节以美国、

① 习近平：在企业家座谈会上的讲话［J］. 光彩，2020（8）：16-18.

② 田利辉，王可第. 社会责任信息披露的“掩饰效应”和上市公司崩盘风险：来自中国股票市场的 DID-PSM 分析［J］. 管理世界，2017（11）：148.

英国为代表探索国外企业社会责任法律实践。

（一）美国社会责任法律实践

企业社会责任的概念起源于美国。美国早在1890年颁布的《谢尔曼法》就已经将企业社会责任法制化纳入国家监管范围，在20世纪初期，美国《公司法》引入“利益原则”，要求公司作出有关企业社会责任的行为与公司有直接的利益关联。① 自20世纪30年代起，美国陆续出台大量关于企业履行社会责任的法案。1936年美国国会修改的《国内税收法典》规定“公司慈善、科学、教育等方面的捐赠可予以抵扣所得税”，从税收优惠上鼓励公司承担社会责任。1962年美国发布的《关于保护消费者的国情咨文》指出，需要采取立法和行政措施使得消费者能够实现四项权利，即安全权、知情权、选择权和意见被尊重权，在1969年美国又提出保障消费者的求偿权。② 在此基础上，美国关于消费者权益保护的法规得到确立和完善，企业对消费者承担社会责任有了法律保障。1983年，宾夕法尼亚州首创了以制定法的方式特别授权公司董事在进行决策行为时可以考虑股东以外的团体利益；1989年，宾夕法尼亚州议会对《公司法》进行修订，修订后的《公司法》明确提出“授权公司董事对公司利益相关者负责，而不再只对股东一方负责”，并进一步肯定了企业应当履行社会责任。截至20世纪90年代末，美国已有29个州制定法律授权公司管理者对股东以外的其他利益关系人（包括公司员工、债权人、顾客甚至社区居民等）负责，这些条款被称为“其他利益相关者条款”③，各州就企业应当对利益相关者负责逐渐达成共识。美国对规范社会责任行为制度的制定一直走在世界前沿。1997年，美国制定了全球首个企业社会责任的国际标准SA8000，它是全球首个有关道德规范的国际标准，其宗旨是确保供应商所供应的产品，皆符合社会责任标准的要求。在21世纪初，美国政府为适应时代发展对企业履行社会责任颁布了一系列更为严苛的法案。如《2002年萨班斯－奥克斯利法案》，加大对忽视社会责任、侵害相关利益者的企业的处罚力度。④ 在联合国第15次气候变化大会召开后，美国在2010年发布了《委员会关于气候变化相关信息披露的指导意见》，要求公司对环境信息进行披露，加强了对企业环境方面社会责任履行情况的监督。在联合国提出可持续发展目标后，美国在2015年首次颁发了基于完整ESG考量的规定——《解释公告IB2015-01》，鼓励公司对环境、社会责任和公司治理信息进行披露，对企业履行社会责任的情况进行严格监管。2019年8月，在华盛顿召开了商业圆桌会

① 高岚君，吴凤君，等．全球化视野下的企业社会责任法律研究［M］．北京：法律出版社，2011：147-149.

② 沈敏荣，姚继东．企业社会责任及其法律化［J］．社会科学战线，2018（2）：218.

③ 易凌，罗俊杰，等．企业社会责任及其立法研究［M］．北京：科学出版社，2015：233-238.

④ 蒋建湘．企业社会责任的法律化［J］．中国法学，2010（5）：127.

议，181 家美国公司首席执行官共同签署了《关于公司宗旨的声明》，签署者承诺"除了带领公司继续创造经济价值外，在商业决策中将同时考虑股东和其他利益相关者的利益诉求"。该会议体现出美国商界的价值观已由股东利润最大化向可持续发展转变，为企业履行社会责任带来了良好示范，引领了现代企业发展新潮流。纵观美国企业社会责任立法的过程，可以发现，形成完善的企业社会责任法律体系是顺应时代潮流的，美国在对企业社会责任立法进行探索时形成了先进的理论与丰富的实践经验，对各国企业社会责任法律体系的建立和完善具有较大借鉴价值。

（二）英国社会责任法律实践

在 20 世纪 70 年代，受美国影响，英国开始关注企业社会责任问题。1973 年英国加入欧洲经济共同体后，欧共体对社会目标的重视也在一定程度上强化了英国公司对社会责任的关注。[①] 虽然英国对社会责任缺乏系统的理论构建，但其在立法上却有不少实践经验。1980 年，英国在对《公司法》进行修改时就将企业社会责任纳入了规制范围，其规定董事必须考虑雇员的利益，《公司法》成为英国企业社会责任的最基本依据。1985 年英国又在《公司法》条款中明确规定："公司享有实施附属于或有助于其任何贸易或营业开展的所有行为的权力；董事会考虑的问题应包括公司全体职工的权益以及其他成员的权益。"1985 年《公司法》除了强制企业对职工权益方面的社会责任信息进行披露外，还对企业需要在董事会报告中单独披露慈善捐款数额与政治捐款数额做了规定[②③]。同年颁发的《城市法典》关于收购与兼并事项的第 9 条规定："在董事向股东提供建议时，董事应考虑股东的整体利益和公司雇员及债权人的利益。"这些规定为公司承担社会责任提供了最基本的依据。随着企业社会责任的影响力持续升温，在 21 世纪初期，英国针对推动企业社会责任的履行制定了一系列更严格的规定。2000 年英国在《开放式基金条例》中要求基金公司应报告自己如何将企业社会责任融入募集资金[④]；2001 年英国设置公司社会责任担当大臣；2003 年英国通过《公司责任法案》，要求公司对利益相关者负责任；2004 年英国贸易工业部公布《公司法》的相关修改草案，草案中表明在公司年度报告中增加公开公司社会责任相关信息义务的改革方向[⑤]；2006 年修订并于 2008 年实施的英国《公司法》第 172 条第 1 款明确规定公司董事行

① 高岚君，吴凤君，等．全球化视野下的企业社会责任法律研究［M］．北京：法律出版社，2011：151-152.

② 冯果．企业社会责任信息披露制度法律化路径探析［J］．社会科学研究，2020（1）：15.

③ 李正．企业社会责任信息披露的国际经验与借鉴：以德国、英国为例［C］// 中国会计学会高等工科院校分会 2007 年学术年会暨第十四届年会论文集，2007.

④ 罗殿军，李季．发达国家对企业履行社会责任的影响因素分析：以美国和欧洲为例［J］．上海经济研究，2007（8）：102.

⑤ 高岚君，吴凤君，等．全球化视野下的企业社会责任法律研究［M］．北京：法律出版社，2011：152.

事时，应当考虑雇员利益、与供应商和顾客及其他方的商业关系、对社区及环境的影响等方面的因素[40]；2013 年开始实施的《公共服务（社会价值）法案》强调在公共服务采购过程中，应实现社会价值最大化，从而大大增加了社会企业赢得政府合同的机会①。这些陆续推出的企业社会责任法律规范引导着企业由以营利为目的向为社会公共利益服务转变，使得商业组织在社会发展中的价值日益显现。

二、我国企业社会责任法律法规探索

目前，国际上已有许多国家和国际组织形成了相对完善的企业社会责任法律体系，这些成熟的法律体系指引着我国企业社会责任法律体系的建立和完善。在改革开放初期，我国企业处于初步发展阶段，当时的宏观环境以及市场秩序使得企业忽略了对社会应当承担的责任。后来，随着经济体制改革和市场经济发展对企业履行社会责任的需要，我国也开始对企业履行社会责任进行立法。我国关于企业社会责任的立法主要体现在相关法律、中央政府和地方政府颁布的规章、条例以及行业协会所颁布的准则等条文中，按照我国法律法规和企业社会责任的关联性与成熟度分析，与企业社会责任相关的法律法规的制定经历了潜伏期（2005 年之前）、萌芽期（2005—2013 年）和发展期（2014 年之后）三个阶段。②

（一）潜伏期（2005 年之前）

在此阶段，我国刚引入企业社会责任不久，在法律条文中还未曾明确提出“社会责任”这个概念。但此时对企业应当对员工、消费者等利益相关者承担社会责任的想法在部分法律中已有所体现。例如：在 1993 年颁布的《中华人民共和国消费者权益保护法》（以下简称《消费者权益保护法》）中规定了消费者的权利和经营者的义务，明确提出消费者在购买、使用商品和接受服务时享有人身、财产安全不受损害的权利，经营者应当保证其提供的商品或者服务符合保障人身、财产安全的要求；1994 年颁布的《中华人民共和国劳动法》（以下简称《劳动法》）规定“用人单位应当依法建立和完善规章制度，保障劳动者享有劳动权利和履行劳动义务”“劳动者享有平等就业和选择职业的权利、取得劳动报酬的权利、休息休假的权利、获得劳动安全卫生保护的权利、接受职业技能培训的权利、享受社会保险和福利的权利、提请劳动争议处理的权利以及法律规定的其他劳动权利”。这些相关的法律法规为企业履行社会责任提供了法律依据，为社会责任相关法律法规的制定与实施奠定了基础。

---

① 金世斌．英国社会企业的发展历程、规制体系与启示［J］．中国发展观察，2020（Z4）：123.

② 金仁仙．中国企业社会责任政策的分析及启示［J］．北京社会科学，2019（8）：26.

（二）萌芽期（2005—2013 年）

在此阶段，我国企业社会责任相关法律规范开始不断涌现，我国法律体系中也开始正式提出“社会责任”的概念，企业社会责任法律体系初步建立。

在法律方面，2005 年修订的《公司法》明确提出企业必须“承担社会责任”，2006 年修订的《中华人民共和国合伙企业法》（以下简称《合伙企业法》）要求合伙企业及其合伙人必须“承担社会责任”。从此，公司履行社会责任在我国开始正式得到法律的规范和支持，这是我国企业社会责任立法实践中取得的巨大进步。在中央政府层面，为响应《公司法》等法律对企业履行社会责任的号召，中央政府推出了一系列文件对中央企业、境外企业履行社会责任进行指导。2007 年和 2011 年国务院国有资产监督管理委员会陆续发布了《关于中央企业履行社会责任指导意见》（国资发研究〔2008〕1 号）和《中央企业“十二五”和谐发展战略实施纲要》（国资发研究〔2011〕146 号），两个文件均强调中央企业应当树立和深化社会责任意识，积极承担社会责任。在 2012 年，商务部等七部委颁布了《中国境外企业文化建设若干意见》（商政发〔2012〕104 号），要求境外企业认真履行社会责任，树立中国企业负责任的形象；同年，商务部又发布了《对外承包工程行业社会责任指引》（商合函〔2012〕779 号），该文件对对外承包工程企业海外经营行为进行规范，推动相关企业积极履行社会责任。在中央政府的政策推动下，我国各地区地方政府就推进企业履行社会责任也制定了一系列政策。在我国东部地区，浙江省为促进经济高速度发展、推动企业履行社会责任，在 2008 年相继推出《浙江省人民政府关于推动企业积极履行社会责任的若干意见》（浙政发〔2008〕19 号）和《浙江省企业社会责任指导守则（试行）》，对企业履行社会责任作出指导性规范。在我国西部地区，陕西省于 2009 年发布了《陕西省工业企业社会责任指南》（陕政办发〔2009〕158 号）指引企业建立和完善社会责任体系；在 2012 年，为贯彻落实科学发展观，推动省属企业在建设西部强省事业中，履行好社会责任，实现企业与社会、环境的全面协调可持续发展，陕西省又制定了《关于省属企业履行社会责任的指导意见》。在我国中部地区，湖南省长沙市人民政府在 2012 年和 2013 年先后发布了《长沙市人民政府办公厅关于加强企业社会责任建设的意见》（长政办发〔2012〕32 号）及《长沙市企业社会责任评价试行办法》（长政办发〔2013〕51 号），从多方面明确了企业社会责任建设的内容，制定了相关企业履行社会责任的标准，为企业履行社会责任创造了良好的氛围。除此之外，我国江苏、上海、四川等地方政府为促进企业履行社会责任也颁发了一系列规定，这些地方政策的制定结合了地域现状，对企业履行社会责任具有良好的倡导性和针对性。

此外，行业协会为促进行业的健康发展也制定了规范促进行业内部企业社会责任的标准。在证券业，深圳证券交易所在2006年发布的《深圳证券交易所上市公司社会责任指引》（深政上〔2006〕115号）（已失效）明确规定“上市公司应当积极履行社会责任”；在2009年颁布了《上海证券交易所、中证指数有限公司关于发布上证社会责任指数的公告》，“上证社会责任指数”的推出鼓励和促进了上市公司积极履行社会责任，同时为投资者提供新的投资标的指数，促进了社会责任投资的发展；在2009年和2010年深圳证券交易所先后发布《深圳证券交易所创业板上市公司规范运作指引》（深证上〔2009〕106号）（已失效）及《深圳证券交易所主板上市公司规范运作指引》（深证上〔2010〕243号）（已失效），两指引要求上市公司应当在追求经济效益、保护股东利益的同时，积极保护债权人和职工的合法权益，诚信对待供应商、客户和消费者，积极从事环境保护、社区建设等公益事业；在欧美国家对ESG实践的影响下，我国香港证券交易所在2012年对上市公司首次发布了《环境、社会及管治报告指引》，加强了对企业社会责任信息披露的管制。除证券业外，工业、纺织、金融、电子行业等领域，不仅雨后春笋般地发布地方版或行业版规范，还不同程度地推动以企业社会责任评估为主的若干特色项目。① 在政府部门与行业协会的共同推动下，我国初步建立起企业社会责任法律体系框架。

（三）发展期（2014年至今）

在此阶段，我国企业社会责任运动比较活跃。为了适应时代的发展，更好地与国际社会接轨，我国不仅出台了一系列新政策，还在原有基础上不断更新和完善。在中央政府、地方政府、行业组织等各方推动下，我国企业社会责任法律体系蓬勃发展。

在法律方面，虽然我国目前仍尚未出台专门的企业社会责任法，但企业社会责任的权利和义务广泛分布并体现在多部部门法中。例如，2014年修订的《中华人民共和国环境保护法》充分强调企业应当重视环境保护的社会责任；2016年颁布的《中华人民共和国慈善法》系统规范了全社会的慈善行为，给企业提供了更加畅通的行善途径，鼓励企业积极参与公益慈善事业，义利兼顾。② 这些法律虽未直接提及社会责任，但其指引着企业履行社会责任，这些具体强制性规定构成企业承担社会责任的最低标准。③ 同时，我国中央政府部门也在努力推进我国企业社会责任的发展。2014年，我国工商行政管理总局为规范网络商品交易及有关服务行为、引导网络交易平台经营者积极履行社会责任、保护消费者和经营者的合法权益发布了《网络交易平台经营者履行社会责任指引》（工商市字〔2014〕106号），该指引不仅提出网络交易平台应承担

① 杨力．企业社会责任的制度化［J］．法学研究，2014，36（5）：135.

② 金仁仙．中国企业社会责任政策的分析及启示［J］．北京社会科学，2019（8）：27.

③ 赵旭东，裴任．企业社会责任行政执法研究［J］．社会科学研究，2020（1）：4.

的社会责任，还确定了保障措施促使网络交易平台企业社会责任的落实。2015年，中国保险监督管理委员会发布《中国保监会关于保险业履行社会责任的指导意见》（保监发〔2015〕123号），要求保险企业制定社会责任规划，健全社会责任工作体系。同年，国家质量监督检验检疫总局和国家标准化管理委员会发布了国家标准《社会责任指南》（GB/T 36000—2015），该指南统一和规范了我国社会责任领域的相关概念及相关实践，[①]促进了我国企业社会责任健康快速的发展。2016年，国务院国有资产监督管理委员会发布《关于国有企业更好履行社会责任的指导意见》（国资发研究〔2016〕105号），该指导意见指出国有企业应当增强社会责任意识，强化社会责任管理，推动社会责任融入企业运营，促进国有企业成为履行社会责任的表率。2018年，证券监督管理委员会首次对《上市公司治理准则》进行修订，要求上市公司在保持公司持续发展、提升经营业绩、保障股东利益的同时，应当在社区福利、救灾助困、公益事业等方面，积极履行社会责任。在政府各部门的重视和努力下，我国企业社会责任立法发展迅速。随着中央对企业履行社会责任愈发重视，我国各地区政府也结合当地发展状况发布了若干指导企业社会责任履行的意见。2014年，山东省顺应企业社会责任标准化的趋势，在地方政府层面率先推出《企业社会责任指标体系》和《企业社会责任报告编制指南》，这是全国首个《企业社会责任指标体系》标准和《企业社会责任报告编写指南》标准，以标准推动企业社会责任的发展，具有开创性意义；2016年河北省发布《河北省促进企业履行社会责任的指导意见》，引导和鼓励企业自觉履行社会责任，注重绿色环保。[②]除此之外，我国众多地区都推出相应制度指导企业履行社会责任。

随着我国市场经济的不断发展以及政府部门对企业社会责任规范力度的逐渐加大，我国行业协会对企业履行社会责任的制度规范也在改善和发展。在证券业，由于近年来市场环境变化较大，为了适应市场发展的需求，落实资本市场新规，我国证券交易所为规范企业社会责任行为不断修订和引入新的政策。2015年，我国香港证券交易委员会引入企业社会责任强制披露制度，《环境、社会及管治报告指引》要求所有在港上市公司于2016年财政年度开始参照修订后的《指引》发布环境、社会及治理报告[③]，由原来的“一般遵守”升级为“不披露就解释”，并在2019年对其再次进行修订，使其更符合时代要求。除此之外，信托业、银行业也在不断开展活动对企业社会责任行为进行规范。在各方共同努力下，我国企业社会责任法律体系日益完善。

---

① 于帆，陈元桥.GB/T36000—2015《社会责任指南》国家标准解读［J］.标准科学，2015（10）：7.

② 金仁仙.中国企业社会责任政策的分析及启示［J］.北京社会科学，2019（8）：30.

③ 沈敏荣，姚继东.企业社会责任及其法律化［J］.社会科学战线，2018（2）：224.

三、小结

企业履行社会责任既是企业生存的需要，更是国家发展与社会进步的需求。良好的企业社会责任立法对于国家发展具有重要影响，建立完善的企业社会责任法律体系是我国企业社会责任发展的必然选择。目前，国内外都在对企业社会责任立法进行探索，已形成一些较为成熟的规范制度。虽然当前我国企业社会责任运动发展趋势向好，在政府部门以及行业组织等各方协助下，现有法规制度在一定程度上有效地规范了企业社会责任行为，但由于立法的分散和空缺，相关部门对企业履行社会责任的监督管理仍存在困难。要改善我国企业社会责任履行状况，还需我国政府机构、行业协会等多方共同努力，通过立法、实施激励惩戒机制等方式对企业社会责任行为进行规范，形成企业社会责任的规制体系，有效促进我国企业社会责任的可持续发展。

第二节 企业履行社会责任的动因

企业履行社会责任指企业在满足其利润发展指标，对股东负责的同时，为员工、政府、社会等利益相关者创造价值的行为。[①]在我国经济进入新常态的发展下，更多地履行社会责任成为企业当下的首选。2020年中国企业社会责任报告国际研讨会[②]指出，目前企业履行社会责任的质量处于稳步提升状态，企业发布社会责任报告数量增长迅速，但是其质量有较大差异，社会责任落实仍然不到位。长生生物疫苗事件、万科房地产产品质量问题等多个国内大企业频繁发生令人质疑的事件，在这些事件背后是人们对企业履行社会责任行为的思考，有人认为企业履行社会责任是道德伪善、不负责任的行为[③]，只是为了在面对负面新闻时，为企业带来暂时的保险效应[④]，是企业管理层用来挽救声誉的一种“自利工具”[⑤]。但是究其本源，社会责任的出发点是为环境保护、社会的良好发展等各方面作出贡献，是提高各利益相关者利益的“价值创造

① 冯晓晴，文雯，靳毓．多个大股东与企业社会责任［J］．财经论丛，2020（10）：64-74.

② 金蜜蜂 GoldenBee.2020 中国企业社会责任报告十二个特征与六大建议［EB/OL］.［2021-03-10］.https：//m.sohu.com/a/437014949_370262/.

③ 彭韶兵，高洁，王昱升．企业社会责任履行异象及其分析［J］．财经科学，2013（5）：46-55.

④ PELOZA J. Using corporate social responsibility as insurance for financial performance［J］.California Management review，2006，48（2）.

⑤ HEMINGWAY C A，MACLAGAN P W.Managens' personal values as drivers of corporate social responsibility［J］.Jourmal of business ethics，2004，50（1）：33-44.

利器"[①]。

一、基于管理层的"自利工具"

在委托代理理论中，企业所有权与经营权分离后，管理层与股东所追求的目标无法完全达成一致是企业代理成本产生的重要原因。[②]若管理层基于声誉带来的暖光效应对社会责任过度投资，这是背离其本职工作的自利投机行为。[③]这种行为虽然为管理层带来了名誉和利益，抑或掩盖了其道德缺失问题，但对股东和其他利益相关者的权益造成了损害。大量研究表面，一方面，基于维护声誉的目的，管理层通过慈善捐赠等社会责任的履行充当其"遮羞布"[④]，掩盖和抵消某件坏事对自身的影响[⑤]；当管理层具有政治身份时，还可以通过社会责任的履行来"迎合"市场，为其带来较高的政治影响力和个人声誉。[⑥]另一方面，基于提高利益目的，履行社会责任能掩饰对投资者的不利消息[⑦]和企业管理层为个人利益进行的盈余管理行为[41]，转移股东及投资者的注意力，以便增强投资者信心获得更多资金。

由此可以得出，当管理层是基于"自利动机"时，其社会责任履行动因不外乎有两点：①掩盖管理层损害企业利益相关者利益而为提高自身利益的坏事，转移大众目光；②以履行社会责任这件好事来提高管理层自己在市场上的声誉，增加自己的工作价值。

二、基于利益相关者的"价值创造工具"

企业履行社会责任能够将利益相关者（如股东、员工、消费者等）整合在一起，形成相互影响的利益集合体，并为利益相关者提供创造价值增值的平台。因此，企业应该认识到履行社会责任的重要性，在实现经济效益的目标上积极履行社会责任实现企业、社会和环境的价值统一。

---

① 王清刚，徐欣宇．企业社会责任的价值创造机理及实证检验：基于利益相关者理论和生命周期理论［J］．中国软科学，2016（2）：179-192.

② 姚建峰，喻凡，甘家武．国有企业高管薪酬管制与委托代理问题［J］．西部论坛，2020，30（5）：113-124.

③ BARMEA A，RUBIN A.Corporate social responsibility as a conflict between shareholders［J］.Journal of business ethics，2010，97（1）：71-86.

④ 高勇强，陈亚静，张云均．"红领巾"还是"绿领巾"：民营企业慈善捐赠动机研究［J］．管理世界，2012（8）：106-114.

⑤ 彭韶兵，高洁，王昱升．企业社会责任履行异象及其分析［J］．财经科学，2013（5）：46-55.

⑥ 吴丽君，卜华．民营企业高管背景与社会责任"迎合"行为研究［J］．技术经济，2020，39（11）：166.

⑦ 田利辉，王可第．社会责任信息披露的"掩饰效应"和上市公司崩盘风险：来自中国股票市场的DID-PSM分析［J］．管理世界，2017（11）：146-157.

（一）企业股东及投资者责任的价值创造

英国学者约翰·埃尔金顿（John Elkington）的三重底线理论认为，企业社会责任最重要的一环就是履行对股东和投资者的经济责任，股东和投资者的投资是企业最大的资金来源，是其最应该重视的利益相关者。企业通过积极履行社会责任所带来的财务绩效来提高股东和投资者的利润，实现对其的经济责任，起到价值创造的作用。积极履行社会责任能起到保护公司和提高股东价值的作用。① 实证研究证明，社会责任所带来的保险效应能为公司带来更高的估值和更低的风险②，不仅会提升短期财务绩效[42]，长期坚持社会责任能持续对企业财务绩效产生良好影响③，显著降低企业市场风险，稳定股票市场价格④，保护股东和投资者利益。此外，企业积极履行对股东和投资者的社会责任，还能进一步降低企业与投资者间的信息不对称，为企业赢得更多投资者的信赖和稳定的发展资金，降低融资难度，增强可持续发展能力⑤。因此，企业应该积极履行社会责任，用社会责任的"声誉保险"作用提高企业在市场上的声誉和企业的竞争力，用良好的财务效益为股东和投资者创造价值。股东和投资者为了自己的价值增值，也会积极主动地给企业相应压力促使企业去履行社会责任。

（二）企业消费者责任的价值创造

消费者对于产品质量的追求会带来经营压力，通过"货币投票"约束企业的行为。⑥ 如今消费者对产品质量与社会公共利益的关心逐渐增强[43]，企业为了满足消费者的诉求，与消费者建立良好的关系，会履行与消费者有关的社会责任。消费者购买商品和劳务是企业利润的主要来源，消费者对产品的选择是促进企业履行社会责任的重要动力。企业积极履行对消费者的责任，提高产品质量、创新产品种类，能使消费者通过产品更好地了解企业，提高消费者的购买愉悦感、增强消费者对企业的信赖和认可。[44]具有社会责任意识的消费者为了得到产品额外的效用，会选择积极履行社会责任企业的产品。⑦ 质量上乘的产品会增加消费者的购买体验，产品的创新和独特性

① 毕楠．企业社会责任价值创造的驱动因素与作用机理研究［J］．当代经济研究，2012（7）：50-56.

② GHOUL S E.Does corporate social responsibility affect the cost of capital［J］.Journal of banking & finance，2011，35（9）：2388-2406.

③ 温素彬，方苑．企业社会责任与财务绩效关系的实证研究：利益相关者视角的面板数据分析［J］．中国工业经济，2008（10）：150-160.

④ 周方召，金远培，贺志芳．企业社会责任对公司绩效和风险的影响效应：来自中国 A 股上市公司的证据［J］．技术经济，2020，39（8）：121.

⑤ 王清刚，徐欣宇．企业社会责任的价值创造机理及实证检验：基于利益相关者理论和生命周期理论［J］．中国软科学，2016（2）：179-192.

⑥ 辛晴，綦建红．企业承担社会责任的动因及实现条件［J］．华东经济管理，2008，22（11）：16-19.

⑦ 鞠芳辉，谢子远，宝贡敏．企业社会责任的实现：基于消费者选择的分析［J］．中国工业经济，2005（9）：93.

能赢得消费者区别于其他企业的认同感，所以企业在消费者层面会积极履行与质量和创新相关的社会责任，提高企业声誉和在市场上的形象。此外，在满足稳定消费需求的同时，企业会通过社会责任所带来的积极效应扩大消费者群体，提高产品销量为自身赢得更多市场份额。

（三）企业员工责任的价值创造

员工是企业最重要的发展资源之一①，企业对员工履行社会责任，能在企业内部建立和谐关系，增强员工对企业的认同感，激发学习工作热情，促进员工更加努力工作，提高生产效率并且超额完成工作业绩来回报企业，提高企业价值②③。企业注重劳资关系、人权关系和谐发展，关心员工健康、工作环境、福利待遇和生活品质是对员工的社会责任。积极履行这部分责任会营造公平的企业组织氛围，增强员工对企业的归属感，让员工更乐意长期留在企业，减少离职率。④此外，员工感知到企业关怀能降低其情绪耗竭，调整员工的心理情绪[45]，增强员工组织支持感[46]，使员工获得工作意义感、工作幸福感[47]。

（四）企业政府责任的价值创造

政府的管控作为市场上一只“看不见的手”，对监管市场环境、推动经济发展有着举足轻重的作用。党的十八届四中全会指出要加强企业社会责任立法，《公司法》中第5条也明确规定企业必须遵守法律法规、遵守社会公德、接受监督、承担社会责任。在当下政企还未完全分开的市场上，企业会为了获得政府所拥有的重要发展资源，履行诸如慈善捐赠的社会责任与政府建立政治关联⑤⑥。如果企业只重视经济利益而忽视其应承担的社会责任，政府会相应地给予企业一定的政治和经济处罚，使其声誉受损，这样会给企业带来经营压力而造成经济利益流失[48]。企业为了避免社会责任带来的负面影响会积极承担社会责任，树立良好的形象，获得政府更多的关注，赢得更多的资

---

① 马苓，陈昕，赵曙明，等．企业社会责任促使员工敬业的内在机制：基于海底捞的案例分析［J］．管理案例研究与评论，2020，13（3）：274-286.

② 朱雅琴，姚海鑫．企业社会责任与企业价值关系的实证研究［J］．财经问题研究，2010（2）：102-106.

③ 李祥进，杨东宁，雷明．企业社会责任行为对员工工作绩效影响的跨层分析［J］．中国管理科学，2012，20（S1）：132-137.

④ 王站杰，买生，李万明．组织公平氛围对员工离职意愿的影响：企业社会责任被中介的调节效应模型［J］．科研管理，2017，38（8）：101-109.

⑤ 贾明，张喆．高管的政治关联影响公司慈善行为吗［J］．管理世界，2010（4）：99-113.

⑥ 王成方，林慧，于富生．政治关联、政府干预与社会责任信息披露［J］．山西财经大学学报，2013，35（2）：72-82.

源和独特的竞争优势。[①]

（五）企业环境责任的价值创造

可持续发展是当下最重视的理念，环境恶化、生态不平衡给人类的生存发展带来严峻挑战。中国企业环境社会责任论坛指出，企业应积极承担社会责任，把绿色发展理念贯穿到企业发展战略中，不断提高发展的质量和效益，提高企业保护生态环境的自觉性、主动性、参与性。[②]如果企业以短期经济目标决定是否履行社会责任[③]，以牺牲社会公众和生态环境牟利，不仅会损害企业形象还会面临巨额罚款、政府更加严格的监督以及社会大众对企业道德层面的斥责，致使企业在资本市场上的价值迅速下跌[④]。企业要明白只依靠消耗资源获取利益是暂时的，随之带来的环境问题却是长久存在的。虽然企业积极履行自己的社会环境责任在短期内会造成企业利润的减少，但其对企业和社会带来的长期利益是不可估量的。就社会生态环境而言，环境保护、资源节约会带来和谐的环境，减少环境污染，寻求资源与利益的平衡才能获得可持续发展；就企业而言，积极履行社会环境责任能提高企业在社会中的形象和声誉，获得相应的道德利益。[⑤]何枫等[⑥]通过实证研究证明，企业积极履行社会责任不仅能保护环境、节约资源，还能间接提升企业的经济效益，这对企业和社会来说是一种双赢。

三、小结

综上所述，基于目前学者对企业履行社会责任的研究可以得知，企业履行社会责任的动因主要源于管理层的自利主义和利益相关者的价值创造两方面。为了获得更多直接或间接的经济效益是企业积极履行社会责任的最主要的原因，不论是为管理层自身，还是为员工、消费者、政府等利益相关者。政府、消费者等外部压力最终会转换成与企业经济效益有关的内生动力，促使企业履行社会责任。

除了以上几种社会责任履行动因外，在目前资本市场开放的大环境下，企业也会

---

① ZHU Y，SUN L Y，LEUNG ASM.Corporate social responsibility，firm reputation，and firm perfomance：The role of ethical leadership［J］. Asia pacifie journal of management，2014，31（4）：925–947.

② 陈婉，韩冬 .2021 中国企业环境社会责任论坛举办［J］. 环境经济，2021（11）：36.

③ 林仲豪，高红贵 . 企业环境社会责任及践行途径［J］. 统计与决策，2008（17）：172–174.

④ 沈红波，谢越，陈峥嵘 . 企业的环境保护、社会责任及其市场效应：基于紫金矿业环境污染事件的案例研究［J］. 中国工业经济，2012（1）：141–151.

⑤ ARIKAN E，KANTUR D，MADEN C，et al. Investigating the mediating role of corporate reputation on the relationship between corporate social responsibility and multiple stakeholder outcomes［M］.Quality & Quantity，2014.

⑥ 何枫，刘荣，陈丽莉 . 履行环境责任是否会提高企业经济效益：基于利益相关者视角［J］. 北京理工大学学报（社会科学版），2020，22（6）：32–42.

出于吸引境外投资者目光以获得其资金投资的目的去积极履行社会责任。但目前大多数学者还较少探究资本市场开放对企业履行社会责任的影响，对于企业基于此动因的研究文献极少。因此，将资本市场开放作为一种外部动因，探讨其对企业履行社会责任的影响，可以为研究企业社会责任履行的动因提供独特视角。

第三节　企业社会责任的经济后果

自奥利弗·谢尔顿（Oliver Sheldon）首次提出“企业社会责任”以来，企业社会责任受到政府和社会各界的广泛关注。企业社会责任的概念框架中体现了企业承担社会责任的经济后果。[①]现有研究成果中，部分学者通过构建模型阐述企业社会责任的具体内容，其中具有代表性的概念模型包括企业社会责任同心圆模型、全面社会责任管理模型、企业社会责任金字塔模型、三重底线模型等。[②]其中，最具有代表性的是卡罗尔的企业社会责任金字塔模型，其根据需求层次理论将社会责任划分为经济责任、法律责任、伦理责任和慈善责任四个层面，根据企业考虑的先后顺序及重要性，将经济、法律、伦理以及慈善责任依次向上递减，[③]为创建企业社会责任范畴体系奠定了基础。金字塔模型表明，企业承担社会责任需要首先完成经济责任，这与企业追求利润的重要目标相一致，而且现有对企业社会责任经济后果的研究也主要集中于企业价值、财务绩效等方面。[④]此外，企业社会责任的概念框架也表明，企业在追求利润最大化的同时也需要承担道德和法律层面的社会责任，社会责任具有道德义务和法律要求的双重属性。[⑤]基于合法性视角，企业社会责任是制度理性的结果。[⑥]基于利益相关方理论，企业社会责任作为一种契合政府创造公共社会价值目标的正外部性实践行为，企业通过履行社会责任能够创造基于利益相关方的市场与社会合法性。社会合法性是企业寻求生存的基础，市场合法性则能够为企业获取政府的相应公共资源。[⑦]除此之外，企

① 王波，陈娇．企业社会责任的经济后果研究：综述及展望［J］．会计之友，2012（11）：43-45.

② 肖红军，阳镇，焦豪．共益企业：研究述评与未来展望［J］．外国经济与管理，2019，41（4）：6.

③ 马俊．员工视角的企业社会责任、人力资源管理与组织绩效关系实证研究［D］．天津：南开大学，2014.

④ 徐辉，唐文秀，周孝华．企业积极承担社会责任能降低现金持有水平吗［J］．经济经纬，2019，36（1）：102-109.

⑤ 熊靓．论企业社会责任的法律规制［J］．企业导报，2016（20）：148-149.

⑥ 江炎骏，许德友．新型政商关系能够引导民营企业履行社会责任吗：基于中国城市政商关系排行榜的实证研究［J］．哈尔滨商业大学学报（社会科学版），2020（1）：66-77.

⑦ 阳镇，李井林．创新工具还是粉饰工具：业绩下滑与企业社会责任的再检验［J］．科学学研究，2020，38（4）：744.

业通过开展社会责任活动向员工发出企业具有合法性的信号，进而提升员工归属感。①基于慈善视角，企业投身慈善捐助事业能够达到提高企业形象的目的，从而让企业获得经济上的收益。

一、社会责任与企业财务绩效

研究企业社会责任与企业财务绩效之间关系的文献较多，现有研究发现，企业社会责任与公司财务绩效之间主要存在正相关②、负相关、不相关以及非线性关系四种关系。多数学者研究发现，企业社会责任与企业财务绩效显著正相关。③企业承担社会责任可以被认为是一种营销策略，能够提高企业绩效，同时，履行社会责任可以帮助企业降低资本成本。但企业承担社会责任对企业财务绩效的积极影响不是一蹴而就的，而是一个渐进的过程，并具有一定的滞后性。企业积极承担社会责任能够直接促进企业的长期财务绩效，但对短期财务绩效没有显著影响④，滞后一期的社会责任履行状况与当期财务绩效显著正相关⑤。以弗里德曼⑥为代表的权衡假说则认为企业社会责任和财务绩效是负相关关系，企业不可能完全满足每一个相关者的利益，而是必须在不同的群体之间进行权衡，如果企业过多地承担社会责任，会对股东的权益造成负面影响，从而影响企业的经营活动，致使成本升高，业绩下降。另外，也有部分学者认为企业社会责任与企业绩效之间存在非线性关系，王文成和王诗卉[49]选取企业社会责任发展指数及经济增加值率等数据，通过实证研究，发现国有企业社会责任与企业绩效具有联动效应，两者之间相辅相成、相互促进。

对于企业社会责任和财务绩效之间的关系，国内外学者都未形成统一的结论。一方面，由于学者们使用的企业社会责任和财务绩效的评价方法不一致，所设定的指标也各不相同，再加上样本选择方面的差异，因而造成了目前可能较为矛盾的局面。另一方面，时间对企业社会责任和财务绩效之间的关系也会产生“噪音”，导致两者的

---

① 陈宏辉，薛姗，张麟 . 企业承担社会责任对员工情绪耗竭的缓解机制：一个被调节的中介模型［J］. 中山大学学报（社会科学版），2020，60（3）：196-207.

② KONAR S，COHEN M A.Does the market value environmental performance［J］. Review of economics and statistics，2001，83（2）.

③ 尹开国，刘小芹，陈华东 . 基于内生性的企业社会责任与财务绩效关系研究：来自中国上市公司的经验证据［J］. 中国软科学，2014（6）：98-108.

④ 朱乃平，朱丽，孔玉生，等 . 技术创新投入、社会责任承担对财务绩效的协同影响研究［J］. 会计研究，2014（2）：57-63.

⑤ 张兆国，靳小翠，李庚秦 . 企业社会责任与财务绩效之间交互跨期影响实证研究［J］. 会计研究，2013（8）：32-39.

⑥ FRIEDMAN M. Capitalism and freedom［M］. Chicago：University of Chicago Press，1962.

相互影响可能具有滞后性。[①] 虽然对企业社会责任与企业财务绩效间的关系仍有争议，但总体而言，现有研究倾向于认为两者存在显著的正相关性，其对企业长远发展存在积极影响。

二、社会责任与企业竞争力

随着社会的发展，企业社会责任已经成为企业可持续发展的重要组成部分，对企业竞争力具有重要影响。企业承担社会责任可以提高企业声誉和信任[②]，为企业获得投资机会[③]，进而提升企业竞争力[④]。但不同类型的企业社会责任对企业竞争力的影响存在差异。基于利益相关者视角，企业对股东、债权人、消费者和政府履行的社会责任在当期对企业竞争力产生显著正向影响；企业对员工和环境履行的社会责任主要在之后一起对企业竞争力产生显著正向影响；企业对供应商履行的社会责任对企业竞争力的直接影响效应不显著。[⑤] 此外，基于战略性企业社会责任和利他性企业社会责任分类，战略性企业社会责任对竞争力的正向影响显著，而利他性企业社会责任对企业竞争力的影响不显著。[⑥] 然而，新古典经济学派认为，公司履行社会责任会耗费公司的资源，增加不必要的成本，使企业与那些不履行社会责任的竞争对手相比会处于不利的地位，严重的甚至会导致企业出现生存困境。[⑦] 此外，目前我国的各种制度尚不完善，企业在承担社会责任的同时会导致自身发展受限，不利于企业竞争力的提升。[⑧]

总体而言，目前对企业社会责任与企业竞争力的研究主要体现在企业社会责任与企业竞争力的实证关系上，研究结论一直存有两种观点。其中，以弗里德曼为代表的

---

① 杨皖苏，杨善林．中国情境下企业社会责任与财务绩效关系的实证研究：基于大、中小型上市公司的对比分析［J］．中国管理科学，2016，24（1）：144.

② BOWMAN E H，HAIRE M. A strategic posture toward corporate social responsibility［J］. California management review，1975，18（2）：45–58.

③ PORTER M E，KRAMER M R.Strategy and society：The link between competitive advantage and corporate social responsibility［J］.Harvard business review，2006，84（12）：78–92.

④ 张旭，宋超，孙亚玲．企业社会责任与竞争力关系的实证分析［J］．科研管理，2010，31（3）：149–157.

⑤ 徐天舒．企业社会责任对企业竞争力影响的实证检验［J］．统计与决策，2020，36（9）：164–168.

⑥ 马少华，欧晓明．农业企业社会责任、企业声誉与竞争力研究：基于上市公司的经验数据［J］．经济与管理，2014，28（4）：50–55.

⑦ Adegbola E A.Corporate social responsibility as a marketing strategy for enhanced performance in the Nigerian banking industry：A granger causality approach［J］.Procedia – Social and behavioral sciences，2014（164）：141–149.

⑧ 钟瑞庆．法律视野下公司社会责任的成本承担［J］．厦门大学学报（哲学社会科学版），2013（1）：140–148.

新古典经济学派认为企业履行社会责任将削弱企业的竞争力，而现代学术界的主流观点认为企业社会责任与企业竞争力正相关。在日趋激烈的竞争环境下，企业的社会声誉、社会形象和社会公信力在企业发展过程中越来越重要，社会责任已成为企业战略规划的重要组成部分，对发展企业的核心业务、创造企业价值以及提升企业竞争力具有重要影响。

三、社会责任与消费者偏好

消费者是企业实现其价值的最终来源，[①] 积极履行企业社会责任是企业赢得消费者偏好的一种营销手段。企业承担社会责任开辟了参与竞争的异质空间，能够为企业赚取额外利润。正面的企业社会责任信息，尤其是消费者问题类、健康与安全类等的信息能够增加消费者对企业及其产品的认知，有助于降低消费者感知风险，如财务风险、功能风险、身体风险、心理风险、社会风险和时间风险等，故可成为消费者"生产"安全感的信息来源之一，从而满足消费者的安全需求，最终促使消费者选择该企业的商品。[②] 从差异化战略的角度来看，企业社会责任作为一种投资战略，通过把产品生产与企业社会责任属性捆绑，创造出竞争对手所没有的、较难模仿的差别化产品，进而获得超额的市场份额。然而，当消费者觉得企业在社会责任方面的投资是占用了提高产品质量的资金时，企业社会责任投资也会产生负面效应，[③] 对消费者购买意向产生间接的负面影响。

第四节　资本市场开放与企业社会责任

一、引言

自 2009 年证券监督管理委员会强制要求企业披露社会责任报告以来，截至 2018 年底，十年间披露企业社会责任报告的企业数量增长率约为 227%。上市公司履行社

---

① 王清刚，徐欣宇．企业社会责任的价值创造机理及实证检验：基于利益相关者理论和生命周期理论［J］．中国软科学，2016（2）：181.

② 于力，李大凯，田晓青．企业社会责任消费需求的经济分析：基于心理根源的消费选择模型构建［J］．软科学，2013，27（9）：55-59.

③ 朱乃平，朱丽，孔玉生，等．技术创新投入、社会责任承担对财务绩效的协同影响研究［J］．会计研究，2014（2）：57.

会责任逐渐成为企业利益相关者的共识[①]，是利益相关者理论的内在要求、公司治理发展的新方向以及可持续发展的动力源泉。企业积极履行社会责任是提高声誉的重要手段，反之则可能给企业带来毁灭性的打击[②]。已有研究发现，经济绩效[③]、高管特征[④]、企业家文化价值[⑤]等内部因素以及社会需求、社会法治环境和政府响应、媒体关注[⑥]等外部因素对企业社会责任都有显著影响，但目前还鲜有研究将资本市场开放作为一种外部因素，检验其对企业社会责任行为的影响作用。根据战略环境分析理论，企业外在制度环境变化会影响企业的战略决策，而企业社会责任作为企业战略决策的重要组成部分[⑦]，会随着外部环境的改变而发生相应的变化。

资本市场开放政策落地对我国资本市场和企业产生深刻影响。一方面，资本市场互联互通程度的加深，既带来了具有强烈规则意识的境外价值投资者，发挥着更有价值的监督作用，带来了一定程度的风险外溢，可能会加剧资本市场的波动风险。而企业社会责任作为一项长期战略[⑧]，不仅能够向潜在利益相关者传递积极信号[⑨]，对冲经营风险，还可以减缓企业面临的内部结构调整和外部环境变化的压力，提高战略变革的成功率。因此，资本市场开放势必会对企业社会责任行为产生不可小觑的影响。另一方面，发达国家通过各类强制性规范要求企业履行社会责任，其先进的市场监管规则随着资本市场开放引入中国资本市场，使不同组织的价值观共享，在一定程度上对我国企业履行社会责任发挥着示范效应。

基于此，本节以资本市场开放的准自然实验为基础，将研究视角聚焦于 2014 年“沪港通”和 2016 年“深港通”开放以来我国上市公司履行社会责任的相关情况，实证检验我国资本市场开放与企业社会责任的关系。

---

① 李志斌，章铁生．内部控制、产权性质与社会责任信息披露：来自中国上市公司的经验证据［J］．会计研究，2017（10）：86-92，97．

② 贾兴平，刘益．外部环境、内部资源与企业社会责任［J］．南开管理评论，2014，17（6）：13-18．

③ 冯丽艳，肖翔，赵天骄．经济绩效对企业社会责任信息披露的影响［J］．管理学报，2016，13（7）：1060-1069．

④ 李世刚．高管团队的国际化视野、企业社会责任履行与公司价值［J］．当代财经，2017（11）：123-132．

⑤ 辛杰，吴创．企业家文化价值观对企业社会责任的影响机制研究［J］．中南财经政法大学学报，2015（1）：105-115．

⑥ 倪恒旺，李常青，魏志华．媒体关注、企业自愿性社会责任信息披露与融资约束［J］．山西财经大学学报，2015，37（11）：77-88．

⑦ 罗正英，姜钧乐，陈艳，等．行业竞争、高管薪酬与企业社会责任履行［J］．华东师范大学学报（哲学社会科学版），2018，50（4）：153-162．

⑧ 陈丽蓉，韩彬．产品市场竞争与内部控制审计质量的相关性：基于主板 A 股上市公司的经验数据［J］．财会月刊，2015（18）：90-94．

⑨ 黄荷暑，周泽将．女性高管、信任环境与企业社会责任信息披露：基于自愿披露社会责任报告 A 股上市公司的经验证据［J］．审计与经济研究，2015，30（4）：30-39．

二、理论分析与研究假设

在经济全球化背景下，资本市场开放成为一种趋势。资本市场开放不仅带来了更多具有先进理念的价值投资者，还引入了成熟的市场规则，[①] 这将对企业的长期战略决策提出更高的要求，从而对企业承担社会责任的战略决策产生影响。

首先，资本市场的双向开放将原本封闭的 A 股市场与世界市场重新整合，进一步降低境外投资者的投资管制，促进投资者的资金进出与市场交易，带来更成熟的价值投资理念，这可能会改变我国资本市场上以“短平快”投机交易策略为主的现状。企业社会责任履行水平作为中长期价值投资者的重要决策依据，[②] 持有长期价值投资理念的投资者会更偏向于选择社会责任履行水平更高的企业。同时，资本市场引入的境外价值投资者具有更先进的分析和沟通工具[③]、更强的信息处理能力[④]和信息鉴别能力，他们更易于识别企业的社会责任绩效，同时将相关信息反映到股价中，负面信息公布后会增大股价的下行压力。[⑤] 企业履行社会责任是向外界传递企业良好声誉、优势竞争力信号，迎合资本市场开放引入的价值投资者投资偏好的重要途径。基于利益相关者理论，企业是多方利益关系的结合体，在包含各利益相关者在内的环境中从事经营活动，社会责任创造了利益相关者与企业之间基于“给予与获得”的共生关系，[⑥] 企业可以通过较好的社会责任绩效来吸引利益相关者，进而有助于企业从利益相关方获得更多的投资。从企业战略视角出发，社会责任作为一种长期战略，企业履行社会责任能够树立良好形象，增强企业竞争力，而较好的企业声誉和竞争力有助于企业获得投资者的青睐。因此，资本市场开放引入的价值投资者会促使企业主动履行更多的社会责任。

其次，资本市场开放会加强国内外资本市场的联系，使国内资本市场的敏感程度提高。我国资本市场仍处于初始阶段，市场化程度相对较低，大规模频繁的资本流动

① 连立帅，朱松，陈关亭．资本市场开放、非财务信息定价与企业投资：基于沪深港通交易制度的经验证据［J］．管理世界，2019，35（8）：136-154.

② 毛磊，王宗军，王玲玲．机构投资者持股偏好、筛选策略与企业社会绩效［J］．管理科学，2012，25（3）：21-33.

③ STULZ R M. The cost of capital in internationally integrated markets：The case of Nestlé ［J］.European financial management，1995，1（1）：11-22.

④ BAE K H，OZOGUZ A，TAN H，et al.Do foreigners facilitate information transmission in emerging markets［J］.Journal of financial economics，2012，105（1）：209-227.

⑤ 邹洋，张瑞君，孟庆斌，等．资本市场开放能抑制上市公司违规吗：来自“沪港通”的经验证据［J］. 中国软科学，2019（8）：121.

⑥ 赵天骄，肖翔，姜钰羡．企业社会责任与企业投资水平：基于企业生命周期的视角［J］．北京理工大学学报（社会科学版），2019，21（6）：107-115.

在一定程度上将冲击原有资本市场运行的稳定性。[①] 此外，资本的自由化也伴随着资本外逃，不可控的资本流动具有风险性和破坏性，使资本市场价格发生剧烈波动，进而导致企业面临的经营风险增加。而企业社会责任作为提高企业最终财务绩效的战略性资源，能够降低成本和风险[②]、赢得声誉和合法性、获取竞争优势，进而能够更好地应对资本市场开放给国内资本市场带来的冲击。基于理性经济人假设和资源基础理论，企业以“先义后利”为策略[③]，通过主动履行更多的社会责任，获得政府等各方利益相关者支持的优势异质资源，从而提高企业竞争优势，营造宽松的经营环境，获得更高的社会福利以及赚取更大的利润，进而实现利益最大化目标，降低资本外逃概率，减缓市场波动。

最后，随着资本市场开放的不断深入，国内市场与国际市场的互联互通不仅带来了发达资本市场更先进的成熟投资理念与市场监管规则，为完善我国资本市场基础制度建设提供了管理经验，还带来了具有强烈规则意识的境外投资者，发挥着更有价值的监督作用。[④] 此外，发达国家通过各类强制性规范要求企业履行社会责任，在一定程度上对我国企业履行社会责任发挥着示范效应。资本市场开放带来的监督治理效应和示范效应会助推我国资本市场走向规范化发展的道路，引入成熟市场的规则，完善监督管理机制，健全企业社会责任规章制度，进而对企业履行社会责任的要求也将有更明确的规定。资本市场开放以来，我国对企业社会责任的重视程度不断增强，李克强总理多次在会议中强调企业社会责任的重要性。2015 年各行专家对“三项社会责任国家标准”[《社会责任指南》(GB/T 36000 —2015)、《社会责任报告编写指南》(GB/T 36001—2015)、《社会责任绩效分类指引》(GB/T 36002—2015)] 达成共识，我国发布了社会责任国家标准；2016 年国务院国有资产监督管理委员会发布了《关于国有企业更好履行社会责任的指导意见》(国资发研究〔2016〕105 号)。随后，乳制品行业、通信企业以及饭店服务行业等先后发布相关社会责任标准，党的十九大报告对企业承担社会责任也提出明确要求，相关社会责任标准的发布对企业如何践行社会责任以及如何提升社会责任提供了依据。企业行为与外部制度环境具有一致性，随着市场监管制度的不断完善以及对企业社会责任要求的进一步提高，企业不仅要基于经济理性追求利益最大化，还要基于制度理性关注企业行为的“合法性”。根据制度理性“制度 -

① 陈旭东，高雅，刘嫦．沪港通开放与审计收费：风险传染效应抑或监督治理效应［J］．中国注册会计师，2019（12）：45-52.

② 陈旭东，高雅，刘嫦．沪港通开放与审计收费：风险传染效应抑或监督治理效应［J］．中国注册会计师，2019（12）：45-52.

③ 徐细雄，龙志能，李万利．儒家文化与企业慈善捐赠［J］．外国经济与管理，2020，42（2）：124-136.

④ KHANNA T，PALEPU K.Concentrated corporate ownership：Emerging market business groups，foreign intermediaries，and corporate governance［M］.Chicago：University of Chicago Press，2000：265-294.

行为”的思维范式，制度环境变化对企业产生的制度压力会驱使企业履行社会责任。制度压力越大、越集中，企业就越倾向于主动履行社会责任。因此，资本市场开放为企业带来的外界制度压力对企业社会责任具有塑形作用。

综上所述，资本市场开放有利于促使企业履行更多的社会责任。由此提出以下假设：

H3-4-1：资本市场开放与企业社会责任显著正相关。

三、实证设计

（一）样本选择与数据来源

本节选取 2010 —2019 年度披露企业社会责任报告的 A 股上市公司作为初始研究样本。企业社会责任数据来源于和讯网，因和讯网上市公司社会责任测评体系自 2010 年开始定期公布，所以样本的数据开始时间设定为 2010 年。“沪深港通”交易制度的正式实施时间先后为 2014 年与 2016 年，因此该交易制度实施之后的样本期间分别为 2014—2019 年与 2016—2019 年，将 2010—2013 年作为“沪深港通”交易制度实施之前的样本期间。在具体的样本选择过程中，进行了如下处理：①剔除证券监督管理委员会所规定的金融类上市公司；②剔除 2014 年后首次公开募股的公司；③剔除 ST 或 *ST 公司；④剔除当年被调出沪深股通标的股票名单的公司年度观测值；⑤剔除变量缺失样本。经过上述处理，最终样本为 18 864 家公司。为了克服极端离群值的影响，我们对主要变量进行了缩尾处理。使用的企业社会责任报告评分数据来自和讯网，其他数据均来自中国经济金融研究数据库，数据分析运用 Stata 16.0 软件完成。

（二）主要变量

1. 被解释变量

企业社会责任。借鉴全晶晶和李志远[①]的研究，选用和讯网上市公司企业社会责任测评体系数据，以和讯网公布的企业社会责任得分测量企业社会责任履行情况。考虑到其他变量的数据范围，将和讯网公布的企业社会责任总得分取对数，以更好地与其他变量匹配分析，使实证结果更为可靠。和讯网上市公司企业社会责任测评体系依托上市公司的社会责任报告和年报，对企业的股东责任、员工责任、供应商、客户和消费者权益责任、环境责任、社会责任等五项责任进行分别打分，汇总计算总得

① 全晶晶，李志远 . 产权性质、机构投资者持股与企业社会责任投资［J］. 投资研究，2020，39（2）：147-158.

分，得分越高，说明企业的社会责任表现越好。相比其他仅依赖上市公司社会责任报告的测评方式，和讯网对企业社会责任的测评方式更为全面，且评定的公司数量更多。

2. 解释变量

资本市场开放。借鉴连立帅等[11]的做法，将资本市场开放列为"沪深股通"标的企业虚拟变量，当"沪深港通"交易制度实施且被列为"沪股通"或"深股通"标的时取值为 1，否则为 0。

3. 控制变量

已有研究表明，影响企业社会责任的因素众多①，企业的财务状况②、高管团队特征③、公司治理④、市场环境⑤等对企业社会责任都会产生影响，考虑到公司个体差异因素的影响，本部分主要反映控制企业财务状况和公司治理的指标。财务状况指标中，采用资产负债率（*LEV*）反映资产结构，总资产增长率（*CRO*）反映成长状况，每股企业自由现金流量（*FCA*）反映自由现金流量状况；公司治理指标选取了独立董事比例（*DD*）、股权集中度（*FIRS*）和产权性质（*state*），其中股权集中度采用第一大股东持股比例衡量；此外，考虑到年份固定效应，在模型中还加入了年份虚拟变量（*year*），行业虚拟变量（*IND*）。选取的控制变量及其定义如表 3-1 所示。

表 3-1　资本市场开放与企业社会责任的变量定义

变量类型	变量名称	变量符号	变量定义
被解释变量	企业社会责任	*CSR*	和讯网公布的企业社会责任总得分取对数
解释变量	资本市场开放	*HSSC*	沪深股通标的企业虚拟变量，当沪深港通交易制度实施且公司被列为沪股通或深股通标的企业时取值为 1，否则为 0

① 文雯，宋建波．高管海外背景与企业社会责任［J］．管理科学，2017，30（2）：119-131.

② 孔龙，李蕊．政治关联、企业财务绩效与企业社会责任的相互关系研究：以我国食品饮料行业为例［J］．北京交通大学学报（社会科学版），2015，14（3）：53-61.

③ 李冬伟，吴菁．高管团队异质性对企业社会绩效的影响［J］．管理评论，2017，29（12）：84-93.

④ 王海妹，吕晓静，林晚发．外资参股和高管、机构持股对企业社会责任的影响：基于中国 A 股上市公司的实证研究［J］．会计研究，2014（8）：81-87.

⑤ 汤胜．在华跨国企业社会责任变动趋势及影响因素研究［J］．国际贸易问题，2013（3）：115-124.

续表

变量类型	变量名称	变量符号	变量定义
控制变量	资产负债率	*LEV*	资产负债率 = 负债总额 / 资产总额
	总资产增长率	*CRO*	总资产增长率 = 本年总资产增长额 / 年初资产总额
	每股企业自由现金流量	*FCA*	每股企业自由现金流量 = 税后经营净利润 – 净投资
	独立董事比例	DD	独立董事在董事会中所占比例 = 独立董事人数 / 董事总人数
	股权集中度	*FIRS*	第一大股东持股比 = 第一大股东持股数量 / 企业总股本
	产权性质	*state*	虚拟变量，国有企业取值为 1，否则为 0
	年份	*year*	年度虚拟变量，是该年则取值为 1，否则为 0
	行业	*IND*	行业虚拟变量，按照证券监督管理委员会行业分类标准（2012），其中制造业按照二级分类，其他行业按照一级分类

（三）模型构建

借鉴李志斌和章铁生、宋岩和方蓓蓓的研究设计，建立回归模型（3–4–1）来检验资本市场开放对企业社会责任的影响。

$$CSR_{i,t}=\alpha_0+\alpha_1 HSSC_{i,t}+\alpha_2 LEV_{i,t}+\alpha_3 CRO_{i,t}+\alpha_4 FCA_{i,t}+\alpha_5 DD_{i,t}+\alpha_6 FIRS_{i,t}+\alpha_7 state_{i,t}+\sum IND+\sum year+\varepsilon_{i,t} \quad (3\text{–}4\text{–}1)$$

四、实证结果与分析

（一）描述性统计分析

从表 3–2 中可以看出，企业社会责任均值为 3.078，说明我国整体的企业社会责任履行情况处于较低水平，有待进一步提高，这与现实情况基本相符。此外，其最大值为 4.326，最小值为 0.157，且标准差为 0.686，说明我国不同企业社会责任履行状况差异较大，企业承担的社会责任水平参差不齐，部分企业社会责任水平远高于平均分，发挥了带头作用。资本市场开放的平均值为 0.262，表明“沪股通”“深股通”标的企业样本占全样本的 26.20%。主要控制变量方面，资产负债率的均值为 0.434，平均负债水平适中，但资产负债率的最小值为 0.051，最大值为 0.865，说明我国上市公司的负债水平和经营水平之间仍存在较大差异。企业成长性采用总资产增长率来衡量，其最小值为 –0.231，最大值为 1.618，说明我国企业发展成长水平差异较大，可能是由于行业差异造成的。其他变量的描述性统计与现有文献基本一致，此处不再赘述。

表 3-2 资本市场开放与企业社会责任的主要变量描述性统计结果

变量名称	观测值	平均值	中位数	标准差	最小值	最大值
CSR	18 864	3.078	3.103	0.686	0.157	4.326
HSSC	18 864	0.262	0.000	0.440	0.000	1.000
LEV	18 864	0.434	0.431	0.205	0.051	0.865
CRO	18 864	0.155	0.092 0	0.264	−0.231	1.618
FCA	18 864	−0.157	−0.043 0	1.017	−4.161	2.800
DD	18 864	0.374	0.333	0.054 0	0.333	0.571
FIRS	18 864	0.353	0.333	0.149	0.094	0.750
state	18 864	0.445	0.000	0.497	0.000	1.000

（二）相关性分析

表 3-3 是主要变量的相关性检验结果。结果显示资本市场开放与企业社会责任间呈正相关关系，说明资本市场开放对企业社会责任表现有促进作用。企业社会责任与总资产增长率、每股企业自由现金流量、股权集中度和产权性质在 1% 的置信区间显著相关。在皮尔逊相关性分析下，所有变量间的相关系数的绝对值均在 0.500 以下，说明所有变量间不存在严重的多重共线性想象，模型变量选取较为合理。相关系数矩阵分析只能作为一个参考，要深入了解变量之间的相关关系，还需要进行多元回归分析。

表 3-3 资本市场开放与企业社会责任的主要变量相关性检验结果

变量名称	*CSR*	*HSSC*	*LEV*	*CRO*	*FCA*	*DD*	*FIRS*	*state*
CSR	1.000	0.091***	−0.021***	0.184***	0.081***	−0.013*	0.171***	0.099***
HSSC	0.050***	1.000	0.086***	0.031***	0.081***	0.021***	0.027***	0.039***
LEV	−0.036***	0.084***	1.000	0.086***	−0.048***	−0.003	0.094***	0.297***
CRO	0.116***	−0.005	0.008	1.000	−0.366***	−0.009	−0.029***	−0.120***

续表

变量名称	*CSR*	*HSSC*	*LEV*	*CRO*	*FCA*	*DD*	*FIRS*	*state*
FCA	0.030***	0.061***	-0.082***	-0.324***	1.000	-0.008	0.064***	0.128***
DD	-0.013*	0.017**	0.005	0.002	0.001	1.000	0.033***	-0.049***
FIRS	0.153***	0.029***	0.095***	-0.054***	0.050***	0.046***	1.000	0.239***
state	0.093***	0.039***	0.298***	-0.146***	0.103***	-0.046***	0.239***	1.000

注：表格上三角为斯皮尔曼相关系数，下三角为皮尔逊相关系数；***、**、* 分别表示显著性水平为 1%、5%、10%。

（三）回归结果分析

表 3-4 显示了模型（3-4-1）的回归结果，运用双重差分模型检验"沪港通"实施是否能够影响企业社会责任的实证分析结果。资本市场开放的回归系数为 0.254，t 值为 20.319，在 1% 的水平上显著正相关，说明资本市场开放对企业社会责任有显著的正向影响。因此，假设 H3-4-1 成立，即资本市场开放与企业社会责任正相关。

表 3-4 资本市场开放与企业社会责任的回归结果

变量	被解释变量：企业社会责任
HSSC	0.254***
	（20.319）
LEV	-0.431***
	（-16.727）
CRO	0.364***
	（19.156）
FCA	0.057***
	（11.684）
DD	-0.070
	（-0.805）
FIRS	0.454***
	（13.788）

续表

变量	被解释变量：企业社会责任
state	0.100***
	（9.415）
year	控制
IND	控制
_cons	2.973***
	（83.144）
N	18 864.000
F	197.673
r2_a	0.147

注：***、**、* 分别表示显著性水平为 1%、5%、10%，括号内为 *t* 值。

（四）稳健性检验

考虑到“沪港通”和“深港通”政策分别于 2014 年 11 月和 2016 年 12 月启动实施，其政策效应较难于当年发挥作用，我们在回归分析中剔除了当年调入“沪深股通”名单的样本。重复前文实证过程，结论依旧稳健。

五、进一步分析

（一）产品市场竞争、资本市场开放与企业社会责任

资本市场开放的监督治理效应在一定程度上能够提高企业社会责任的履行水平，其传导过程也受到市场环境的影响。根据产业组织理论，产品市场竞争是影响企业经营决策的重要外部环境，不同的产品市场竞争对资本市场开放影响企业社会责任的传导过程可能呈现出不同的作用机理。产品市场竞争不仅能通过市场掠夺定价、抢占竞争对手市场份额以及进入威胁等发挥其掠夺效应进而影响公司的财务和经营战略，还能作为一种有效的外部治理机制，通过清算威胁、信息效应等发挥其治理效应来缓解代理冲突。[①] 因此，不可忽视产品市场竞争对资本市场开放与企业社会责任两者关系的影响。基于产业组织理论将产品市场竞争细分为行业竞争程度和市场竞争地位，[②] 下

① 杨兴全，尹兴强．行业集中度、企业竞争地位与现金持有竞争效应［J］．经济科学，2015（6）：78–91.

② 周夏飞，周强龙．产品市场势力、行业竞争与公司盈余管理：基于中国上市公司的经验证据［J］．会计研究，2014（8）：60–66.

面从公司层面和行业层面进一步研究产品市场竞争对资本市场开放与企业社会责任两者关系的调节作用。

1. 行业竞争程度、资本市场开放与企业社会责任

行业竞争程度是考察微观企业所在产品市场环境的重要因素，[①]行业竞争程度不同，其对公司发挥的治理效用不同，从而对资本市场开放与企业社会责任两者关系的影响可能存在差异。首先，资本市场开放加强了国内市场和国际市场的联动性和波动性，导致风险出现跨境、跨市场传播，提高了企业所处市场环境的复杂程度，进而增加了企业的经营风险。当行业竞争程度较高时，充分的市场竞争使得企业产品同质性水平较高，市场进出成本较低，面临潜在进入者的威胁更多，导致其流动性风险增加，公司财务失败的可能性加大。[②]而竞争程度较低的行业呈现出垄断和寡头的格局，企业面临的生存压力较小，掠夺效应对这类企业的影响较小。因此，产品市场竞争会进一步增加资本市场开放后企业面临的经营风险，提高企业对外部政策冲击的敏感性。基于企业社会责任的“风险策略”假说[③]，当行业市场竞争程度较激烈时，竞争双方所面临的风险较大，企业为了规避或转嫁风险、减少风险带来的损失，会主动履行企业社会责任以向外界传递积极信号，“粉饰”企业声誉，塑造良好的企业形象，形成与外部社会环境的和谐互动，从而获得企业可持续发展的关键要素[④]，缓解市场竞争带来的风险和压力。其次，资本市场开放引进了更具信息优势的投资者，增加了企业的外部监管压力。[⑤]当行业竞争程度较低时，企业的信息透明度较低。基于信息不对称理论，外部人员掌握的企业内部信息相对贫乏，获取相关信息的难度和成本相对较高，增加了监督成本，资本市场开放带来的监督效应在此类企业中不易发挥。相反，当行业竞争程度较高时，企业与利益相关者之间的信息交流更加通畅，基于充分信息假说理论，激烈的行业竞争可以降低管理层和外部信息使用者之间的信息不对称程度。[⑥]高竞争行业公司信息透明度更高，资本市场开放的高质量监督提高了其潜在信息风险被曝光

① 陈志斌，王诗雨．产品市场竞争对企业现金流风险影响研究：基于行业竞争程度和企业竞争地位的双重考量［J］．中国工业经济，2015（3）：96-108.

② SEETHARAMAN A，FERDINAND A.G，LYNN S G. Litigation risk and audit fees：Evidence from UK firms cross-listed on US markets［J］. Journal of accounting and economics，2002，33（1）：91-115.

③ 刘华，魏娟，巫丽兰．企业社会责任能抑制盈余管理吗：基于强制披露企业社会责任报告准实验［J］．中国软科学，2016（4）：95-107.

④ 张兆国，靳小翠，李庚秦．企业社会责任与财务绩效之间交互跨期影响实证研究［J］．会计研究，2013（8）：32-39.

⑤ 钟凯，孙昌玲，王永妍，等．资本市场对外开放与股价异质性波动：来自“沪港通”的经验证据［J］．金融研究，2018（7）：174-192.

⑥ 刘亭立，蔡娇娇，杨松令．市场竞争会驱动过度投资吗：基于战略性新兴产业的经验证据［J］．管理评论，2019，31（12）：220.

的可能性，资本市场开放的监督效应在此类企业中发挥的效力更强。根据信号传递理论，企业通过履行社会责任不仅能向外界传递良好市场信誉和品牌形象的信号，还能向外界传递企业经营状况良好的信号，例如，较好的盈利能力和发展前景、完善的内部控制及公司治理机制，从而有利于增强利益相关者对公司的信任。基于印象管理理论的防御型印象管理动机，企业通过自我展示社会责任履行情况的印象管理技巧，不仅向外界提供了自身行为合法化的信息，而且可以影响利益相关者乃至社会对企业的评价，[①]最终掩盖或避免负面印象，减少对企业的监督程度，缓解外部监管压力。因此，为了缓解资本市场开放带来的外部监管压力，行业竞争程度较高的企业倾向于承担更多的社会责任，通过发挥企业社会责任的信号传递机制和印象管理策略，赢得利益相关者的信任，增加企业在资本市场中与其他企业的区分度[②]，进而获取持续竞争优势[③]，从一个“好”公司变身为“成功”公司。综上所述，提出以下假设：

H3-4-2：相比低竞争行业的上市公司，资本市场开放与企业社会责任的正相关关系在行业竞争程度较高的上市公司中更显著。

2. 市场竞争地位、资本市场开放与企业社会责任

产品市场竞争对公司的影响会因公司所处的市场竞争地位差异而不同。在面临由资本市场开放带来的逆向外部冲击时，行业中的领导企业拥有较高的市场竞争地位，不仅能够通过市场定价权获得超额利润，[④]还能凭借其“自然防护效应”将负面特质性冲击转嫁给客户，进而规避风险，实现“自然保值”。相比市场竞争地位较低的企业，市场竞争地位较高的企业的投资者预期更为集中和稳定。高市场竞争地位企业稳定的资本投资为抵御掠夺风险提供了天然屏障，抵御资本市场开放逆向冲击的能力更强。因此，优势竞争地位企业的利润波动和风险水平相对较低，企业履行社会责任带来的良好声誉和企业形象可能不是其获得持续竞争优势的异质资源，[⑤]导致该类企业履行社会责任的经济动机不足，履行水平相对较低。相反，在我国不完全竞争的市场环境及行业性行政垄断的制度背景下，高市场竞争地位的企业具有市场定价话语权，可凭借

① 赵斌，杨雯帆．基于印象管理动机视角的工作压力对员工创新行为影响研究［J］．管理工程学报，2020，34（4）：1-10.

② 陈丽蓉，韩彬．产品市场竞争与内部控制审计质量的相关性：基于主板 A 股上市公司的经验数据［J］．财会月刊，2015（18）：90-94.

③ FLAMMER C，LUO J. Corporate social responsibility as an employee governance tool：Evidence from a quasi-experiment［J］. Strategic management journal，2017，38（2）：163-183.

④ 邢立全，陈汉文．产品市场竞争、竞争地位与审计收费：基于代理成本与经营风险的双重考量［J］．审计研究，2013（3）：50-58.

⑤ 郭岚，何凡．行业竞争、企业竞争地位与社会责任履行：以中国酒类行业为例［J］．现代财经（天津财经大学学报），2016，36（3）：64.

其相对充裕的资源及信息优势为市场竞争地位较低的企业营造信息壁垒。① 根据信息壁垒效应，市场竞争地位较低的企业在信息严重不对称的情况下无法准确分析市场竞争形势，经营风险的波动随时可能演化成风险敞口，② 加大被掠夺风险，其受到资本市场开放逆向冲击的影响更加明显。因此，为了稳定更高的投资预期、维持竞争优势，低市场竞争地位企业更倾向于通过履行更多的社会责任为企业积累更多的社会资本，提升企业的经营绩效。故提出以下假设：

H3-4-3：相比高市场竞争地位的上市公司，资本市场开放与企业社会责任的正相关关系在市场竞争地位较低的上市公司中更显著。

基于以上分析，借鉴李维安和韩忠雪[36]的相关研究，选取赫芬达尔指数作为行业竞争程度的替代变量，其中 X 为整个行业的主营业务收入，而 X_i 为行业中企业的主营业务收入，N 为行业内的企业数量。需要特别说明的是，当行业内可容纳的公司数量一定时，赫芬达尔指数越小，产业内相同规模的公司越多，则行业竞争程度越激烈，反之亦然。借鉴贾军和魏雅青③ 等的研究，选取公司勒纳指数作为市场竞争地位的替代变量，PCM =（营业收入 - 营业成本 - 销售费用 - 管理费用）/ 营业收入。PCM 越大，表明该公司在定价方面话语权越大，市场竞争地位越高，反之亦然。

模型设计方面，借鉴熊婷等④ 的方法，构建模型（3-4-2）检验行业竞争程度对资本市场开放与企业社会责任的调节效应，构建模型（3-4-3）检验市场竞争地位对资本市场开放与企业社会责任的调节效应。

$$CSR_{i,t}=\alpha_0+\alpha_1 HSSC_{i,t}+\alpha_2 HHI_{i,t}+\alpha_3 HSSC_{i,t}\times HHI_{i,t}+\alpha_4 LEV_{i,t}+\alpha_5 CRO_{i,t}+\alpha_6 FCA_{i,t}+\alpha_7 DD_{i,t}+\alpha_8 FIRS_{i,t}+\alpha_9 state_{i,t}+\sum IND+\sum year+\varepsilon_{i,t} \quad (3-4-2)$$

$$CSR_{i,t}=\alpha_0+\alpha_1 HSSC_{i,t}+\alpha_2 PCM_{i,t}+\alpha_3 HSSC_{i,t}\times PCM_{i,t}+\alpha_4 LEV_{i,t}+\alpha_5 CRO_{i,t}+\alpha_6 FCA_{i,t}+\alpha_7 DD_{i,t}+\alpha_8 FIRS_{i,t}+\alpha_9 state_{i,t}+\sum IND+\sum year+\varepsilon_{i,t} \quad (3-4-3)$$

由表 3-5 中模型（3-4-2）回归结果可知，$HSSC\times HHI$ 的系数为 -0.254，在 1% 水平上显著，意味着行业竞争程度越高，资本市场开放对企业社会责任的促进作用越强，因此 H3-4-2 成立。表 3-5 中模型（3-4-3）列示的回归结果表明，$HSSC\times PCM$ 的系数为 -0.836，在 1% 水平上显著，市场竞争地位反向调节资本市场开放对企业社

① 刘亭立，蔡娇娇，杨松令．市场竞争会驱动过度投资吗：基于战略性新兴产业的经验证据［J］．管理评论，2019，31（12）：219-232.

② 陈志斌，王诗雨．产品市场竞争对企业现金流风险影响研究：基于行业竞争程度和企业竞争地位的双重考量［J］．中国工业经济，2015（3）：96-108.

③ 贾军，魏雅青．产品市场竞争、客户关系治理与企业创新关系研究：基于行业竞争程度与企业市场地位的双重考量［J］．软科学，2019，33（12）：66-71.

④ 熊婷，程博，潘飞．CEO 权力、产品市场竞争与公司研发投入［J］．山西财经大学学报，2016，38（5）：56-68.

会责任的关系，即市场竞争地位越低，产品市场竞争越激烈，资本市场开放提升企业社会责任表现的作用越强，因此 H3-4-3 成立。

表 3-5 产品市场竞争的调节作用

变量	因变量：企业社会责任	
	模型（3-4-2）	模型（3-4-3）
HSSC	0.314***	0.291***
	（13.311）	（16.816）
HHI	0.067	
	（0.678）	
HSSC × *HHI*	−0.254***	
	（−2.992）	
PCM		2.216***
		（47.757）
HSSC×*PCM*		−0.836***
		（−9.109）
LEV	−0.432***	−0.176***
	（−16.735）	（−7.083）
CRO	0.362***	0.180***
	（19.057）	（9.859）
FCA	0.057***	0.032***
	（11.678）	（6.829）
DD	−0.063	−0.032
	（−0.728）	（−0.398）
FIRS	0.454***	0.331***
	（13.764）	（10.646）
state	0.100***	0.135***
	（9.462）	（13.584）
_cons	2.956***	2.653***
	（69.435）	（77.487）

续表

变量	因变量：企业社会责任	
	模型（3-4-2）	模型（3-4-3）
N	18 864	18 863
F	154.822	448.456
r2_a	0.147	0.246

注：1. ***、**、* 分别表示显著性水平为 1%、5%、10%，括号内为 *t* 值。

2. 表中空白表示不适用。

（二）资本市场开放、市场化程度与企业社会责任

我国作为新兴市场，各地区市场化发展极不平衡，市场化程度的差异已成为研究企业行为的一个重要因素①，不同市场化程度的地区具有不同的制度背景，对资本市场开放和企业社会责任之间的关系也会产生不同影响。资本市场开放加剧了经济波动②，使得市场环境更加复杂，增加了公司经营风险和金融市场的脆弱性③。在市场化程度较高的地方，法治趋于完善，市场的规范程度与监管水平高，受到资本市场开放带来的影响较小。而在市场化程度较低的地方，法律制度缺失，市场规范程度低，监督治理体系也不够完善，容易引发代理人的逆向选择和代理风险问题，企业经营风险较高，受到资本市场开放带来的冲击较大。承担社会责任具有对冲经营风险④、提升公司价值⑤、提高企业竞争力⑥的作用，因而处在市场化程度越低的地区的企业就越需要通过履行更多社会责任来提升自身竞争力，抵御资本市场开放带来的不利影响。因此，相较于市场化程度高的地区，市场化程度低的地区资本市场开放对企业履行社会责任的影响更大。

① 张正勇，戴泽伟．财务透明度、市场化进程与企业社会责任报告鉴证效应［J］．管理科学，2017，30（2）：132–147.

② 郑国坚，曹雪妮．集团控制是否损害上市公司价值：最终控制人和市场化进程的双重视角［J］．中山大学学报（社会科学版），2012，52（2）：189–199.

③ 肖磊，张聪．资本市场开放能够提升股票市场的流动性吗：基于"深港通"效应的实证检验［J］．数理统计与管理，2020，39（5）：913–924.

④ 陈承，万珊，朱乐．国企高管薪酬与企业社会责任：组织冗余与市场化进程的调节作用［J］．中国软科学，2019（6）：131.

⑤ 陆静，徐传．企业社会责任对风险承担和价值的影响［J］．重庆大学学报（社会科学版），2019，25（1）：75–95.

⑥ 谢洁茹，徐莉．经济法视野下企业社会责任研究［J］．企业经济，2019，38（11）：156–160.

基于以上分析，借鉴已有研究的做法，[36]新构建变量“市场化程度”。市场化程度采用《中国分省份市场化指数报告（2018）》中 2008—2016 年连续 7 年排名前六的北京市、江苏省、广东省、上海市、天津市和浙江省六个省或直辖市作为高市场化程度地区，将其设置为虚拟变量 1，其他作为低市场化程度地区，取值为 0。同时，构建模型（3-4-4）对市场化程度的调节效应进行检验：

$$CSR_{i,t}=\alpha_0+\alpha_1 HSSC_{i,t}+\alpha_2 score_{i,t}+\alpha_3 HSSC_{i,t}\times score_{i,t}+\alpha_4 LEV_{i,t}+\alpha_5 CRO_{i,t}+\alpha_6 FCA_{i,t}+\alpha_7 DD_{i,t}+\alpha_8 FIRS_{i,t}+\alpha_9 state_{i,t}+\sum IND+\sum year+\varepsilon_{i,t} \quad (3\text{-}4\text{-}4)$$

回归结果如表 3-6 所示。结果显示：$HSSC\times score$ 的系数为 -0.039，在 10% 的水平上显著为负，说明市场化程度在企业社会责任与资本市场开放的正向关系中起到负向调节作用，即市场化程度越低，资本市场开放对促进企业履行社会责任的显著性越高。

表 3-6　市场化程度的调节作用

变量	因变量：企业社会责任
HSSC	0.273***
	（15.979）
LEV	-0.421***
	（-16.259）
CRO	0.362***
	（19.097）
FCA	0.057***
	（11.594）
DD	-0.074
	（-0.858）
FIRS	0.444***
	（13.428）

续表

变量	因变量：企业社会责任
state	0.106***
	（9.946）
score	0.052***
	（4.681）
HSSC×score	-0.039*
	（-1.827）
_cons	2.944***
	（81.183）
N	18 864
F	156.382
r2_a	0.148

注：***、**、* 分别表示显著性水平为 1%、5%、10%，括号内为 *t* 值。

六、研究结论与启示

资本市场开放对促进我国经济高质量发展具有重要意义，“沪深港通”交易制度的实施可以增强资本市场引导实体经济行为的能力，优化企业资源配置，提升企业价值。利用“沪深港通”交易制度实施的准自然实验，检验资本市场开放与企业社会责任的相关关系，丰富了资本市场开放的经济后果研究以及企业社会责任影响因素的理论。以 2010 —2019 年沪深 A 股上市公司为样本，采用双重差分法检验资本市场开放对企业社会责任的影响，并进一步探讨产品市场竞争、市场化程度对两者关系的调节作用。研究结果显示：①企业社会责任与资本市场开放显著正相关；②产品市场竞争在这一过程中具有显著的调节作用，行业竞争程度相对较高或者市场竞争地位相对较低，资本市场开放对企业社会责任的正向影响越显著；③市场化程度负向调节企业社会责任与资本市场开放的关系。上述结果表明：资本市场开放对提高企业社会责任履行水平产生积极影响，资本市场开放有利于从微观层面上提高资源配置效率，促进企业可持续发展。有效的产品市场竞争有利于扩大资本市场开放，优化资源配置的治理效应，企业社会责任对资本市场开放的敏感性在低市场化程度地区更强，市场化程度越高，抵御外界冲击的能力越强，能够降低企业履行社会责任的投机性动机。

基于研究结论，得到以下启示：①中国资本市场开放在促进价值提升和优化资源配置效率方面发挥着重要作用，资本市场双向开放实现了中国资本市场与国际资本市场接轨，带来了先进的公司治理理念和资本市场规范化改革经验，给中国企业的发展提供了重要的示范和促进作用。在当前外部环境发生深刻变化的背景下，我们应该扩大资本市场开放，充分利用国际与国内两个市场和两种资源，加快形成以国内大循环为主体、国内国际双循环相互促进的新发展格局，培育竞争新优势，为我国经济发展增添新动力。②应当综合考虑资本市场开放与不同维度产品市场竞争间的互动关系，在推动资本市场开放的背景下要坚持市场化制度改革，优化匹配双重外部治理机制，进而形成资本市场开放与产品市场竞争间的治理共鸣，放大治理效果，提高企业价值。③继续提高我国各地区的市场化程度，提高金融市场化程度，从而充分释放其积极作用，调节性地降低非理性的财务行为对短期借款和应收账款管理质量的不良影响。

第五节　高管变更、资本市场开放与企业社会责任

一、引言

在“十三五”规划的目标任务即将完成时，国务院国有资产管理委员会出台《关于中央企业创建世界一流示范企业有关事项的通知》、上海证券交易所发布《上海证券交易所科创板股票上市规则》（上证发〔2020〕101 号）对科创板上市公司履行社会责任提出要求、“一带一路”合作各方呼吁所有市场参与方履行企业社会责任、国家电网有限公司和中国铝业公司等联合提出《金蜜蜂全球 CSR 2030》倡议，这一系列的国家政策和社会倡导都在向我们强调企业履行社会责任的重要意义。根据资源依赖理论，良好的社会责任履行会吸引利益相关者的各种优质资源（如投资者资源、人力资源、制度资源和市场资源等），而履行社会责任存在缺失的企业会极大地降低利益相关者信赖，使得各种优质资源纷纷撤离。现在，企业社会责任早已不再围绕“是否”履

行的问题展开，而是围绕“如何”履行的问题展开。① 伴随着企业社会责任的方兴未艾，高管在组织中扮演的角色和作用也随之改变。② 如今，高管不仅是股东的代理人，也是其他利益相关者的受托人③，在保证股东利益的同时也要注重与其他利益相关者保持良好的互动关系，以实现企业的可持续发展。作为企业的一项重大事项，高管变更意味着组织利益相关者间资源的重新配置和结构关系的重塑。根据委托代理理论和管理防御假说，高管变更会导致管理层短视行为的出现，进而影响企业社会责任战略的实施。基于战略环境分析理论，资本市场开放带来的外部环境变化必然导致企业战略的改变，从而改变高管变更与企业社会责任之间原有的作用机理。

2014 年的“沪港通”、2016 年的“深港通”以及 2019 年的“沪伦通”，逐渐抽离了之前隔离两端的屏障，形成了我国资本市场互联互通的局面[50]，但带来了诸如外部监督压力增大、产品市场竞争增强以及价值投资者增多等企业外部环境的改变。因此，高管变更与企业社会责任的关系势必会因为这些制度的实施而有所不同，从而改变原有的关系路径。此外，产权性质的差异也会对企业行为带来不同的影响效应。④ 相比于经营目标较为单一的非国有企业而言，国有企业追求包括经济、社会、政治等在内的多重经营目标，其承担社会责任面临着较强的政策性约束。资本市场开放后，虽然引入了更成熟的境外投资者和大量的国际资本[12]，但基于国有企业较小的融资约束和较强的企业社会责任政策性约束，资本市场开放对高管变更与企业社会责任关系的调节效应相比非国有企业可能更小。然而，现有文献关于资本市场开放对高管变更与企业社会责任关系的影响以及产权性质的异质性作用仍存在“黑箱”，即资本市场开放后，高管变更与企业社会责任的关系是否会发生改变？会发生怎样的改变？针对不同产权性质的企业，资本市场开放对高管变更与企业社会责任关系的调节效应又会存在怎样的不同？对这些问题的解答有待进一步探索。

鉴于此，本节将研究视角聚焦于“沪深港通”开放以来我国上市公司高管变更和企业社会责任履行的相关情况，以 2010—2019 年 A 股上市公司为研究样本，对资本市场开放背景下高管变更与企业社会责任间的关系进行理论分析和实证检验。

---

① 朱月乔，周祖城 . 企业履行社会责任会提高员工幸福感吗：基于归因理论的视角［J］. 管理评论，2020，32（5）：233-242.

② 陈丽蓉，韩彬，杨兴龙 . 企业社会责任与高管变更交互影响研究：基于 A 股上市公司的经验证据［J］. 会计研究，2015（8）：57.

③ 徐莉萍，许仙素，刘宁 . 社会责任与高管变更的“保护伞”和“替罪羊”效应研究［J］. 经济经纬，2020，37（5）：116-123.

④ 刘和旺，郑世林，王宇锋 . 所有制类型、技术创新与企业绩效［J］. 中国软科学，2015（3）：28-40.

二、理论分析与研究假设

（一）资本市场开放对高管变更与企业社会责任关系的调节效应

高管作为企业战略的制定者和推进者，在战略实施过程中扮演着至关重要的角色。变更高管作为公司的一项重大战略调整，将对企业社会责任战略的承担产生一定程度的影响。[51]资本市场开放后，由于外部监督力量的增加、利益相关者间关系的稳定、境外投资的吸引以及产品市场竞争的治理效应，高管变更对企业社会责任的影响机制也会发生相应改变。

首先，当高管面临被更换威胁时，在压力驱使下离任高管往往会忽视企业社会责任等长期战略实施，而以企业的未来为代价增加其在职收入。资本市场开放后，不仅引入了更具监督经验的境外投资者，还带来了更多分析师的关注[5]，形成了更完善的外部监督体系[4]，提高了高管机会主义行为被曝光的概率。此结果不仅会导致离职高管当期物质利益的损失，还会通过职业经理人市场的声誉约束机制造成其未来人力资本贬值。① 基于成本效益原则，即将离任的高管会适度减少对企业社会责任行为的忽视程度，甚至会增加企业对社会责任的投入。

其次，高管作为企业资源交换和信息传递枢纽，恰好处于企业网络中“结构洞”的位置。其变更势必会带来企业决策和资源交换状况等一系列变动，并最终导致企业网络变动，进而使利益相关者对企业未来发展产生严重的不确定性，降低其与企业保持长久契约关系的意愿，从而可能导致现有契约关系中利益相关者撤出投入企业的资源。[51]这不仅减少了企业履行社会责任所需的物质资源，也破坏了利益相关者与企业的契约关系，从而对企业承担社会责任产生负面影响。资本市场开放后，引入了大量持股比例较大且集中的机构投资者，其撤出资金的难度较大，退出成本较高，且寻找下一个投资目标也会产生较大的搜寻成本，因而他们更倾向于选择长期持有企业股份。基于对境外投资者所投资企业的认可，其他利益相关者会减少撤出投入资源的行为以表达对企业的质疑和不满，从而减小利益相关者终止与企业契约关系的可能性，减弱利益相关者与企业关系的震荡。这不仅为企业承担社会责任提供了必要的物质资源，也为企业履行社会责任提供了稳定的内部环境。即与各利益相关者间保持稳定的契约关系，进而有助于熨平高管变更引致的企业社会责任波动。

① 徐莉萍，许仙素，刘宁．社会责任与高管变更的“保护伞”和“替罪羊”效应研究［J］．经济经纬，2020，37（5）：116–123.

再其次，根据委托代理理论和管理防御假说，变更后的高管迫于短期被董事会和股东认可的压力，更容易秉承“速胜”观，希望在短期内实现高效益以赢取信任[52]、稳固地位，从而减少回报周期较长的企业社会责任投入。资本市场开放引入了大量的价值投资者①，他们不仅有较强的动机和经验、技术与人力资源等优势，可以收集与分析企业社会责任在内的非财务信息，而且可以依据非财务信息开展市场交易②，如投资承担更多社会责任的优质企业。基于境外投资的吸引和稳固职位的目的，一方面，董事会和股东会给变更后的高管施加履行企业社会责任的压力，促使企业提高社会责任履行水平以向价值投资者传递优质业绩的信号，吸引更多投资；另一方面，为了迎合“价值股东”的心理，企业社会责任可能会沦为提高个人声誉的手段和自利工具，变更后的高管也会愿意主动承担企业社会责任以稳固职位。显然，两者都会减弱高管变更对企业社会责任履行的负面影响。

最后，企业社会责任作为一项长期战略，主要为企业带来的是一种具有不确定性的未来收益。变更后的高管出于短期提高业绩的目的，会较少将相关资源投入回报周期较长的企业社会责任。③资本市场开放活跃了产品市场竞争，进一步增加了企业生存和发展的压力。压力理论认为，市场竞争越激烈，变更后的高管感受到的源自业内竞争的压力越大，④企业破产的可能性也越大。基于印象管理理论，企业履行社会责任有利于改善其与消费者和投资者的关系，形成与外部社会环境的和谐互动，进而使企业更容易得到市场的认可，获得企业可持续发展的关键要素，[53]以避免沦为被清算的对象。此时，在资本市场开放增加了产品市场竞争的情况下，基于破产清算威胁假说，为了在市场占有一席之地而不被淘汰，变更后的高管可能会调整公司战略，减少短视行为，主动提高企业履行社会责任的程度，从而缓解变更高管对承担企业社会责任带来的不利影响。基于以上分析，提出以下假设：

H3-5-1：资本市场开放正向调节高管变更与企业社会责任间的负向关系，即资本市场开放后，高管变更对企业社会责任的负向作用减弱。

① 李蕾，韩立岩．价值投资还是价值创造：基于境内外机构投资者比较的经验研究［J］．经济学（季刊），2014，13（1）：351-372.

② 连立帅，朱松，陈关亭．资本市场开放、非财务信息定价与企业投资：基于沪深港通交易制度的经验证据［J］．管理世界，2019（8）：136-154.

③ 陈丽蓉，韩彬，杨兴龙．企业社会责任与高管变更交互影响研究：基于A股上市公司的经验证据［J］．会计研究，2015（8）：57-64.

④ 谭瑾，罗正英．高管变更、竞争战略与企业社会责任：基于战略耦合的视角［J］．山西财经大学学报，2017，39（5）：85.

（二）产权性质对调节效应的影响

因受政治、历史、社会、文化等多重因素影响，我国企业按照产权性质的不同可以划分为国有企业和非国有企业两种类型。国有企业作为一种企业组织形式和国家所有制的表现形式，是政府参与和干预经济的工具与手段。[①]根据资源禀赋理论，国有企业作为国民经济发展的主力军，因与政府的天然联系而拥有更多资源配置能力，与此相匹配的是更多社会责任的承担[②]，即政府对国有企业实施的大力度财政补贴会使国有企业更加无负担地履行社会责任。资本市场开放后，虽然引进了大量国际资本，但国有企业与政府间存在“天然纽带”，这使得国有企业在应对经营风险和融资约束上都有特殊优势，更容易获得银行的信贷支持和政府的资金供给，面临的融资约束较小，故董事会和股东因为想要获得更多境外资金支持而对离任高管和变更后的高管施加承担企业社会责任的动机减弱。另外，对国有企业来说，承担企业社会责任是一种特定的、强制的和法定的企业目标和责任。[③]2008 年，国务院国有资产管理委员会出台《关于中央企业履行社会责任的指导意见》，要求全部中央企业把社会责任理念全面融入企业发展战略。2019 年，国务院国有资产管理委员会进一步明确提出中央企业要成为世界一流示范企业，理应主动承担社会责任。因此，将企业社会责任作为一项长期战略融入企业日常生产经营已成为一项规定，在政策约束下企业社会责任承担环境及利益相关者关系更为稳定，故国有企业的社会责任承担水平受高管变更影响较小。资本市场开放后，虽然引入了大量更具监督经验的成熟境外投资者，但国有企业的实际控制人为中央或地方各级人民政府及其所属机构，相比于非国有企业，国有企业受到的政府干预更多，其企业社会责任承担面临的政策性约束更高，[54]受国家意志影响更大，外生冲击对其影响更小。因此，国有企业社会责任的承担水平受外部监督影响较小，即资本市场开放对高管变更与企业社会责任关系的调节效应在国有企业中较小。

相反，与国有企业相比，非国有企业因缺少与政府间的“天然纽带”而面临更大的融资约束，缺乏对垄断资源的占有，更注重利益相关者对企业社会责任形象的看法。资本市场开放后，非国有企业引进了大量“北上”资金及大量价值投资者，[④]相比于其他投资者，其更加关注企业的可持续发展能力和长远发展前景。基于非国有企业较大

① 冯丽丽，林芳，许家林．产权性质、股权集中度与企业社会责任履行［J］．山西财经大学学报，2011，33（9）：102．

② 谭瑾，罗正英．高管变更、竞争战略与企业社会责任：基于战略耦合的视角［J］．山西财经大学学报，2017，39（5）：85．

③ 徐传谌，艾德洲．中国国有企业社会责任研究［J］．吉林大学社会科学学报，2010，50（6）：86．

④ 连立帅，朱松，陈关亭．资本市场开放、非财务信息定价与企业投资：基于沪深港通交易制度的经验证据［J］．管理世界，2019（8）：136-154．

的融资约束和价值投资者的投资理念，董事会和股东会给离任高管和变更后的高管施加更多承担企业社会责任的压力，以便通过印象管理树立企业的良好声誉，获得价值投资者的心理认同，吸引更多境外投资，缓解企业融资约束，从而改善企业经营绩效，提升企业竞争力。同时，非国有企业承担社会责任并非与生俱来的，① 更多的是来自外部的压力，是一种“经济理性人”行为。[55] 与国有企业不同，非国有企业受到的政府干预较少，高管行为更多受到市场机制约束，外生冲击对其影响较大。资本市场开放后，带来了更多投资者和分析师的关注和监督[56]，增加了外部监督压力②，因变更高管而忽视企业社会责任承担的机会主义行为更容易被曝光。即将离任高管和变更后的高管为避免短视行为被曝光后出现的当期物质利益损失和未来人力资本贬值，非国有企业的高管在资本市场开放后会减少对企业社会责任履行的忽视程度。此时，资本市场开放的监督治理效应在非国有企业中凸显。基于以上分析，提出以下假设：

H3-5-2：资本市场开放对高管变更与企业社会责任关系的正向调节作用在非国有企业中更显著。

三、实证设计

（一）样本选择与数据来源

本节以“沪深港通”交易试点为背景，以 2010 —2019 年中国 A 股上市公司为研究对象。在具体的样本选择过程中，进行了如下处理：①剔除金融行业的样本；②剔除 ST 和 *ST 公司样本；③剔除被调出当年和同时发生调入调出事件年份的观测值；④剔除数据存在缺失的样本。为避免极端值的影响，对所有连续变量在 1% 和 99% 水平上进行了缩尾处理，最终得到 23 974 个公司年度观测值。资本市场开放数据为手动整理，企业社会责任报告评分数据来自和讯网，其余数据均来自中国经济金融研究数据库，数据分析运用 Stata16.0 软件完成。

（二）主要变量

1. 解释变量

高管变更。将高管变更定义为董事长或总经理的职位变更，若两者中的任一职位发生变更或同时发生变更则取值为 1，否则为 0。

① 冯丽丽，林芳，许家林．产权性质、股权集中度与企业社会责任履行［J］．山西财经大学学报，2011，33（9）：102.

② 程利敏，唐建新，徐飞，等．资本市场开放与上市公司资本结构调整：基于陆港通的实验检验［J］．国际金融研究，2019（10）：86-96.

2. 被解释变量

企业社会责任。借鉴贾兴平和刘益[54]以及文雯和宋建波[57]等的研究，选用和讯网上市公司社会责任报告专业评测体系的评价结果衡量企业社会责任。

3. 调节变量

（1）资本市场开放。我国资本市场开放以 1992 年 B 股的发行为起点，但只选取了“沪港通”和“深港通”的相关样本，主要原因在于：投资门槛、投资额度与资金汇出等方面的诸多管制，QFII 等对中国资本市场的影响较为有限，而“沪深港通”交易制度较大幅度地降低了境外投资者的投资管制①，更加有利于境外投资者的资金进出与市场交易，因而对中国资本市场会产生更大影响。因此，将加入“沪深港通”的公司视为参与资本市场开放的公司，否则视为没有参与。资本市场开放是“沪深股通”标的企业的虚拟变量，当“沪深港通”交易制度实施且公司被列为“沪股通”或“深股通”标的企业时取值为 1，否则为 0。

（2）产权性质。产权性质不同的企业，其股东对公司经营管理目标的设定和对企业社会责任履行所持的态度不同。对国有企业来说，企业社会责任更是一种政策性要求，而非自愿履行的义务，其面临的社会责任承担要求也更高。②而对于非国有企业来说，大多数以自身利益为首，只有在保证自身收益的前提下，才会考虑企业社会责任的承担。

4. 控制变量

根据以往研究，选取的控制变量包括资产收益率（*ROA*）、资产负债率（*LEV*）、股权集中度（*FIRS*）、独立董事比例（*DD*）、董事会规模（*BS*）、两职兼任（*dual*）、监事会规模（*SS*）7 个变量，同时引入年份（*year*）和行业（*IND*）作为虚拟变量。具体变量说明如表 3-7 所示。

表 3-7　高管变更、资本市场开放与企业社会责任的变量定义

变量类型	变量名称	变量符号	变量定义
被解释变量	企业社会责任	*CSR*	和讯网公布的企业社会责任报告评级系统总得分取对数
解释变量	高管变更	*CT*	董事长或总经理是否发生变更，变更则值取为 1，否则为 0

① 罗棪心，伍利娜．资本市场开放对公司审计的影响：基于“陆港通”背景的实证研究［J］．审计研究，2018（5）：65-73.

② 陈丽蓉，韩彬，杨兴龙．企业社会责任与高管变更交互影响研究：基于 A 股上市公司的经验证据［J］．会计研究，2015（8）：57-64.

续表

变量类型	变量名称	变量符号	变量定义
调节变量	资本市场开放	*HSSC*	沪深股通标的企业虚拟变量，当沪深港通交易制度实施且公司被列为沪股通或深股通标的企业时取值为 1，否则为 0
	产权性质	*state*	虚拟变量，国有企业取值为 1，否则为 0
控制变量	资产收益率	*ROA*	资产收益率 = 净利润 / 平均资产总额
	资产负债率	*LEV*	资产负债率 = 负债总额 / 资产总额
	股权集中度	*FIRS*	第一大股东持股比 = 第一大股东持股数量 / 企业总股本
	独立董事比例	*DD*	独立董事在董事会中所占比例 = 独立董事人数 / 董事总人数
	董事会规模	*BS*	董事会中董事的总人数
	两职兼任	*dual*	董事长与总经理是否由同一人兼任，是则取值为 1，否则为 0
	监事会规模	*SS*	监事会中监事的总人数
	年份	*year*	年份虚拟变量，是该年则取值为 1，否则为 0
	行业	*IND*	行业虚拟变量，按照证券监督管理委员会行业分类标准（2012），其中制造业按照二级分类，其他行业按照一级分类

（三）模型构建

借鉴已有关于错层外生事件情景的双重差分模型设计，[11] 同时结合陈丽蓉等 [51] 以及谭瑾和罗正英 ① 有关高管变更与企业社会责任的研究设计，建立模型（3–5–1）验证假设 H3–5–1。在此基础上，将全样本按照产权性质分为国有企业组和非国有企业组，并对比模型（3–5–1）中回归结果的差异以检验假设 H3–5–2。

$$CSR_{i,t}=\alpha_0+\alpha_1 CT_{i,t}+\alpha_2 HSSC_{i,t}+\alpha_3 CT_{i,t}\times HSSC_{i,t}+\alpha_4 ROA_{i,t}+\alpha_5 LEV_{i,t}+\alpha_6 FIRS_{i,t}+\alpha_7 DD_{i,t}+\alpha_8 BS_{i,t}+\alpha_9 dual_{i,t}+\alpha_{10} SS_{i,t}+\sum year+\sum IND+\varepsilon_{i,t} \quad (3\text{–}5\text{–}1)$$

① 谭瑾，罗正英．高管变更，竞争战略与企业社会责任：基于战略耦合的视角［J］．山西财经大学学报，2017（5）：82–93.

四、实证结果与分析

（一）描述性统计分析

表 3–8 报告了研究变量的描述性统计分析结果。从表中可以看出，上市公司企业社会责任承担水平的平均值为 25.562，与最大值 74.710 相比仍有上升空间，说明我国上市公司企业社会责任承担有待进一步提高。高管变更的平均值为 0.241，意味着 1/4 样本公司发生过高管变更行为。资本市场开放的平均值为 0.239，说明加入"沪深港通"样本占总样本的 23.9%。产权性质的平均值为 0.375，表明样本中一半以上属于非国有企业。在控制变量方面，资产收益率（*ROA*）的平均值为 0.052，标准差为 0.050，表明样本中上市公司的盈利水平差距并不太大。资产负债率的平均值为 0.415，股权集中度（*FIRS*）的均值为 0.356，表明样本中上市公司的平均负债水平适中，股权相对集中。独立董事比例的平均值为 0.374，董事会规模的平均值为 8.630，监事会规模的平均值为 3.567，显示样本上市公司总体达到我国公司治理准则的基本要求。两职兼任的平均值为 0.273，说明样本中上市公司两职兼任比例约占 1/4。

表 3–8 高管变更、资本市场开放与企业社会责任的主要变量描述性统计

变量	观测值	平均值	中位数	标准差	最小值	最大值
CSR	23 974	25.562	22.440	15.190	1.260	74.710
CT	23 974	0.241	0.000	0.428	0.000	1.000
HSSC	23 974	0.239	0.000	0.427	0.000	1.000
state	23 974	0.375	0.000	0.484	0.000	1.000
ROA	23 974	0.052	0.044	0.050	–0.092	0.223
LEV	23 974	0.415	0.405	0.209	0.047	0.888
FIRS	23 974	0.356	0.338	0.148	0.094	0.750
DD	23 974	0.374	0.333	0.053	0.333	0.571
BS	23 974	8.630	9.000	1.709	3.000	20.000
dual	23 974	0.273	0.000	0.446	0.000	1.000
SS	23 974	3.567	3.000	1.091	1.000	13.000

（二）相关性分析

表 3–9 是主要变量的相关性检验结果，结果显示高管变更与企业社会责任呈显著负相关关系，资本市场开放与企业社会责任呈显著正相关关系，与前文分析一致。为进一步挖掘各变量之间的关系，本节将对变量进行更深入的检验和分析。

表 3-9　高管变更、资本市场开放与企业社会责任的主要变量相关性检验结果

变量名称	*CSR*	*CT*	*HSSC*	*state*	*ROA*	*LEV*	*FIRS*	*DD*	*BS*	*dual*	*SS*
CSR	1.000	−0.052***	0.108***	0.066***	0.511***	−0.078***	0.164***	−0.008	0.088***	−0.032***	0.050***
CT	−0.031***	1.000	0.026***	0.158***	−0.110***	0.098***	0.022***	−0.006	0.034***	−0.123***	0.064***
HSSC	0.015**	0.026***	1.000	0.061***	0.065***	0.104***	0.037***	0.017***	0.042***	−0.050***	0.054***
state	0.145***	0.158***	0.061***	1.000	−0.215***	0.320***	0.200***	−0.068***	0.275***	−0.307***	0.429***
ROA	0.312***	−0.095***	0.075***	−0.187***	1.000	−0.441***	0.083***	−0.019***	−0.032***	0.104***	−0.129***
LEV	0.020***	0.100***	0.097***	0.321***	−0.409***	1.000	0.055***	−0.013*	0.149***	−0.164***	0.227***
FIRS	0.142***	0.028***	0.043***	0.205***	0.084***	0.060***	1.000	0.036***	0.004	−0.034***	0.087***
DD	−0.006	−0.006	0.014**	−0.065***	−0.009	−0.006	0.047***	1.000	−0.574***	0.112***	−0.093***
BS	0.137***	0.034***	0.056***	0.293***	−0.034***	0.159***	0.028***	−0.486***	1.000	−0.197***	0.300***
dual	−0.072***	−0.123***	−0.050***	−0.307***	0.089***	−0.163***	−0.042***	0.116***	−0.185***	1.000	−0.187***
SS	0.109***	0.060***	0.055***	0.413***	−0.099***	0.219***	0.092***	−0.099***	0.347***	−0.178***	1.000

注：表格上三角为斯皮尔曼相关系数，下三角为皮尔逊相关系数；***、**、* 分别表示显著性水平为 1%、5%、10%。

（三）回归结果分析

表 3–10 报告了回归结果。从回归结果可知，高管变更与企业社会责任呈显著负相关关系，与前文分析一致。在全样本中，*CT*×*HSSC* 的回归系数在 10% 水平上显著正相关，表明资本市场开放正向调节高管变更与企业社会责任间的负向关系，即资本市场开放后，标的企业高管变更对企业社会责任的负向作用减弱，假设 H3–5–1 得以验证。进一步将全样本按照产权性质分为国有企业和非国有企业，回归结果列示于表 3–10 第（2）列与第（3）列，结果表明，在非国有企业中，*CT*×*HSSC* 的回归系数在 10% 水平上显著正相关，而在国有企业中，*CT*×*HSSC* 的回归系数并不显著，表明资本市场开放对高管变更与企业社会责任关系的正向调节作用在非国有企业中更显著，假设 H3–5–2 得以验证。

表 3–10　高管变更、资本市场开放与企业社会责任的回归结果

变量	因变量：企业社会责任		
	全样本	国有企业	非国有企业
	（1）	（2）	（3）
CT	−1.052***	−1.176***	−1.346***
	（−4.512）	（−2.803）	（−5.116）
HSSC	1.245***	1.827***	1.106***
	（4.823）	（3.484）	（4.113）
CT×*HSSC*	0.804*	0.789	1.078*
	（1.752）	（1.006）	（1.947）
ROA	110.876***	129.327***	105.079***
	（57.849）	（31.213）	（54.287）
LEV	5.794***	4.022***	4.114***
	（11.566）	（4.068）	（7.587）
FIRS	6.300***	8.686***	2.208***
	（10.496）	（7.576）	（3.293）
DD	18.326***	22.361***	9.632***
	（9.805）	（6.674）	（4.358）

续表

变量	因变量：企业社会责任		
	全样本	国有企业	非国有企业
	（1）	（2）	（3）
BS	0.915***	0.859***	0.605***
	（14.675）	（8.541）	（7.495）
dual	−1.305***	−0.245	−0.833***
	（−6.530）	（−0.434）	（−4.367）
SS	0.699***	0.343***	0.302**
	（8.077）	（2.643）	（2.225）
常数项	−1.780*	0.054	6.143***
	（−1.656）	（0.029）	（4.357）
year	控制	控制	控制
IND	控制	控制	控制
样本数量	23 974	8980	14 994
adjusted−r^2	0.247	0.269	0.244
F 值	453.45	144.51	358.81

注：***、**、* 分别表示显著性水平为 1%、5%、10%，括号内为 *t* 值。

控制变量中，上市公司资产收益率与企业社会责任呈显著正相关关系，即企业的资产收益率越高，企业社会责任的承担水平也越高，与林宏妹等①研究结论一致，且符合资源基础假说。资本结构中资产收益率与企业社会责任显著正相关，说明债权人对上市公司承担企业社会责任发挥着一定的债权治理作用，与陈丽蓉等[51]研究结论一致。董事会规模与企业社会责任呈显著正相关关系，两职兼任与企业社会责任呈显著负相关关系，说明高管权力集中对履行企业社会责任存在负面影响，与王海兵和韩彬[58]的研究结论一致。监事会规模与企业社会责任承担水平显著正相关，表明监事会在促进企业社会责任承担过程中也发挥着积极的监督作用。

① 林宏妹，陈选娟，吴杰楠，高管任期与企业社会责任：基于"职业生涯忧虑"的研究视角[J]. 经济管理，2020（8）：51–67.

（四）稳健性检验

1. 删除同时发行 H 股和 B 股的公司

由于在“沪深港通”之前，部分境外投资者已经通过 B 股市场和“A+H”等其他相关渠道参与内地股票市场，相关公司可能已经受到境外投资者在改善监管和信息环境、优化治理结构等方面的影响，故剔除“A+B”和“A+H”交叉上市的公司样本。[12]重复前文实证过程，结论稳健。

2. 变换样本区间

考虑到前后时段的不对称性可能影响回归系数估计，选取“沪港通”开通前后对称的区间（2010—2018 年）进行稳健性检验。重复前文实证过程，结论再次得以验证。

五、研究结论与启示

以 2010—2019 年 A 股上市公司为研究样本，借助“沪深港通”交易制度实施这一外生事件，考察资本市场开放对高管变更与企业社会责任关系的影响。研究发现：①资本市场开放正向调节高管变更与企业社会责任间的负向关系；②该调节效应在非国有企业中更显著。结论表明：资本市场开放作为中国资本市场接轨国际市场、实施“引进来”战略的一个重大举措，其带来的监督治理效应和国际资本流入，有利于熨平公司治理中高管变更引致的企业社会责任战略波动，有助于以市场化的手段助推中国企业的社会责任表现，实现全社会对企业社会责任的共享与共治，促进资本市场高质量发展。在不同产权性质的企业中，资本市场开放对高管变更与企业社会责任关系调节效应产生差异的原因可能在于：对国有企业来说，其面临较小的融资约束和较大的企业社会责任政策性约束，其承担更多社会责任，受到国家意志影响，对市场行为如投资者引入的敏感性较低；而对非国有企业而言，其面临的融资约束更大，且外生冲击对企业社会责任行为表现的影响更大，故境外资本的引进和价值投资者的监督治理效应对其高管变更与企业社会责任关系的正向调节效应更显著。这不仅表明资本市场开放带来的外部监督治理效应有利于加强内部治理动机，增强市场对企业社会责任履行的引导作用，促使我国企业高质量发展，为我国坚持资本市场进一步双向开放和“十四五”时期国内国际双循环新发展格局提供补充经验证据，也在一定程度上证明我国国有企业改革的必要性和迫切性，为“两会”提出的“国企改革三年行动”提供经验证据。

基于以上结论，提出以下建议：①面对外部环境变化，要坚定不移地扩大对外开放，稳定产业链、供应链，以开放促改革促发展。[①] 政府部门和相关机构应进一步完善关于企业社会责任的配套措施，对资本市场开放引进的境外投资者进行识别和引导，尽可能地将价值投资者引入我国资本市场，优化投资者结构，更好地发挥资本市场对企业社会责任履行的助推作用，促进企业的高质量可持续发展。②进一步深化国有企业改革，实施国有企业改革三年行动。完善国有资产监管体制，深化混合所有制改革。[②] 通过引入非国有资本，借助非国有股东制衡、监督与约束国有大股东和内部人，改善国有企业的经营与管理效率，实现股权制衡下资本市场开放对企业社会责任的引导作用。从根本上消除大量国有企业"僵尸企业"存在的根源，提高企业活力，使之更能适应市场竞争需要，确保供给侧结构性改革取得成功。③鼓励非国有企业将社会责任履行纳入企业发展战略，将社会外在压力转变为企业内生需求。既要鼓励国有企业最大限度地加强履行企业社会责任的意识，充分发挥"排头兵"作用，又要促进要素自由流动和公平竞争，推动非国有企业积极履行社会责任，使得非国有企业在独善其身的同时能够"兼济天下"，实现企业和社会的双赢。④企业作为社会的重要组成部分，积极履行社会责任不仅是顺应企业国际化进程的重要一步，也是响应国家高质量发展目标的积极行动。为了在对外开放程度不断深化的环境下拔得头筹，企业应增强积极履行社会责任的意识以应对愈发激烈的市场竞争，做新时代的新企业，做贯彻新理念的现代企业，做生态文明建设的先锋企业，做解决民生问题的生力军企业。

① 李克强 .2020 年政府工作报告［R/OL］.（2020-05-22）［2021-09-09］.http：//www.gov.cn/premier/2020-05/22/content_5513757.htm.

② 李克强 .2020 年政府工作报告［R/OL］.（2020-05-22）［2021-09-09］.http：//www.gov.cn/premier/2020-05/22/content_5513757.htm.

第四章　资本市场开放、企业社会责任与审计费用

第一节　引言

20世纪70年代起，西方发达国家及地区为推动经济发展，相继推进资本市场对外开放，引进国际资本，加快资本市场自由化，全球资本市场获得迅猛发展。在"一带一路"倡议持续推进、供给侧结构性改革不断深化的背景下，我国于2014年和2016年相继实施了"沪港通"和"深港通"交易制度，实现了资本市场的双向开放[50]，进一步推动了我国资本市场的健康发展与金融体系的完善①。资本市场开放的互联互通机制既能够优化投资者结构，减少公司违规行为②，提高公司的治理水平，又有利于促进审计监督职能的发挥，强化审计降低市场信息风险功能，对内地资本市场形成有效的外部监督治理效应。

资本市场的发展、成熟离不开审计、评级、律师等配套服务。③作为企业与投资者之间独立的第三方，审计承担着向市场传递企业信息的角色，在资本市场中发挥着重要作用。随着审计师民事赔偿制度的确立，财务信息风险全部或部分转移给审计师，审计由此还承担着风险转嫁角色。④资本市场开放后，由于境外投资者较为成熟且受到的法律保护更健全，对于财务报表中的舞弊行为更加敏感，⑤审计师审计失败被识别的可能性提高，催生了我国证券市场审计的保险功能。依据审计信息和保险理论，审计师降低财务信息风险压力和遭遇诉讼索偿风险增加，显然审计成本费用和风险溢价也会受到影响。

① 陈旭东，高雅，刘嫦．资本市场开放与公司费用黏性：基于中华通背景的实证研究[J]．金融发展研究，2019(11)：36.

② 邹洋，张瑞君，孟庆斌，等．资本市场开放能抑制上市公司违规吗：来自"沪港通"的经验证据[J]．中国软科学，2019(8)：120-134.

③ 余臻．我国资本市场开放的现状与展望[J]．经济体制改革，2019(1)：151.

④ 陈汉文，韩洪灵．审计理论与实务[M]．北京：中国人民大学出版社，2019：2-9.

⑤ 罗棪心，伍利娜．资本市场开放对公司审计的影响：基于"陆港通"背景的实证研究[J]．审计研究，2018(5)：65-73.

进入21世纪以来，伴随着商业伦理、企业公民等概念的日趋丰富和利益相关者理论的完善，越来越多的企业将社会责任融入企业的公共政策，作为企业整体战略管理的重要组成部分。[①]在新时代，我国经济进入转型升级时期，企业逐渐由“经济人”转变为“社会人”的过程与企业社会责任的可持续发展理念紧密相关。然而，企业履行社会责任究竟出于股东的“价值利器”还是管理层的“自利工具”，目前学术界仍存争议。作为股东的“价值利器”，企业披露社会责任信息有利于降低投资者信息获取成本和加工成本[②]，促使其完成价值投资；作为高管的“自利工具”，企业社会责任信息披露是管理层为了掩盖自身机会主义行为而欺骗股东的“个人”主义，成为粉饰企业形象的公关宣传手册[③]。资本市场开放后，相对于境内投资者，大量来自发达地区的投资者秉持偏好价值投资的理念，进而对企业社会责任的价值创造功能敏感性较强。同时，境外投资者与境内企业之间由于地理、文化和语言上的信息传递障碍，普遍存在较高程度的信息不对称。基于自身利益的考量，境外投资者同样会对企业社会责任是否成为高管实施机会主义行为的自利工具尤为敏感，进而可能产生监督治理动机。因此，企业社会责任信息披露质量势必会影响到境外投资者与企业之间的信任关系，使承担社会责任不同的企业受到资本市场开放监督效应影响程度也不同，进而改变资本市场开放与审计费用之间的原有关系。

第二节 文献综述

一、审计费用相关研究

西穆内克（Simunic）于1980年首次提出审计定价模型，最早对审计服务定价理论和证据进行了研究，考察了审计师在审计过程中投入的人力、物力和时间等审计成本以及因面临潜在诉讼索赔风险而要求的风险溢价等因素对审计费用的影响。[④]纵观审计费用影响因素的相关研究，可以发现国内外学者主要围绕审计成本和风险溢价，从被审计单位、事务所特征以及审计师面临的诉讼风险等方面展开并逐渐深入。

---

① 姜虹．国外企业社会责任审计研究述评与启示［J］．审计研究，2009（3）：33-37.

② 李新丽，万寿义．社会责任信息披露与资本市场定价效率：基于股价同步性视角［J］．现代财经（天津财经大学学报），2019，39（6）：45-60.

③ 朱敏，刘拯，施先旺．披露社会责任信息会影响审计收费吗：基于中国上市公司的经验证据［J］．山西财经大学学报，2015，37（12）：114.

④ SIMUNIC D.The pricing of audit services：theory and evidence［J］.Journal of accounting research，1980，18（1）：161-190.

（一）被审计单位、事务所特征与审计费用

从被审计单位和事务所特征展开的相关研究中，弗斯（Firth）和弗朗西斯（Francis）研究发现，上市公司的资产规模和业务复杂程度（控股子公司数量）与审计费用显著正相关[①]，而事务所规模对审计费用却没有显著的影响[②]；贝拉(Bell) 分析了审计人员感知的业务风险与审计费用之间的关系，发现高业务风险增加了审计小时数，但每小时的费用没有增加。审计师意识到公司层面的业务风险差异会通过增加工时而不是提高时薪来获得补偿，即审计师在审计高经营风险客户时会投入更多的审计工作，并为此收取更高的审计费用。[③]我国学者叶陈刚和王彦较早从规范角度指出审计价格是对审计劳动量的计量，公司风险、工作难度和复杂程度以及审计人员的素质是审计定价考虑的因素[④]；刘斌等利用西穆内克模型从理论上分析了可能影响我国上市公司审计费用的因素并通过多元线性回归等方法进行了实证检验，发现上市公司长期负债与资产总额之比、事务所规模以及审计任期对审计收费的影响并不显著，而企业资产规模、经济业务的复杂程度（应收款项与资产总额之比）以及地区差异与审计收费呈显著正相关，是影响我国上市公司审计费用的主要因素[⑤]；刘运国等同样基于西穆内克审计定价模型，通过对 2003 年沪深股市上市公司的截面数据检验发现，企业的高盈余管理程度使得审计师提高固有风险和控制风险的评估水平，进而增加审计努力，审计费用也会越高，且审计师会着重关注向下(调减收益）的盈余管理[⑥]。而伍利娜则认为盈余管理与审计费用之间的关系在不同情况下存在差异，例如，当年净资产收益率处于“保牌”区间的企业由于财务风险较高，企业在盈余管理时不易得到审计师的配合，从而导致审计服务的酬劳较低，即盈余管理程度与审计费用之间存在着负相关关系[⑦]；蔡吉甫从审计风险模型出发，基于有效的治理结构能够降低重大错报风险

① FIRTH M. An analysis of audit fees and their determinants in New Zealand [J]. Auditing a journal of practice & theory，1985，4 (2)：23-37.

② FRANCIS J R.The effect of audit firm size on audit prices：A study on australian market [J]. Journal of accounting and economics，1984，6 (2)：133-151.

③ BELL T B，LANDSMAN W R，SHACKELFORD D A. Auditors' perceived business risk and audit fees：Analysis and evidence [J]. Journal of accounting research，2010，39 (1)：35-43.

④ 叶陈刚，王彦. 论审计公费 [J]. 湖北审计，2001 (8)：34-36.

⑤ 刘斌，叶建中，廖莹毅. 我国上市公司审计收费影响因素的实证研究：深沪市 2001 年报的经验证据 [J]. 审计研究，2003 (1)：44-47.

⑥ 刘运国，麦剑青，魏哲妍. 审计费用与盈余管理实证分析：来自中国证券市场的证据 [J]. 审计研究，2006 (2)：74-80.

⑦ 伍利娜. 盈余管理对审计费用影响分析：来自中国上市公司首次审计费用披露的证据 [J]. 会计研究，2003 (12)：39-44.

这一前提，证实了公司治理结构与审计费用之间的负相关关系①；漆江娜等在对会计师事务所规模和审计费用关系的研究中发现，"四大"与非"四大"会计师事务所的品牌能够体现审计服务的质量差异，因此，企业能够借助"四大"会计师事务所的品牌优势来提高自身形象以获取投资者信任，"四大"会计师事务所凭借其品牌也会收取更高的审计费，即事务所规模与审计费用之间存在正相关关系。②

（二）审计师诉讼风险与审计费用

从审计师诉讼风险角度展开的相关研究中，朱松和陈关亭认为，审计师对客户高风险业务具有一定的审计风险容忍度，而较高的审计收费则是审计师所采取的风险控制策略。③刘颖斐和张小虎基于保险理论和"深口袋"理论的分析认为，企业会将自身较高的诉讼风险转移至审计师身上，加大了审计师潜在的被诉讼风险。为了避免在声誉和经济上的双重损失，审计师将会收取更高的审计费用以弥补风险④；张天舒和黄俊借助 2008 年金融危机这一自然实验平台，考察了公司风险与审计收费的关系，发现公司审计费用存在风险溢价，即当金融危机下公司的经营风险提高时，审计师不仅会扩大审计范围、增加审计程序，还会对事后诉讼风险更为关注，并因此增加审计费用⑤；邢立全和陈汉文发现审计师经营风险与企业经营风险密切相关，即按照审计准则执行审计工作的情况下，仍可能因被审计单位的高经营风险而面临诉讼，审计师会通过风险溢价方式向客户收取更高审计费用作为补偿⑥；冯延超和梁莱歆在法律风险与审计费用关系的研究中发现，当客户企业存在较多的诉讼仲裁和违规处分次数，审计师会判断其潜在的审计失败将有很大概率被投资者、债权人等提出诉讼索赔，为了补偿预期的诉讼损失，审计师会要求客户企业提高审计费用中的风险溢价费用⑦；刘继红和周仁俊通过将流动性风险、信用风险、市场风险等可能影响审计费用的风险因素纳入回归模型，研究了中国上市商业银行监管风险与审计费用的关系，发现审计费用的风险溢价同样存在于商业银行审计市场，审计费用与监管机构认为非常重要的风险因素

---

① 蔡吉甫．公司治理、审计风险与审计费用关系研究［J］．审计研究，2007（3）：66.

② 漆江娜，陈慧霖，张阳．事务所规模·品牌·价格与审计质量：国际"四大"中国审计市场收费与质量研究［J］．审计研究，2004（3）：64.

③ 朱松，陈关亭．会计稳健性与审计收费：基于审计风险控制策略的分析［J］．审计研究，2012（1）：87-95.

④ 刘颖斐，张小虎．企业诉讼风险与审计收费：基于关键审计事项披露视角［J］．审计与经济研究，2019，34（6）：34.

⑤ 张天舒，黄俊．金融危机下审计收费风险溢价的研究［J］．会计研究，2013（5）：81-86.

⑥ 邢立全，陈汉文．产品市场竞争、竞争地位与审计收费：基于代理成本与经营风险的双重考量［J］．审计研究，2013（3）：52.

⑦ 冯延超，梁莱歆．上市公司法律风险、审计收费及非标准审计意见：来自中国上市公司的经验证据［J］．审计研究，2010（3）：75-81.

强烈相关①；伍利娜等通过事件窗口研究检验了外部审计在我国证券资本市场上的保险功能，从股价中的审计保险价值和审计收费中的审计保险费两个角度验证了审计保险假说是成立的。②

二、资本市场开放、企业社会责任与审计费用的相关研究

目前，学术界关于资本市场开放经济后果的研究主要分为两类。一类研究是从宏观角度指出，资本市场开放引进境外资本有助于降低资本成本和筹资成本[59]，增加股票流动性③，促进经济增长④；同时信息识别能力强的价值投资者通过知情交易直接促进价值相关信息纳入股票价格，提高了股价信息含量和资本市场的定价效率⑤；还有观点则认为，资本市场开放在加强国内市场和国际市场联动性的同时，也会加剧国内金融市场的脆弱性以及股价波动风险[60]，进而可能诱发金融体系系统性风险，最终危及宏观经济的稳定性[5]。另一类研究则从微观角度出发，探究资本市场开放对公司治理等企业行为的影响。对境内上市公司而言，引入境外资本的同时也带来了更多投资者和分析师的关注，且境外投资者具有更为健全的法律保护机制，加强了公司外部监督环境[61]；同时，境外投资者可以通过市场交易增加持股比例获取被投资企业的决策权⑥，进而能够对当地管理层施加更大压力，如优化董事会规模、提高独立董事席位等⑦，实现更有效的监督管理，促进委托代理问题进一步得到缓解，公司治理水平不断提高⑧；此外，境外投资者在信息收集、解读与分析方面具有绝对优势，并能将该优势体现在与企业发展潜力有关的非财务信息上[12]，促使上市公司信息披露质量不断提高[62]。

目前，关于我国资本市场开放、企业社会责任和审计费用的研究文献中，资本市场开放和企业社会责任对审计费用的影响机制看法不一。罗棪心和伍利娜基于“陆港

---

① 刘继红，周仁俊．中国上市商业银行监管风险与审计定价［J］．审计研究，2007（5）：56-62.

② 伍利娜，郑晓博，岳衡．审计赔偿责任与投资者利益保护：审计保险假说在新兴资本市场上的检验［J］．管理世界，2010（3）：32-43.

③ 程利敏，唐建新，徐飞，等．资本市场开放与上市公司资本结构调整：基于陆港通的实验检验［J］．国际金融研究，2019（10）：86-96.

④ 黄新建，张德勤．经济周期、议价能力与企业绩效：基于中小板和创业板制造业企业的实证研究［J］．软科学，2017，31（1）：49-52.

⑤ 钟覃琳，陆正飞．资本市场开放能提高股价信息含量吗：基于“沪港通”效应的实证检验［J］．管理世界，2018，34（1）：169-179.

⑥ 连立帅，朱松，陈关亭．资本市场开放、非财务信息定价与企业投资：基于沪深港通交易制度的经验证据［J］．管理世界，2019，35（8）：138.

⑦ 罗棪心，伍利娜．资本市场开放对公司审计的影响：基于“陆港通”背景的实证研究［J］．审计研究，2018（5）：65-73.

⑧ 黄健峤，王雅琪，邓祎璐，等．股票市场开放提高企业创新产出水平了吗：基于陆港通的准自然实验［J］．会计与经济研究，2020，34（1）：21-37.

通”政策研究了资本市场开放对公司审计的影响。结果表明，在成为“陆港通”标的公司后，企业的财务报表将会同时得到境外投资者和媒体以及分析师的广泛关注，大大增加了审计师潜在审计失败被发现的可能性。为了保证审计意见的合理性并降低自身的诉讼风险，审计师不得不实施更多的审计程序，扩大审计范围并提高风险溢价，于是企业审计费用显著上升①；陈旭东等基于“沪港通”政策背景，从风险传染效应和监督治理效应两个角度分析了资本市场开放对公司审计费用的变化。结果表明，资本市场开放后，境外投资者的进入优化了境内资本市场的监督环境，境外投资者凭借先进的治理经验和信息处理能力迫使企业提高信息披露水平和质量，这既能缓解公司管理层的短视，又可以强化对企业的监督作用，即通过抑制第一类代理问题降低了标的公司的审计费用。同时，资本市场开放还会倒逼境内监管部门和上市公司提高监管水平、改善治理结构，为审计师提供高效的信息环境，从而降低审计费用，可以说，资本市场开放的监督治理效应显著。②回顾企业社会责任相关文献，学术界关于企业履行社会责任的动机仍然存在争议，主要形成两派观点：价值创造观和自利工具观。基于价值创造观的分析可知，企业履行社会责任能够产生“信息效应”，既有助于降低企业的信息不对称，又能为公司向外界传递优质信号[63]，最终缓解企业融资约束；而自利工具观的分析结论表明，企业社会责任信息存在“掩饰效应”[64]，管理层利用良好的社会责任履行情况掩盖自身机会主义行为，最终增加企业代理成本[65]。韩丽荣等认为，企业披露社会责任信息表明愿意接受社会公众监督，同时能够传递其环境信息风险较小的信号，有助于降低审计师对企业重大错报风险水平的评估，进而使审计成本相对较低，审计费用较低。③史元和王雪洁对企业社会责任履行程度与审计费用的关系进行了研究，认为企业的社会责任履行情况越好，越能增加企业信誉并降低其经营风险，进而有助于降低审计师在审计中发生诉讼风险和声誉风险的概率，对审计费用产生负向影响。④吴茜基于“管理层能力信号假说”，提出了良好的企业社会责任表现是管理层诚信的信号，且管理层诚信度高会降低企业的经营风险水平，因此，良好的社会责任能够作为企业的一项“道德资本”，成为企业在面临负面信息时的保护机制，进而达到对冲企业经营风险的效果，进而降低审计师对风险溢价的收取。⑤冯戈坚和

① 罗棪心，伍利娜．资本市场开放对公司审计的影响：基于“陆港通”背景的实证研究［J］．审计研究，2018（5）：65-73.

② 陈旭东，高雅，刘嫦．资本市场开放与公司费用黏性：基于中华通背景的实证研究［J］．金融发展研究，2019（11）：43.

③ 韩丽荣，高瑜彬，姜悦．企业环境信息披露对审计费用影响的实证分析［J］．当代经济研究，2014（5）：92-96.

④ 史元，王雪洁．基于企业社会责任履行程度下的审计收费研究［J］．会计之友，2017（2）：119-124.

⑤ 吴茜．企业社会责任与审计收费［J］．绿色财会，2017（1）：21.

王建琼基于审计师决策视角，研究了企业社会责任表现情况对审计师决策的影响，认为良好的社会责任表现能够向外界传递企业优质信号，从而能够有效降低外部监管风险、诉讼风险和声誉损失风险，减少审计师审计过程中的时间和精力投入，因此，审计师对社会责任表现良好的企业收取的审计费用也较低。①

作为会计师事务所与被审计单位之间的经济纽带，[78]审计费用一直是审计理论研究的重要对象。其中，关于资本市场开放与审计费用的研究虽然在一定程度上检验了资本市场开放的经济后果，但由于研究方法及数据上的差异，导致对此问题的回答没有形成统一结论。此外，就笔者所涉猎的文献而言，尚未发现国内有基于企业履行社会责任的“价值创造”和“自利工具”两种履行动机，探究企业社会责任对资本市场开放与审计费用是否存在调节效应的专门研究。因此，本章将我国 2010 —2019 年 A 股上市公司作为研究样本，借助“沪深港通”这一准自然实验平台，通过构建多期双重差分模型，检验资本市场开放对内地上市公司审计费用的影响，并创新地区分履行动机以探究企业社会责任对资本市场开放与审计费用存在何种调节效应。

第三节　资本市场开放如何影响了审计费用

资本市场开放引进了大量国际资本的同时也加剧了国内资本市场的脆弱性[67]，我国资本市场尚未成熟，受到境外资本市场波动的影响会进一步滋生风险、波动股价，增加上市公司经营风险②，财务信息风险也随之增加。尤其我国正处于经济体制改革过程中，监管体系尚待完善，这一效应可能更为明显。此外，我国资本市场存在大量主要追求短期经济利益的散户投资者，投机性氛围浓厚且缺乏财务分析技能和投资技巧③，投资者保护制度和监督治理机制与西方发达资本市场尚有差距④。资本市场开放后，境外投资者主要为价值投资者，具备更加优秀的信息收集、分析和解读能力⑤，增加了上市公

① 冯戈坚，王建琼．企业社会责任与审计师决策：基于审计费用与持续经营审计意见的证据［J］．现代管理科学，2019（9）：96-98.

② 陈旭东，高雅，刘嫦．沪港通开放与审计收费：风险传染效应抑或监督治理效应[J]．中国注册会计师，2019(12)：45-52.

③ 连立帅，朱松，陈关亭．资本市场开放、非财务信息定价与企业投资：基于沪深港通交易制度的经验证据［J］．管理世界，2019，35（8）：136-154.

④ 邹洋，张瑞君，孟庆斌，等．资本市场开放能抑制上市公司违规吗：来自“沪港通”的经验证据［J］．中国软科学，2019（8）：131.

⑤ 连立帅，朱松，陈关亭．资本市场开放、非财务信息定价与企业投资：基于沪深港通交易制度的经验证据［J］．管理世界，2019，35（8）：136-154.

司管理层采取更加隐蔽的舞弊手段来确保公司业绩稳定的可能性，财务信息风险随之增加。

根据瓦莱斯的实证式审计理论结构，代理理论、信息理论和保险理论为探讨资本市场开放对审计师风险识别和应对的影响以及审计费用的变化提供了理论支撑。

一、理论分析与研究假设

（一）代理理论——基于被代理人的审计需求

20 世纪 60 年代末 70 年代初，代理理论被学术界广泛引证于公司治理结构，是制度经济学契约理论最重要的发展之一，公司治理的支柱理论。该理论被广泛应用于解释所有权与控制权分离情况下，职业经理人和股东行为均衡的产生与变动以及如何设计相关机制解决委托人与代理人之间的信息不对称问题。[①] 现代产权经济学家詹森和麦克林（Jensen & Mecking）将代理关系定义为一种契约，[②] 而这种契约的实施则需要外部独立第三方的监督，审计便成为协调和监督双方利益关系的桥梁。

审计需求的代理理论认为，审计作为一项降低代理成本的制度安排，扮演着向市场传递企业信息和信号的角色，[③] 具有控制代理人机会主义行为、实质减少或转移财务信息使用者风险的作用。地理、语言和文化的差异降低了信息有效传递的效率，使得资本市场开放引进的境外投资者分析企业财务和非财务信息需要投入更多的成本，有时甚至要进行实地调研 [④]，因此境外投资者对代理的需求更多，以降低信息不对称。由于高素质审计师更可能拒绝有问题的财务报告，并识别报告差错和非正常事件，[⑤] 因而高质量审计服务有助于提高企业财务信息质量，降低投资者信息不对称程度和代理成本。在境内产权保护制度相对薄弱的情况下，为维护自身收益权、避免自身利益被侵占，境外投资者会增加外部高质量的审计需求，促使管理层购买更多外部审计服务或雇佣高素质审计师以降低财务信息风险和投资风险，[⑥] 审计费用随之增加。

---

① 闫冰．代理理论与公司治理综述［J］．当代经济科学，2006，28（6）：80-85.

② JENSEN M C，MECKLING W H. Theory of the firm：Managerial behavior，agency costs and ownership structure［J］. Journal of Financial Economics，1976，3（4）：305-360.

③ 陈汉文，韩洪灵．审计理论与实务［M］．北京：中国人民大学出版社，2019：2-9.

④ 钟覃琳，陆正飞．资本市场开放能提高股价信息含量吗：基于“沪港通”效应的实证检验［J］．管理世界，2018，34（1）：173.

⑤ 蔡春，黄益建，赵莎．关于审计质量对盈余管理影响的实证研究：来自沪市制造业的经验证据［J］．审计研究，2005（2）：4.

⑥ 王艳艳，陈汉文，于李胜．代理冲突与高质量审计需求：来自中国上市公司的经验数据［J］．经济科学，2006（2）：72-82.

（二）信息理论——基于委托人的信息需求

随着资本市场的不断成熟，信息资源的角色在经济活动中日益凸显，① 审计的信息传递成为满足利益相关者对企业财务信息需求的重要途径，审计需求的信息理论由此产生。该理论认为，投资者的决策行为广泛依赖于企业财务信息披露，对财务信息需求较高。为了降低信息不对称程度，避免财务报表中管理层基于会计手段的财务舞弊行为发生，投资者必须聘请独立的审计师来对企业财务信息进行鉴定并作出相应意见报告，② 以降低或消除投资决策失败风险。

在审计信息理论框架下，审计的本质功效是改善财务信息质量、增加财务信息价值、缓解投资者的信息不对称问题，是一种降低财务信息风险的活动。资本市场开放后，由于境外的理性套利者主要利用噪音交易者的错误信念进行交易而获利，③ 相比于境内投资者，境外投资者会更加依赖审计师的鉴证报告。随着被审计单位财务信息风险的增加，境外投资者在投资决策时将承担更高的风险成本，对审计师降低企业重大错报风险、提供高质量财务审计信息的需求也会增加。因此，审计师需要投入更多审计资源，确保发表适当审计意见，这就使得审计成本增加，审计费用提高。

（三）保险理论——为损失提供财务保险的需求

在投资者保护制度的不断完善下，法律针对审计师追索权的确立使得审计师对财务报告使用者须承担民事赔偿责任，这就确立了审计保险功能，即在审计失败时投资者可向其寻求赔偿。审计保险假说由华莱士（Wallace）提出[68]，后来梅农和威廉姆斯（Menon & Williams）[19]、巴伯等（Baber et al.）[20]等基于 20 世纪 90 年代初拉文索尔和霍瓦斯（Laventhol & Horwath）事务所倒闭案也同样提出审计具有保险功能的理论。在降低财务信息风险的过程中，该理论不仅强调审计的鉴证机制，而且强调审计的风险转移机制④，审计兼具信息价值和保险价值⑤。

依据审计保险理论，审计具有转移财务信息风险功能且具有直接补偿性，即投资者要求审计师降低财务信息风险的同时，还会将其所面临的财务信息风险全部或者部分地转移给审计师，[69] 财务信息不实导致的决策失败风险将由审计师承担，投资者可向其寻求赔偿。当上市公司面临的诉讼风险增加，预期的保险价值也相应增加，审计

① 陈汉文，韩洪灵．审计理论与实务［M］．北京：中国人民大学出版社，2019：2-9.

② 薛祖云，陈靖，陈汉文．审计需求：传统解释与保险假说［J］．审计研究，2004（5）：20-25.

③ 钟覃琳，陆正飞．资本市场开放能提高股价信息含量吗：基于“沪港通”效应的实证检验［J］．管理世界，2018，34（1）：173.

④ 薛祖云，陈靖，陈汉文．审计需求：传统解释与保险假说［J］．审计研究，2004（5）：22.

⑤ DYE R A. Auditing standards，legal liability，and auditor wealth［J］. Journal of political economy，1993，101（5）：887-914.

师亦会要求上市公司支付更高风险溢价。①

综上所述，资本市场开放后企业财务信息风险加剧，境外投资者降低代理成本的需求较大，提高了审计的信息价值和保险价值，审计师降低财务信息风险压力和遭到诉讼索偿可能性随之增加，需要收取更高审计费用来弥补审计成本和风险溢价。基于以上分析，我们提出以下假设：

H4-3-1：资本市场开放后，上市公司审计费用会有所增加。

二、实证检验结果

（一）实证设计

1. 样本选取与数据来源

“沪深港通”交易制度的实施为研究资本市场开放对审计费用的影响提供了独特的研究环境，不同于 QFII 制度和发行 S 股、N 股等其他跨境上市的方式，“沪深港通”交易制度对投资者限制较小，且能避免上市地法律法规和上市地投资者关注对公司和审计师存在双重影响的问题，② 为本节研究提供了一个准自然实验背景。此外，不同于“沪深港通”交易制度，“沪伦通”交易制度目前还在初期，缺少有效数据，所以本节暂不将其纳入研究范围。

“沪港通”“深港通”交易制度的正式实施时间先后为 2014 年与 2016 年，因此该交易制度实施之后的样本期间分别为 2014—2019 年与 2016—2019 年。依据上文的多期双重差分模型设计，本节将 2010—2013 年作为“沪深港通”交易制度实施之前的样本期间。本节选择 2010 年作为研究期间起点，是基于 2009 年全球金融危机依旧持续，势必影响境外投资者决策。其中，“沪股通”标的企业的初始样本包括上证 180 指数成分股、上证 380 指数成分股，以及上海证券交易所上市的 A+H 股公司股票，共 568 只股票；“深股通”标的企业的初始样本包括深证成分指数、深证中小创新指数成分股以及深圳证券交易所上市的 A+H 股，共 882 只股票。依据惯例，本节在样本中剔除了证券监督管理委员会所规定的金融类上市公司样本，同时还根据以下标准剔除了部分观测值：①剔除 2014 年及以后上市的公司；②剔除 ST 或 *ST 公司；③剔除当年被调出“沪深股通”标的名单的公司年度观测值；④剔除数据缺失样本。经过上述处理，最终样本为 19 621 个公司年度观测值。

本节研究数据均来自中国经济金融研究数据库，通过 Stata 16.0 软件分析完成。为消

① 李爽，吴溪．监管信号、风险评价与审计定价：来自审计师变更的证据［J］．审计研究，2004（1）：13-18.

② 罗棪心，伍利娜．资本市场开放对公司审计的影响：基于“陆港通”背景的实证研究［J］．审计研究，2018（5）：65-73.

除极端值对回归结果的影响，对所有连续型变量均在 1%（99%）分位上进行了缩尾处理。

2. **主要变量**

（1）被解释变量

审计费用（ln*FEE*）：参照邢立全、陈汉文和楚有为等学者普遍做法[70-71]，设置 ln*FEE* 为公司年度审计费用的自然对数。

（2）解释变量

资本市场开放（*HSSC*）：借鉴连立帅[11]等的做法，设置 *HSSC* 为“沪深股通”标的企业的虚拟变量，当“沪深港通”交易制度实施且被列为“沪股通”或“深股通”标的时取值为 1，否则为 0。

（3）控制变量

借鉴国内外关于审计费用影响因素的相关文献[72]，本节选取的变量及其定义如表 4-1 所示。

表 4-1　资本市场开放与审计费用的变量定义

变量名称	变量符号	变量定义
企业规模	*size*	公司年末总资产的自然对数
资产负债率	*LEV*	资产负债率 = 总负债 / 总资产
资产收益率	*ROA*	资产收益率 = 净利润 / 平均资产总额
审计师选择	big4	当期会计师事务所是四大会计师事务所时为 1，否则为 0
业务复杂程度（存贸规模、应收账款规模）	*INV*	存贸规模 = 存货 / 总资产
	REC	应收账款规模 = 应收账款 / 总资产
是否亏损	*loss*	上年发生亏损为 1，否则为 0
独立董事比例	*DD*	独立董事比例 = 独立董事人数 / 董事会人数
审计意见	*OPIN*	标准无保留审计意见为 1，否则为 0
行业	*IND*	行业虚拟变量，按照证券监督管理委员会行业分类标准（2012）
年份	*year*	年份虚拟变量，是该年则取值为 1，否则为 0

3. **模型构建**

本节借鉴已有文献，采用双重差分的研究设计。通过构建模型用以验证假设 H4-3-1，即资本市场开放对审计费用的影响。

主要回归模型如式（4-3-1）所示：

$$\ln FEE_{i,t}=\alpha_0+\alpha_1 HSSC_{i,t}+\alpha_2 size+\alpha_3 LEV_{i,t}+\alpha_4 ROA_{i,t}+\alpha_5 \text{big4}_{i,t}+\alpha_6 INV_{i,t}+\alpha_7 REC_{i,t}+\alpha_8 loss_{i,t}+\alpha_9 DD_{i,t}+\alpha_{10} OPIN_{i,t}+\sum IND+\sum year+\varepsilon_{i,t} \quad (4\text{-}3\text{-}1)$$

其中，下标 i 代表公司，t 代表年份。

（二）实证结果与分析

1. 描述性统计分析

各研究变量的描述性统计结果如表 4–2 所示，审计费用的平均值为 13.618，这一结果与罗核心和伍利娜的实证数据相近；资本市场开放的平均值为 0.261，表明有 26.1% 的样本为“沪深股通”标的企业；资产负债率的平均值为 0.440；资产收益率的平均值为 0.041；聘请“四大”会计师事务所的平均值为 0.057，说明有 5.7% 的样本选择了“四大”会计师事务所。其他数据与目前已有研究的实证结果较为相近。

表 4–2　资本市场开放与审计费用的主要变量描述性统计

变量	观测值	平均值	中位数	标准差	最小值	最大值
ln*FEE*	19 621	13.618	13.528	0.672	12.429	15.967
HSSC	19 621	0.261	0.000	0.439	0.000	1.000
size	19 621	22.220	22.067	1.307	19.528	26.063
LEV	19 621	0.440	0.434	0.213	0.048	0.934
ROA	19 621	0.041	0.037	0.058	–0.203	0.220
REC	19 621	0.111	0.086	0.101	0.000	0.457
INV	19 621	0.153	0.115	0.148	0.000	0.746
loss	19 621	0.091	0.000	0.287	0.000	1.000
big4	19 621	0.057	0.000	0.232	0.000	1.000
OPIN	19 621	0.967	1.000	0.178	0.000	1.000
DD	19 621	0.374	0.333	0.056	0.182	0.800

2. 相关性分析

相关性检验结果如表 4–3 所示，结果显示资本市场开放与审计费用在 1% 水平上显著正相关，假设 H4–3–1 得到初步验证。同时，各相关系数绝对值均小于 0.8，表明变量间不存在严重多重共线性。

表 4-3　资本市场开放与审计费用的主要变量相关性检验结果

变量	lnFEE	HSSC	size	LEV	ROA	REC	INV	loss	big4	OPIN	DD
lnFEE	1.000	0.401***	0.702***	0.328***	−0.040***	−0.033***	0.028***	−0.013*	0.308***	0.017**	0.026***
HSSC	0.405***	1.000	0.462***	0.081***	0.070***	−0.012*	−0.052***	−0.053***	0.126***	0.046***	0.021***
size	0.744***	0.461***	1.000	0.493***	−0.046***	−0.193***	0.056***	−0.075***	0.276***	0.087***	−0.002
LEV	0.327***	0.075***	0.473***	1.000	−0.401***	−0.100***	0.254***	0.161***	0.104***	−0.129***	−0.005
ROA	−0.030***	0.058***	−0.004	−0.362***	1.000	0.042***	−0.122***	−0.497***	0.033***	0.173***	−0.047***
REC	−0.046***	−0.007	−0.156***	−0.023***	0.005	1.000	0.066***	−0.023***	−0.072***	0.036***	0.002
INV	0.043***	−0.029***	0.138***	0.322***	−0.092***	−0.105***	1.000	−0.007	−0.025***	0.045***	0.004
loss	−0.019***	−0.053***	−0.080***	0.177***	−0.614***	−0.020***	−0.013*	1.000	−0.036***	−0.255***	0.025***
big4	0.418***	0.126***	0.331***	0.101***	0.038***	−0.058***	−0.012*	−0.036***	1.000	0.023***	0.013*
OPIN	0.021***	0.046***	0.100***	−0.155***	0.236***	0.020***	0.031***	−0.255***	0.023***	1.000	−0.016**
DD	0.049***	0.018**	0.023***	0.006	−0.045***	0.016**	0.017**	0.024***	0.035***	−0.017**	1.000

注：表格上三角为斯皮尔曼相关系数，下三角为皮尔逊相关系数；*、** 和 *** 分别表示显著性水平为 10%、5% 和 1%。

3. 回归结果分析

表 4–4 报告了资本市场开放与审计费用的多元回归结果。为保证检验结果的稳健性，以获得无偏的估计结果，对模型（4–3–1）就标准误差进行了企业层面的聚类调整。由回归结果可知，资本市场开放的系数在 10% 水平上显著为正，说明标的企业在加入“沪深港通”交易制度后审计费用显著增加，假设 H4–3–1 得到验证。

表 4–4 资本市场开放与审计费用的回归结果

变量	lnFEE	变量	lnFEE
HSSC	0.029*	big4	0.585***
	（0.015）		（0.041）
size	0.349***	*OPIN*	–0.159***
	（0.009）		（0.024）
LEV	0.007	*DD*	0.166
	（0.042）		（0.109）
ROA	–0.120	*_cons*	5.823***
	（0.124）		（0.190）
REC	0.364***	*IND*	控制
	（0.078）	*year*	控制
INV	–0.068	*N*	19 621
	（0.064）	*F*	201.735
loss	0.048***	*r2_a*	0.627
	（0.018）	—	—

注：*、** 和 *** 分别表示在 10%、5% 和 1% 的水平上显著，括号内为聚类调整标准误差。

4. 稳健性检验

为了确保前文研究结论的可靠性，本节进行如下稳健性检验：

第一，删除当年调入样本。考虑到“沪港通”和“深港通”政策分别于 2014 年 11 月和 2016 年 12 月启动实施，其政策效应较难于当年发挥作用，因此我们在稳健性检验中剔除 2014 年加入“沪港通”和 2016 年加入“深港通”名单的样本。重复前文实证过程，结论不受影响。

第二，删除交叉上市公司。由于交叉上市公司与非交叉上市公司存在不同监管环境进而影响审计费用，在稳定性检验中，我们剔除 A+B 股和 A+H 股上市公司，保留纯 A 股上市公司，以此来检验资本市场开放对审计费用的影响。重复前文实证过程，结论依旧稳健。

第三，使用未缩尾样本。在检验中，本节使用没有进行过缩尾的样本数据进行重复验证，结果显示结论仍然成立。

第四，为保证核心结论的可靠性，本节还采用“倾向得分匹配法（*PSM*）”在内生性处理方面进行稳健性检验。首先，采用“一对一”最近邻匹配筛选出满足事前平行条件假设的处理组与控制组。其次，用 *PSM* 方法估计资本市场开放对审计费用影响的平均处理效应，结果与主回归部分结果一致，这进一步验证了本节理论分析和经验发现的可靠性。最后，采用 *PSM* 样本重新回归，本节结论仍不受影响。

三、进一步分析

（一）资本市场开放、经济政策不确定性与审计费用

经济政策不确定性的存在使得企业无法准确预估政府是否变更、何时变更以及如何变更经济政策①，而经济政策的变更对微观企业决策行为具有重大影响。经济政策不确定性较高时，企业经营环境更加复杂，由于更换管理层会增加风险和成本，而潜在收益却没有显著提升，股东往往会降低更换企业高管的概率②，高管面临的内部约束变小。同时，由于我国上市公司的“内部人控制”现象较为突出[73]，使得管理层实际掌握企业控制权，加大了基于自身利益的机会主义行为动机。因此，较高的经济政策不确定性使得高管面临被更换的压力较小，内部人控制问题加强，股东对管理层的监管效用难以发挥，导致信息不对称程度进一步加深，进而增加了企业内部的代理成本。资本市场开放后，语言、地域、文化等差异使得获取信息成本增加，导致境外投资者面临的代理成本较高。因此，随着经济政策不确定性的增加，境外投资者面临的代理问题会进一步加强。严重的内部代理问题增加了企业的重大错报风险，降低了审计师对企业内部控制有效性的信赖程度，审计师不得不增加审计程序、扩大实质性程序范围以获取充分适当的审计证据，从而导致审计成本费用增加。

此外，较高的经济政策不确定性导致企业的融资能力差、财务脆弱性高，加大了企业经营风险。同时，对“理性经济人”特征显著的高管而言，企业内部较弱的监管环境为其追求个人利益最大化提供了“便利条件”，使高管有可能会忽略长期发展目标，

① HUSEYIN G，MIHAI I. Policy uncertainty and corporate investment［J］. Review of financial studies，2016，29（3）：523-564.

② 饶品贵，徐子慧 . 经济政策不确定性影响了企业高管变更吗［J］. 管理世界，2017，280（1）：145-157.

将目光聚焦于近期收益大、可视利润高的投资项目，形成“短视主义”①，这极大地增加了经济政策不确定性较高时企业的投资风险。由于资本市场开放引进的境外投资者具有更为健全的保护机制，境外投资者能够更有效地将投资失败风险部分或全部转移给审计师，使得审计保险价值提高，增加了审计师的风险溢价。从保险角度出发，审计师会要求企业支付更多的审计费用以降低潜在的赔偿风险。

基于此，本节借鉴饶品贵和徐子慧的做法[74]，将月度经济政策不确定性数据进行算术平均后除以 100，得到反映经济政策不确定性的年度数据的指标。在此基础上，以该指标时间序列的中位数为标准分为政策不确定性高和政策不确定性低的两组。验证结果如表 4-5 列（1）和列（2）所示，资本市场开放系数在政策不确定性低的年份里不显著，在政策不确定性高的年份里以 5% 的显著性水平与审计费用呈正相关，即较高的经济政策不确定性会加强资本市场开放对审计费用的影响。

表 4-5　资本市场与审计费用的进一步研究

变量	因变量							
	（1）	（2）	（3）	（4）	（5）	（6）	（7）	（8）
	政策不确定性高	政策不确定性低	高市场化程度	低市场化程度	高竞争行业	低竞争行业	大规模会计师事务所	小规模会计师事务所
HSSC	0.037**	-0.011	0.038*	0.002	0.021	0.078*	0.031	0.039***
	（0.016）	（0.021）	（0.020）	（0.020）	（0.015）	（0.045）	（0.081）	（0.015）
size	0.353***	0.340***	0.339***	0.360***	0.340***	0.394***	0.476***	0.338***
	（0.010）	（0.010）	（0.015）	（0.012）	（0.009）	（0.026）	（0.038）	（0.009）
LEV	0.018	0.007	0.121*	-0.024	-0.005	0.239**	0.097	0.022
	（0.050）	（0.045）	（0.066）	（0.056）	（0.044）	（0.120）	（0.258）	（0.042）
ROA	-0.317**	0.193	-0.003	-0.224	-0.169	0.644	-0.286	-0.079
	（0.142）	（0.149）	（0.176）	（0.169）	（0.128）	（0.392）	（0.745）	（0.124）
REC	0.396***	0.274***	0.364***	0.264**	0.260***	1.065***	0.229	0.372***
	（0.085）	（0.086）	（0.114）	（0.107）	（0.082）	（0.211）	（0.410）	（0.078）

① LUNDSTRUM L L. Corporate investment myopia：A horserace of the theories［J］. Journal of corporate finance，2002，8（4）：353-371.

续表

变量	因变量							
	（1）	（2）	（3）	（4）	（5）	（6）	（7）	（8）
	政策不确定性高	政策不确定性低	高市场化程度	低市场化程度	高竞争行业	低竞争行业	大规模会计师事务所	小规模会计师事务所
INV	−0.115	−0.001	−0.058	−0.074	−0.081	0.148	−0.126	−0.067
	（0.074）	（0.065）	（0.089）	（0.088）	（0.069）	（0.169）	（0.316）	（0.063）
loss	0.036*	0.055**	0.069**	0.039*	0.044**	0.110*	0.102	0.047***
	（0.021）	（0.024）	（0.028）	（0.023）	（0.019）	（0.064）	（0.111）	（0.018）
big4	0.538***	0.679***	0.504***	0.649***	0.565***	0.610***		
	（0.041）	（0.050）	（0.058）	（0.055）	（0.045）	（0.097）		
OPIN	−0.159***	−0.151***	−0.137***	−0.180***	−0.146***	−0.258***	−0.246	−0.152***
	（0.029）	（0.031）	（0.040）	（0.031）	（0.026）	（0.074）	（0.189）	（0.025）
DD	0.155	0.173	0.003	0.203	0.020	0.681**	−0.644	0.129
	（0.120）	（0.131）	（0.154）	（0.147）	（0.114）	（0.294）	（0.455）	（0.110）
_cons	5.987***	5.984***	6.029***	5.634***	6.071***	5.019***	3.359***	6.068***
	（0.213）	（0.208）	（0.316）	（0.236）	（0.195）	（0.543）	（0.895）	（0.196）
IND	控制	控制	控制	控制	控制	控制	控制	控制
year	控制	控制	控制	控制	控制	控制	控制	控制
N	12 035	7579	8586	11 035	17 220	2401	1103	18 495
F	200.942	116.158	94.852	322.193	222.079	57.940	31.089	162.583
r2_a	0.605	0.614	0.642	0.644	0.606	0.705	0.638	0.546

注：1.*、** 和 *** 分别表示在 10%、5% 和 1% 的水平上显著，括号内为聚类调整标准误差。

2. 表中空白表示不适用。

（二）资本市场开放、市场化程度与审计费用

2021 年政府工作报告明确提出："建设高标准市场体系，全面完善产权制度，推

进要素市场化配置改革，强化竞争政策基础地位。”习近平总书记在主持召开企业家座谈会时强调，要打造市场化、法治化、国际化营商环境。这些举措成为保护支持市场主体的重要措施之一。[①] 市场化进程作为外部治理环境的综合体现[②]，其不平衡性将导致公司外部治理环境产生巨大差异[③]。

市场化程度越高，企业内部治理机制越完善，就越有利于发挥资本市场开放的监督效应。具体而言，一方面，市场化程度越高的地区法治环境越完善，投资者自我保护意识越强，对企业信息披露需求越高。[④] 由于高质量的信息披露对于最优契约的设计而言至关重要，[⑤] 因而完善的法治环境加大了投资者对信息质量的需求。高市场化程度地区较高的法治水平和更为发达的中介组织，为境外投资者维护自身所有者权益提供了法律制度保障，进而对审计提高财务信息质量的需求增加。审计师为降低财务信息风险并发表适当审计意见，会进一步扩大审计范围，增加审计程序，故审计费用提高。另一方面，发展良好的非国有经济以及健全的产品和要素市场能够促使市场提高资源配置效率，推进企业按照市场规则公平竞争，有利于利益相关者强化监督职能，所以审计师降低财务信息风险压力和遭遇诉讼索偿风险增加，那么审计师会增加审计投入和提高风险溢价，于是审计费用增加。

基于此，本节参考部分学者的做法[75]，采用《中国分省份市场化指数报告（2018）》中 2011—2016 年连续六年排名前六的江苏省、广东省、上海市、天津市和浙江省作为高市场化程度地区，其他作为低市场化程度地区。验证结果如表 4-5 列（3）和列（4）所示。在低市场化程度地区，资本市场开放对审计费用不存在明显的促进作用，而在高市场化程度地区，资本市场开放的系数在 10% 水平上显著为正，表明相比于低市场化程度地区，高市场化程度地区的企业对资本市场开放敏感性更强，审计费用的增加更明显。

（三）资本市场开放、行业竞争程度与审计费用

根据破产清算威胁假说，当企业处于竞争激烈的市场环境中，其利润会受到市场

---

① 新华社．习近平主持召开企业家座谈会并发表重要讲话［EB/OL］．（2020-07-21）［2021-1-11］．http：//www.gov.cn/xinwen/2020-07/21/content_5528789.htm.

② 周绍妮，王中超，张红芳．民营参股、市场化进程与国企市场竞争力［J］．北京交通大学学报（社会科学版），2020，19（3）：65.

③ 李科，徐龙炳．资本结构、行业竞争与外部治理环境［J］．经济研究，2009，44（6）：119.

④ 周绍妮，王中超，张红芳．民营参股、市场化进程与国企市场竞争力［J］．北京交通大学学报（社会科学版），2020，19（3）：64-73.

⑤ 钟覃琳，陆正飞．资本市场开放能提高股价信息含量吗：基于“沪港通”效应的实证检验［J］．管理世界，2018，34（1）：176.

竞争影响，利益相关者势必会增加对公司管理层的监督程度。[①] 不同产品市场竞争程度对公司产生的外部监督效应不同，其财务信息风险水平也有所不同，对资本市场开放与审计费用的影响效应也会呈现出不同的特征。

从行业竞争程度来看，高竞争行业公司代理成本低，受到资本市场开放监督效应的影响较小。一方面，高竞争行业公司为了抢占市场份额，竞争压力大，若经营不善将面临较高破产风险。依据破产清算威胁假说，高竞争行业公司迫于破产清算压力，会主动提高信息披露质量，缓解了公司第一类和第二类代理问题。[②] 另一方面，高竞争行业由于同质公司多，可多维度比较企业所披露信息，利益相关者能够较为容易地对公司进行监督，致使该类公司处在较强的监督环境中，代理成本低。与之相反，低竞争行业公司由于同质公司少且面临的破产风险较小，管理层积极履行信息披露职责的可能性较低，所以该类公司信息披露质量较差，存在严重信息不对称性和代理问题。对审计师来说，高竞争行业公司在产品市场竞争治理机制的影响下，信息披露质量高且代理成本低，公司内部控制系统更加有效，有利于获取充分适当的审计证据以发表合理审计意见，从而降低审计过程中的资源投入。而低竞争行业公司由于信息披露质量低且代理问题严重，促使境外投资者加大对财务报表中舞弊行为的识别力度。迫于境外投资者、分析师和社会媒体等监督压力以及投资者保护制度下潜在的民事赔偿风险，审计师审计低竞争行业公司会进一步扩大审计范围，加大审计成本投入以保证审计意见合理性，并提高风险溢价以对冲潜在赔偿风险。

基于此，本节借鉴已有研究的做法[37]，使用赫芬达尔指数作为行业竞争程度的替代指标，并将各行业赫芬达尔指数的平均值大于或等于全部行业赫芬达尔指数平均值的中位数的行业划分为低竞争行业，其余划分为高竞争行业。其中，$HHI=\sum_{i=1}^{N}(X_i/X)^2$，$X=\sum X_i$，$X_i$ 为公司当年营业收入占当年同行业总营业收入（X）的比重。验证结果如表 4-5 列（5）和列（6）所示。在高竞争行业中，资本市场开放对审计费用不存在明显的促进作用，而在低竞争行业公司中，资本市场开放的系数在 10% 水平上显著为正，表明相比于高竞争行业公司，低竞争行业公司的企业对资本市场开放敏感性更强，低行业竞争程度会促使资本市场开放发挥提高境内资本市场审计需求的作用。

（四）资本市场开放、事务所规模与审计费用

与小规模会计师事务所相比，规模较大的事务所品牌效应较好[③]，为了维护自身声

① 蒋荣，陈丽蓉．产品市场竞争治理效应的实证研究：基于 CEO 变更视角［J］．经济科学，2007（2）：102–111.

② 许立志．产品市场竞争对公司治理与财务重述关系调节效应研究：来自我国沪深 A 股的经验证据［J］．财会通讯，2017（3）：85.

③ 漆江娜，陈慧霖，张阳．事务所规模·品牌·价格与审计质量：国际“四大”中国审计市场收费与质量研究［J］．审计研究，2004（3）：59–65.

誉，大规模会计师事务所会控制其审计意见处于高水平。依据审计保险理论和“深口袋理论”[①]，审计具有保险价值，尤其是对声誉好、质量高的大规模会计师事务所来说往往面临着更高的诉讼风险。[②]为了降低诉讼风险，大规模会计师事务所通常会提高审计质量，降低潜在审计失败被发现的可能性。因此，事务所规模越大，审计质量往往越高。资本市场开放后，由于地域、语言以及文化等差异，境外投资者面临较为严重的代理问题和信息不对称。基于审计代理理论和信息理论，高质量的审计服务能够提高企业财务信息质量，进而减少代理成本，降低投资风险。因此，境外投资者应倾向于购买更多的外部审计，雇佣具有更高审计质量的事务所，审计费用也更高。由于境外投资者在信息获取、处理以及企业监督治理方面具有丰富经验优势，对财务报表中的舞弊行为较为敏感，审计师降低财务信息风险的压力也随之增加。小规模会计师事务所为了提高审计质量，发表适当审计意见，不得不扩大审计范围，增加审计程序，并提高审计费用。因此，与审计质量较高的大规模会计师事务所相比，小规模会计师事务所对资本市场开放的敏感性更强，审计费用增加更明显。

基于此，本节按照会计师事务所是否属于“四大”会计师事务所将样本分成大规模会计师事务所和小规模会计师事务所两组，检验资本市场开放后对不同规模事务所审计费用的影响。验证结果如表 4-5 列（7）和列（8）所示，资本市场开放系数在大规模会计师事务所中不显著，在小规模会计师事务所中在 1% 水平上显著为正，即资本市场开放对大规模会计师事务所的审计费用没有显著影响，而小规模会计师事务所显著提高了审计费用。

第四节　企业社会责任：价值创造还是自利工具

基于利益相关者视角，企业是各利益相关者缔结的一组“契约”[③]，应当追求利益相关者整体利益最大化，而不仅仅是股东利益[④]。企业社会责任作为企业对利益相关者

---

① 在审计理论研究中，“深口袋理论”又称“保险理论”，即大规模会计师事务所很可能因为其自身财富丰厚而遭受民事损害赔偿起诉，即使其无须承担严重的惩罚。

② Palmrose Z. Audit fees and auditor size：further evidence［J］. Journal of accounting research，1986，24（1）：97–110.

③ 陈丽蓉，韩彬，杨兴龙 . 企业社会责任与高管变更交互影响研究：基于 A 股上市公司的经验证据［J］. 会计研究，2015（8）：58

④ 张兆国，刘晓霞，张庆 . 企业社会责任与财务管理变革：基于利益相关者理论的研究［J］. 会计研究，2009（3）：56.

以及环境所必尽或应尽的责任，有利于企业满足股东之外利益相关者需求，降低公司风险溢价，为企业带来“价值创造”功能。然而，在作为“自利工具”的履行动因下，企业履行社会责任以追求股东利益最大化和维护社会利益相统一的目标为管理层所忽视，而且刻意披露社会责任以谋取私利，利用其成为自己的“遮羞布”，导致社会责任从“红领巾”变成“绿领巾”。①由此可见，高质量社会责任信息披露既可能有助于缓解企业代理问题，为企业带来积极影响，也可能促使境外投资者加大对企业高管的监管力度，改变外部审计需求，于是审计师审计过程中的审计成本和风险溢价也会发生改变，审计费用亦产生变化。

一、理论分析与研究假设

（一）基于价值创造观的分析

从企业社会责任的价值创造观来看，企业社会责任信息具有“信号传递”和“信号甄别”功能，能够增加企业价值和传递企业优质信号，带来积极的经济后果。基于信号理论，首先，社会责任信息能够作为企业“印象管理”策略提高市场评价②，通过“信号传递”提高企业美誉度，增加企业声誉等无形资产③，对公司长期业绩和价值带来积极影响。因此，资本市场开放后，企业提高社会责任信息披露质量更易获得境外价值投资者的青睐，提升企业的融资便利性，降低财务风险和资金成本④。随着较低的融资约束为企业投资决策成功和实现经营目标提供了更多的可能性，企业经营风险随之降低，审计师遭受财务损失的投资者诉讼索赔风险降低，通过风险溢价方式收取的审计费用减少。其次，企业披露社会责任信息能够通过“信号甄别”功能为境外投资者提供更多财务或非财务信息，缓解信息不对称程度，即资本市场开放后，企业披露的社会责任信息质量越高，越有利于境外投资者对企业进行监管，进而有助于提高企业内部控制系统有效性及公司治理水平，审计师更易获取充分适当的审计证据，降低财务信息风险的难度和压力，降低审计费用。最后，优化的公司治理机制可以提高私

① 高勇强，陈亚静，张云均．“红领巾”还是“绿领巾”：民营企业慈善捐赠动机研究［J］．管理世界，2012（8）：106-114.

② 黄艺翔，姚铮．企业社会责任报告、印象管理与企业业绩［J］．经济管理，2016，38（1）：105-115.

③ DHALIWAL D，LI O Z，TSANG A，et al. Corporate social responsibility disclosure and the cost of equity capital：The roles of stake-holder orientation and financial transparency［J］. Journal of accounting and public policy，2014，33（4）：328-355.

④ 王清刚，徐欣宇．企业社会责任的价值创造机理及实证检验：基于利益相关者理论和生命周期理论［J］．中国软科学，2016（2）：181.

有信息的披露质量①，企业披露更多具有“特质”和“私有”特征的社会责任信息能够形成“沟通效应”，促进资本市场开放引进的境外投资者对企业内在价值的了解。由于践行价值投资理念的境外投资者具有较强的动机、经验、技术与人力资源等优势收集与分析企业内在价值的信息，尤其是非财务信息，且更可能依据非财务信息开展市场交易②，因此，资本市场开放后企业披露高质量的社会责任信息将有助于促进股价回归企业内在价值，提高股价信息含量，降低股价同步性，进而降低投资者决策风险。此外，由于市场反馈效应的存在，股价中包括管理层不知道的公司特质信息同样会反馈到境内企业管理层，提高相关投融资决策成功率[76]，进而有助于降低企业经营风险。当投资者决策风险和企业经营风险降低时，审计师保险费用随之减少，审计费用降低。基于以上分析，我们提出以下假设：

H4-4-1：企业提高社会责任信息披露质量，对资本市场开放与审计费用关系起到负向调节作用。

（二）基于自利工具观的分析

从企业社会责任自利工具观来看，社会责任信息主要以自愿性信息披露为主，管理层对信息的自我选择空间较大，是管理层与利益相关者博弈的内生决策机制。③良好的社会责任信息披露能够转移利益相关者视线，识别管理层盈余管理等会计操纵行为的难度和成本增加，为管理者进行盈余管理以隐匿坏消息和粉饰业绩提供了“窗口”，社会责任因此成为高管追求个人利益的策略性工具④，对失德行为产生“掩饰效应”。资本市场开放在引入境外资本的同时也带来了更多投资者和分析师的关注，且境外投资者信息获取和处理能力高于内地投资者⑤，使得社会责任信息掩盖下的盈余管理等机会主义行为被发现的可能性增加。由于盈余管理难以审计且容易被操控⑥，增加了审计师识别的难度，为发表适当的审计意见，审计师基于谨慎性原则会倾向于对社会责任

① 钟覃琳，陆正飞.资本市场开放能提高股价信息含量吗：基于“沪港通”效应的实证检验［J］.管理世界，2018，34（1）：172.

② 连立帅，朱松，陈关亭.资本市场开放、非财务信息定价与企业投资：基于沪深港通交易制度的经验证据［J］.管理世界，2019，35（8）：137.

③ 朱敏，刘拯，施先旺.披露社会责任信息会影响审计收费吗：基于中国上市公司的经验证据［J］.山西财经大学学报，2015，37（12）：114.

④ 郑冠群，宋林，郝渊晓.高管层特征、策略性行为与企业社会责任信息披露质量［J］.经济经纬，2015，32（2）：115.

⑤ 罗棪心，伍利娜.资本市场开放对公司审计的影响：基于“陆港通”背景的实证研究［J］.审计研究，2018（5）：65-73.

⑥ 刘运国，麦剑青，魏哲妍.审计费用与盈余管理实证分析：来自中国证券市场的证据［J］.审计研究，2006（2）：75.

信息披露质量高的企业实施更多的审计程序①，扩大实质性测试范围，从而收取更高的审计费用以补偿成本。此外，盈余管理程度高的企业面临潜在诉讼风险更高，由于投资者保护制度赋予了审计师保险人身份，境外投资者会将其决策失败风险全部或部分转移至审计师身上，为股价中注入“审计保单”价值②。为避免审计失败带来的赔偿风险，审计师会提高风险溢价，收取更高的审计费用。基于以上分析，我们提出以下假设：

H4-4-2：企业提高社会责任信息披露质量，对资本市场开放与审计费用关系起到正向调节作用。

二、实证检验结果

（一）实证设计

1. 样本选取与数据来源

“沪深港通”交易制度的实施为研究资本市场开放对审计费用的影响提供了独特的研究环境，不同于QFII制度和发行S股、N股等其他跨境上市的方式，“沪深港通”交易制度对投资者限制较小，且能避免上市地法律法规和上市地投资者关注对公司和审计师存在双重影响的问题，③为本节研究提供了一个准自然实验背景。

“沪深港通”交易制度的正式实施时间先后为2014年与2016年，因此该交易制度实施之后的样本期间分别为2014—2019年与2016—2019年。依据上文的双重差分模型设计，本节将2010—2013年作为“沪深港通”交易制度实施之前的样本期间。本节选择2010年作为研究期间起点，是基于2009年全球金融危机依旧持续，势必影响境外投资者决策。依据惯例，本节在样本中剔除了证券监督管理委员会所规定的金融类上市公司样本，同时还根据以下标准剔除了部分观测值：①剔除2014年及以后首次公开募股的公司；②剔除ST或*ST公司；③剔除2014—2019年进入“沪深港通”名单，又被剔除以及又进入的公司，确保控制组完全没有受到政策的影响；④剔除数据缺失样本。经过上述处理，最终样本为13 047个公司年度观测值。

---

① 唐勇军，李鹏．经营开放性、企业社会责任报告披露质量与审计收费［J］．南京工业大学学报（社会科学版），2019，18（1）：66.

② 伍利娜，郑晓博，岳衡．审计赔偿责任与投资者利益保护：审计保险假说在新兴资本市场上的检验［J］．管理世界，2010（3）：32–43.

③ 罗棪心，伍利娜．资本市场开放对公司审计的影响：基于“陆港通”背景的实证研究［J］．审计研究，2018（5）：65–73.

本节研究数据除企业社会责任得分来自和讯网上市公司社会责任报告排行，其余研究数据均来自中国经济金融研究数据库，通过 Stata 16.0 软件分析完成。为消除极端值对回归结果的影响，对所有连续型变量均在 1%（99%）分位上进行了缩尾处理。

2. 主要变量

（1）被解释变量

审计费用（ln*FEE*）：参照邢立全、陈汉文[70]和楚有为[71]等学者的普遍做法，设置 ln*FEE* 为公司年度审计费用的自然对数。

（2）解释变量

资本市场开放（*HSSC*）：借鉴连立帅[11]等的普遍做法，设置 *HSSC* 为“沪深股通”标的企业的虚拟变量，当“沪深港通”交易制度实施且被列为“沪股通”或“深股通”标的时取值为 1，否则为 0。

（3）调节变量

企业社会责任（*CSR*）。以和讯网上市公司社会责任报告综合得分作为企业社会责任履行水平的代理变量，其中企业社会责任综合评分越高，企业社会责任报告的质量越高。

（4）控制变量

借鉴国内外关于审计定价影响因素的相关文献，本节选取的控制变量及其定义如表 4-6 所示。

表 4-6 资本市场开放、企业社会责任与审计费用的变量定义

变量名称	变量符号	变量定义
企业规模	*size*	公司年末总资产的自然对数
资产负债率	*LEV*	资产负债率 = 总负债 / 总资产
资产收益率	*ROA*	资产收益率 = 净利润 / 平均资产总额
审计师选择	big4	当期会计师事务所是“四大”会计师事务所时为 1，否则为 0
业务复杂程度（存货规模、应收账款规模）	*INV*	存货规模 = 存货 / 总资产
	REC	应收账款规模 = 应收账款 / 总资产
是否亏损	*loss*	上年发生亏损为 1，否则为 0
独立董事比例	*DD*	独立董事比例 = 独立董事人数 / 董事会人数

续表

变量名称	变量符号	变量定义
审计意见	*OPIN*	标准无保留审计意见为 1，否则为 0
行业	*IND*	行业虚拟变量，按照证券监督管理委员会行业分类标准（2012）
年份	*year*	年份虚拟变量，是该年则取值为 1，否则为 0

3. **模型构建**

本节借鉴已有文献，采用双重差分的研究设计。通过构建模型用以验证假设 H4-4-1 和假设 H4-4-2，即企业社会责任对资本市场开放与审计费用关系的调节效应。

主要回归模型如式（4-4-1）所示：

$$\ln FEE_{i,t}=\beta_0+\beta_1 HSSC_{i,t}+\beta_2 CSR_{i,t}+\beta_3 CSR_{i,t}\times HSSC_{i,t}+\beta_4 size+\beta_5 LEV_{i,t}+\beta_6 ROA_{i,t}+\beta_7 \mathrm{big4}_{i,t}+\beta_8 INV_{i,t}+\beta_9 REC_{i,t}+\beta_{10} loss_{i,t}+\beta_{11} DD_{i,t}+\beta_{12} OPIN_{i,t}+\sum IND+\sum year+\varepsilon_{i,t} \quad (4-4-1)$$

其中，下标 i 代表公司，t 代表年份。

（二）实证结果与分析

1. 描述性统计分析

各研究变量的描述性统计结果如表 4-7 所示，ln*FEE* 的平均值为 13.65，这一结果与罗核心和伍利娜的实证数据相近；资本市场开放的平均值为 0.254，表明有 25.4% 的样本为“沪深股通”标的企业；企业社会责任的平均值为 25.268，最大值为 75.78，最小值仅为 -3.28，在一定程度上说明我国上市公司社会责任信息披露质量评分呈现出不均衡的状态；资产负债率的平均值为 0.446；资产收益率的平均值为 0.042；聘请“四大”会计师事务所的平均值为 0.064，说明有 6.4% 的样本选择了“四大”会计师事务所。其他数据与目前已有研究的实证结果较为相近。

表 4-7　资本市场开放、企业社会责任与审计费用的主要变量描述性统计

变量	观测值	平均值	中位数	标准差	最小值	最大值
ln*FEE*	13 047	13.650	13.528	0.717	12.429	16.108
HSSC	13 047	0.254	0.000	0.435	0.000	1.000
CSR	13 047	25.268	21.710	17.113	-3.280	75.780

续表

变量	观测值	平均值	中位数	标准差	最小值	最大值
size	13 047	22.271	22.091	1.408	19.416	26.314
LEV	13 047	0.446	0.440	0.213	0.050	0.941
ROA	13 047	0.042	0.037	0.059	−0.193	0.228
REC	13 047	0.112	0.087	0.101	0.000	0.455
INV	13 047	0.153	0.116	0.145	0.000	0.736
loss	13 047	0.090	0.000	0.286	0.000	1.000
big4	13 047	0.064	0.000	0.246	0.000	1.000
OPIN	13 047	0.967	1.000	0.179	0.000	1.000
DD	13 047	0.374	0.333	0.056	0.182	0.800

2. 相关性分析

相关性检验结果如表 4–8 所示，各相关系数绝对值均小于 0.8，表明变量间不存在严重多重共线性，模型设置较为合理。

3. 回归结果分析

表 4–9 报告了企业社会责任对资本市场开放与审计费用关系调节效应的多元回归结果。为保证检验结果的稳健性以获得无偏的估计结果，对模型（4–4–1）就标准误差进行了企业层面的聚类调整。由回归结果可知，企业社会责任对资本市场开放与审计费用关系存在显著负向调节效应，即上市公司社会责任信息披露质量越高，资本市场开放对审计费用正向影响越不明显。可能的原因是带有公司特质信息的高质量社会责任报告有利于投资者减少信息不对称，缓解企业代理问题，审计师的成本投入相对减少。同时，境外投资者将企业非财务信息反映在股票交易中的价值投资行为有助于提高股价信息含量，使股价回归企业内在价值，促进境内资本市场形成价值投资氛围，从而降低企业经营风险，审计师的风险溢价减少，审计费用降低。假设 H4–4–1 得到验证。

表 4-8　资本市场开放、企业社会责任与审计费用的主要变量相关性检验结果

变量	ln*FEE*	*HSSC*	*CSR*	*size*	*LEV*	*ROA*	*REC*	*INV*	*loss*	big4	*OPIN*	*DD*
ln*FEE*	1.000	0.465^{***}	0.228^{***}	0.727^{***}	0.328^{***}	0.024^{***}	-0.029^{***}	0.028^{***}	-0.056^{***}	0.345^{***}	0.041^{***}	0.014
HSSC	0.467^{***}	1.000	0.177^{***}	0.536^{***}	0.098^{***}	0.157^{***}	−0.013	-0.061^{***}	-0.110^{***}	0.162^{***}	0.074^{***}	0.015^{*}
CSR	0.215^{***}	0.052^{***}	1.000	0.342^{***}	-0.061^{***}	0.559^{***}	-0.138^{***}	0.032^{***}	-0.405^{***}	0.180^{***}	0.193^{***}	-0.026^{***}
size	0.767^{***}	0.529^{***}	0.318^{***}	1.000	0.465^{***}	0.034^{***}	-0.176^{***}	0.036^{***}	-0.120^{***}	0.311^{***}	0.108^{***}	−0.004
LEV	0.326^{***}	0.089^{***}	−0.005	0.449^{***}	1.000	-0.395^{***}	-0.115^{***}	0.238^{***}	0.156^{***}	0.126^{***}	-0.126^{***}	−0.009
ROA	0.016^{*}	0.138^{***}	0.400^{***}	0.051^{***}	-0.360^{***}	1.000	0.052^{***}	-0.109^{***}	-0.496^{***}	0.044^{***}	0.174^{***}	-0.051^{***}
REC	-0.047^{***}	−0.006	-0.100^{***}	-0.143^{***}	-0.040^{***}	0.015^{*}	1.000	0.075^{***}	-0.030^{***}	-0.073^{***}	0.048^{***}	0.008
INV	0.044^{***}	-0.032^{***}	0.107^{***}	0.124^{***}	0.311^{***}	-0.091^{***}	-0.098^{***}	1.000	−0.009	-0.019^{**}	0.050^{***}	0.010
loss	-0.058^{***}	-0.110^{***}	-0.353^{***}	-0.122^{***}	0.171^{***}	-0.602^{***}	-0.026^{***}	-0.015^{*}	1.000	-0.051^{***}	-0.256^{***}	0.019^{**}
big4	0.459^{***}	0.162^{***}	0.194^{***}	0.370^{***}	0.121^{***}	0.044^{***}	-0.056^{***}	−0.006	-0.051^{***}	1.000	0.022^{**}	0.014
OPIN	0.043^{***}	0.074^{***}	0.164^{***}	0.119^{***}	-0.152^{***}	0.223^{***}	0.029^{***}	0.033^{***}	-0.256^{***}	0.022^{**}	1.000	−0.002
DD	0.051^{***}	0.017^{*}	−0.014	0.030^{***}	0.008	-0.040^{***}	0.020^{**}	0.020^{**}	0.017^{**}	0.044^{***}	0.000	1.000

注：表格上三角为斯皮尔曼相关系数，下三角为皮尔逊相关系数；*、** 和 *** 分别表示显著性水平为 10%、5% 和 1%。

表 4-9 资本市场开放、企业社会责任与审计费用的回归结果

变量	lnFEE	变量	lnFEE
HSSC	0.046**	*loss*	0.055**
	(0.022)		(0.023)
CSR	0.012	big4	0.618***
	(0.009)		(0.048)
HSSC×*CSR*	−0.027**	*OPIN*	−0.154***
	(0.013)		(0.030)
size	0.343***	*DD*	0.119
	(0.012)		(0.143)
LEV	0.020	_*cons*	5.985***
	(0.055)		(0.245)
ROA	−0.156	*IND*	控制
	(0.154)	*year*	控制
REC	0.360***	*N*	13 047
	(0.099)	*F*	151.450
INV	−0.087	*r2_a*	0.659
	(0.082)	—	—

注：*、** 和 *** 分别表示在 10%、5% 和 1% 的水平上显著，括号内为聚类调整标准误差。

（三）稳健性检验

为了确保前文研究结论的可靠性，本节进行如下稳健性检验：

第一，为了避免因果倒置产生的内生性问题，本节使用滞后一期的审计费用替代同期审计费用重新进行回归，结果基本保持一致。

第二，删除当年调入样本。考虑到“沪港通”和“深港通”政策分别于 2014 年 11 月和 2016 年 12 月启动实施，其政策效应较难于当年发挥作用，我们在稳健性检验中剔除 2014 年加入“沪港通”和 2016 年加入“深港通”名单的样本。重复前文实证过程，结论不受影响。

第三，调整样本区间。考虑到前后时段的不对称性可能影响回归系数估计，本节选取“沪深港通”开通前后对称的区间（2010 —2018 年）进行稳健性检验。重复上文验证过程，结果依旧表明本节结论对不同样本区间的选择具有稳健性。

三、进一步分析

（一）不同层次的企业社会责任调节效应检验

陈迅和韩亚琴认为，企业社会责任应该分成三个层次：基本企业社会责任、中级企业社会责任以及高级企业社会责任。① 其中，基本企业社会责任是企业社会责任的基础，更是企业社会责任其他层次责任的决定性因素，因此，考察企业社会责任的经济后果最终仍需回归到是否符合基本企业社会责任的检验上。

对"理性经济人"特征显著的股东和高管而言，[77] 中级企业社会责任和高级企业社会责任更多的是自愿性责任，需要承担较高的社会成本，不利于股东价值的增加和高管业绩的提高，削弱了企业社会责任的价值创造功能。然而，相比于其他层次的企业社会责任，基本企业社会责任是针对企业内部关系的调节，企业对股东负责和善待员工将有助于缓解企业的第一类和第二类代理问题。资本市场开放后，境外投资者面临的信息不对称程度较高，维护自身所有者权益的动机较强，因此，对企业社会责任的股东责任最为关注，对基本企业社会责任信息也就更敏感。当企业披露高质量的基本企业社会责任信息，境外投资者与其他大股东的代理冲突关系得到缓解，同时有助于其加强对企业的监督管理力度，进而提高企业内部控制系统有效性。此外，企业善待员工能够缓解企业的内部冲突和潜在的负外部性影响，② 进而有助于缓解企业第二类代理问题，同时能够提高企业的社会资源配置效率，增强对市场风险的自然防护能力，有效缓解了资本市场开放外生冲击的影响。对审计师而言，高质量的基本社会责任信息披露传递出企业代理问题轻、内部控制系统有效、企业持续经营能力强等优质信号，有助于降低审计师对其重大错报风险的评估水平，审计师获取充分适当审计证据的难度和面临的诉讼风险得到降低，审计费用降低。

基于此，本节借鉴陈讯和韩亚琴的做法，将企业社会责任细分为三个层次，并依据和讯网发布的上市公司社会责任报告专业评测体系对三个层次的企业社会责任分别进行赋分，检验不同层次的企业社会责任对资本市场开放与审计费用关系调节效应的差异。其中，基本企业社会责任包括对股东负责和善待员工；中级企业社会责任包括对消费者负责、服从政府、处理好与社区的关系以及保护环境；高级企业社会责任包括企业所参加的慈善捐助和公益事业。验证结果如表 4-10 列（1）至列（3）所示，企

---

① 陈讯，韩亚琴．企业社会责任分级模型及其应用［J］．中国工业经济，2005（9）：100.

② 假设企业没有做到善待员工，例如，拖欠工资、工作环境恶劣造成工人工伤、工资很低不足以维持工人生活等，这些给其员工及其家属造成了伤害，影响了他们的生活。如果严重一点，工人及其家属在生活得不到保障的情况下铤而走险可能会做一些危害社会的事情，那企业的行为就间接地应该为社会的一些不安定负责。陈讯，韩亚琴．企业社会责任分级模型及其应用［J］．中国工业经济，2005（9）：100.

业社会责任与资本市场开放交互项（*HSSC*×*CSR*）系数在基本企业社会责任组中最大，且显著性水平最高，即企业社会责任对资本市场开放和审计费用关系的调节效应主要通过基本企业社会责任体现，而中级企业社会责任和高级企业社会责任的调节效应则依次减弱。

表 4-10 资本市场开放、企业社会责任与审计费用的进一步研究

变量	因变量						
	（1）	（2）	（3）	（4）	（5）	（6）	（7）
	基本企业社会责任	中级企业社会责任	高级企业社会责任	内控强有效	内控弱有效	股权集中度高	股权集中度低
HSSC	0.058**	0.045**	0.046**	0.039	0.071***	0.034	0.073**
	（0.022）	（0.022）	（0.022）	（0.029）	（0.026）	（0.031）	（0.029）
CSR	0.002	0.007	0.012	0.006	0.010	0.019	0.005
	（0.012）	（0.009）	（0.009）	（0.011）	（0.012）	（0.012）	（0.012）
HSSC×*CSR*	−0.057***	−0.033**	−0.027**	−0.017	−0.033*	−0.038*	−0.008
	（0.017）	（0.013）	（0.013）	（0.018）	（0.020）	（0.020）	（0.018）
size	0.346***	0.344***	0.343***	0.372***	0.317***	0.357***	0.318***
	（0.012）	（0.012）	（0.012）	（0.015）	（0.013）	（0.018）	（0.013）
LEV	0.017	0.017	0.020	−0.071	0.072	0.003	0.063
	（0.056）	（0.055）	（0.055）	（0.076）	（0.060）	（0.091）	（0.062）
ROA	−0.011	−0.124	−0.158	−0.367	−0.113	−0.239	−0.217
	（0.170）	（0.155）	（0.154）	（0.242）	（0.154）	（0.241）	（0.180）
REC	0.355***	0.359***	0.360***	0.264**	0.490***	0.380***	0.335***
	（0.099）	（0.099）	（0.099）	（0.126）	（0.111）	（0.140）	（0.119）
INV	−0.080	−0.083	−0.087	−0.084	−0.070	0.021	−0.156
	（0.081）	（0.082）	（0.082）	（0.112）	（0.082）	（0.129）	（0.097）
loss	0.056**	0.052**	0.055**	−0.010	0.057**	0.095**	0.023
	（0.023）	（0.023）	（0.023）	（0.065）	（0.023）	（0.039）	（0.026）
big4	0.626***	0.620***	0.618***	0.634***	0.544***	0.604***	0.597***
	（0.048）	（0.048）	（0.048）	（0.054）	（0.059）	（0.058）	（0.073）
OPIN	−0.155***	−0.154***	−0.154***	−0.170*	−0.131***	−0.085	−0.153***
	（0.030）	（0.030）	（0.030）	（0.092）	（0.030）	（0.054）	（0.034）

续表

变量	因变量						
	(1)	(2)	(3)	(4)	(5)	(6)	(7)
	基本企业社会责任	中级企业社会责任	高级企业社会责任	内控强有效	内控弱有效	股权集中度高	股权集中度低
DD	0.121	0.119	0.119	-0.029	0.129	0.149	-0.046
	(0.142)	(0.142)	(0.143)	(0.177)	(0.156)	(0.192)	(0.172)
_cons	5.917***	5.948***	5.986***	5.466***	6.495***	5.658***	6.491***
	(0.254)	(0.245)	(0.245)	(0.322)	(0.271)	(0.381)	(0.268)
IND	控制	控制	控制	控制	控制	控制	控制
year	控制	控制	控制	控制	控制	控制	控制
N	13 047	13 047	13 047	6341	6342	6490	6487
F	152.202	151.467	151.433	101.242	81.088	92.252	73.126
r2_a	0.660	0.659	0.659	0.694	0.605	0.694	0.588

注：*、** 和 *** 分别表示在 10%、5% 和 1% 的水平上显著，括号内为聚类调整标准误差。

（二）内部控制有效性对企业社会责任调节效应的影响

在现代风险导向审计模式下，审计师在审计过程中需要通过测试企业内部控制运行的有效性以了解被审计单位及其环境并评估重大错报风险，因此，内部控制有效性与企业重大错报风险存在天然的联系，是影响审计师行为的重要因素之一。①

一方面，良好的内部控制能够起到加强对管理层行为的监控以制衡管理层权力的作用，如不相容职务分离、授权审批制度等，有效抑制管理层利用激进的会计处理方法谋求高薪酬的机会主义行为，② 从而降低企业重大错报风险。因此，对于内部控制有效性高的企业而言，良好的内部控制有利于改善资本市场开放引进的境外投资者对企业管理层的监督环境，缓解信息不对称性，从而使得企业社会责任信息降低代理成本的效用被相对削弱。另一方面，当企业内部控制存在缺陷时，管理层被权力放大，监管的缺失会导致投资者信息不对称的增加，代理成本加大，重大错报风险也随之增加。资本市场开放后，为加大对内部控制有效性弱的企业管理层机会主义行为的识别，在信息获取和分析方面经验丰富的境外投资者会借助具有企业“特质”和“私有”特征

① 徐玉霞，王冲．风险导向审计、内部控制与审计师行为：基于我国上市公司的实证检验［J］．经济评论，2012（5）：123-133.

② 方红星，张志平．内部控制质量与会计稳健性：来自深市 A 股公司 2007—2010 年年报的经验证据［J］．审计与经济研究，2012，27（5）：5.

的社会责任信息来降低信息不对称的程度。因此，对内部控制有效性弱的企业而言，高质量的企业社会责任信息披露能够显著改善企业管理层的监管环境，降低企业的重大错报风险，从而有助于减少审计过程中的审计成本和风险溢价。

基于此，本节参考李百兴等的做法[78]，以迪博数据库整理的内部控制指数来衡量内部控制有效性，并根据上市公司内部控制指数是否高于样本中位数分为内控强有效组和内控弱有效组，检验企业社会责任对资本市场开放与审计费用关系的调节效应对内部控制有效性不同的企业有何差异。验证结果如表 4-10 列（4）和列（5）所示。企业社会责任与资本市场开放交互项（$HSSC \times CSR$）的系数在内控强有效的企业中为负但并不显著，而在内控弱有效的企业中在 10% 水平上显著为负，表明内部控制弱有效的企业，其社会责任信息披露质量越高，越有利于降低境外投资者的信息不对称程度和代理成本，进而能够对资本市场开放与审计费用关系产生显著的调节效应。

（三）股权集中度对企业社会责任调节效应的影响

企业的所有权结构是影响公司治理效率的关键问题。对我国上市公司而言，普遍存在股权集中度不均衡的特点。当企业控制权掌握在少数股东手中时，企业股权集中度越高，大股东股权权力也就越大，基于“掏空效应”，大股东会利用其决策权优势侵害其他股东利益，并通过财务报告选择权这一有利优势掩饰上述行为①，进而导致企业财务信息质量降低，加剧了外部股东的投资决策风险。同时，在集中的股权结构以及所有权和经营权重合的情况下，大股东通过利用控制权制造私有收益能够形成大股东的“壕沟防御效应”②，使得大股东不能被其他股东完全监督，加强了信息不对称性，第二类代理冲突被激化。修宗峰经研究同样发现，少数大股东可能通过及时披露好消息并延时坏消息的方式掩盖对其他股东的利益侵占行为③，即股权的过度集中将产生利益侵占效应④，不利于会计盈余信息质量的提高。相对于内部股东而言，资本市场开放引进的境外投资者掌握的信息相对贫乏，信息不对称程度较高。资本市场开放后，根据贸易学的“心理距离”说，境外投资者对境内企业会产生较长的心理距离⑤。因此，对于股权集中度高的企业，为了缓解自身信息不对称、获取真实可靠的信息，境外投资者会有强烈的动机借助企业社会责任信息判断企业情况，降低决策风险。此时，高质量的企业社会责任信息披露成为境外投资者的价值利器，能够有效缓解信息不对称

① 李丹．股权集中度与会计信息可比性：基于机构投资者异质性的调节作用［J］．财会通讯，2021（1）：25.

② 章卫东，张洪辉，邹斌．政府干预、大股东资产注入：支持抑或掏空［J］．会计研究，2012（8）：36.

③ 修宗峰．股权集中、股权制衡与会计稳健性［J］．证券市场导报，2008（3）：40-48.

④ 刘立国，杜莹．公司治理与会计信息质量关系的实证研究［J］．会计研究，2003（2）：29.

⑤ 唐勇军，李鹏．经营开放性、企业社会责任报告披露质量与审计收费［J］．南京工业大学学报（社会科学版），2019，18（1）：65-77.

和代理问题，降低了企业重大错报风险水平。因此，企业的股权集中度越高，企业社会责任信息缓解信息不对称的信号功能就越明显，随着企业社会责任信息披露质量的提高，审计师也能够更加信任企业的内部控制系统有效性，进而使得审计过程中的审计资源投入和风险溢价降低，审计费用减少。

基于此，本节采用公司前十位大股东持股比例之和来衡量股权集中度，并根据上市公司股权集中度是否大于全样本中股权集中度中位数分为股权集中度高组和股权集中度低组，检验企业社会责任对资本市场开放与审计费用关系调节效应在股权集中度不同的企业中的差异。验证结果如表 4-10 列（6）和列（7）所示。在股权集中度低的企业中，企业社会责任对资本市场开放和审计费用关系不存在明显的调节作用，而在股权集中度高的企业中，企业社会责任与资本市场开放交互项（$HSSC \times CSR$）的系数在 10% 水平上显著为负，表明相较于股权较为分散的企业，在股权集中度高的企业中，企业社会责任表现越好，越能缓解资本市场开放的外生冲击影响。

第五节　研究结论与启示

资本市场开放作为中国资本市场接轨国际市场，实施“引进来”战略的一个重大举措，其带来的监督治理效应有助于强化审计职能，提高审计信息和保险价值，改善市场信息质量，降低投资者财务信息风险，促进资本市场健康发展。笔者基于审计费用分析资本市场开放对审计监督治理职能的影响，以及企业社会责任如何成为境外投资者创造价值的利器，以期为提高境内资本市场股价信息含量和财务信息质量，防范化解经济金融领域重大风险提供一定经验。同时，可促使境内证券市场监管水平进一步提高，完善投资者保护制度，强化外部监督治理效应，从而缓解企业代理问题，优化公司治理结构，最终实现资本市场与微观企业之间的良性互动。

（一）资本市场开放提高审计费用

本节以“沪深港通”交易制度为背景，以2010—2019年我国A股上市公司为全样本，通过构建双重差分模型研究资本市场开放和审计费用的关系，以及企业社会责任在资本市场开放和审计费用间的调节效应。实证研究结果表明，资本市场开放会提高投资者外部审计需求，进一步提升审计信息价值和保险价值，审计费用显著上升。进一步研究发现，小规模会计师事务所以及当企业处于经济政策不确定性高的年份、市场化程度高的地区、竞争程度低的行业时受到资本市场开放的影响较大，审计费用增加显著。

（二）企业社会责任价值创造功能形成调节效应

企业社会责任成为境外投资者用来缓解代理问题和降低信息不对称的价值利器，同时将该类具有公司层面的特质信息反映在股票交易中增加股价信息含量，有助于提升企业价值、降低股价波动风险，从而降低审计师经营风险，资本市场开放对审计费用的正向影响被相对削弱。进一步研究发现，资本市场开放后，内控弱有效以及股权集中度高的企业提高社会责任信息披露质量更能为企业创造价值，同时，企业社会责任中基本责任对资本市场开放和审计费用关系的调节效应更显著。

（三）启示与局限性

本章研究结论可以带来如下启示：第一，在进一步深化改革扩大对外开放的进程中，为提高境内资本市场信息质量以防范化解经济金融领域重大风险，境内证券市场监管部门应进一步规范上市企业信息披露，加强对企业财务舞弊行为的监管力度；同时，降低投资者诉讼成本，完善投资者保护制度，规范注册会计师审计市场，提高会计师事务所的违规成本，促进审计信息价值和保险价值的提升，强化外部审计的监督治理职能。第二，资本市场开放后，境外投资者对企业社会责任释放的长期价值信号的关注，有助于改善境内资本市场的资源配置效率，境内企业可以通过良好的社会责任表现作为资本市场开放外生冲击的风险对冲工具，进而化挑战为机遇，将其用作促进企业价值提升的价值利器。同时，内部控制有效性差、股权集中度较高的企业面临的治理问题是第一类或第二类代理问题，形成内部人控制问题时，可以在优化企业社会责任表现的同时增加海外机构投资者持股比例，充分利用其丰富的公司治理经验，缓解企业代理问题。第三，对审计师而言，确定合理的审计定价水平关系到审计资源的配置并影响最终的审计质量。由于企业社会责任表现越差的公司对资本市场开放外生冲击敏感性越强，审计师在审计“沪深股通”标的企业时，基于谨慎性原则，应当先着重关注社会责任表现较差企业的股权结构和内部控制有效性，以充分识别和评估被审计单位财务信息风险和自身潜在赔偿风险，结合成本效益原则，收取合理审计费用。

本章研究可能存在的局限性：第一，由于目前学术界没有统一的标准对资本市场开放程度进行精确衡量，本章仅研究了资本市场是否开放对审计费用的影响。资本市场开放程度的度量以及资本市场开放程度与审计费用的关系，值得我们作为将来进一步探究的主题。第二，由于数据的限制，本章对资本市场开放制度的研究并未涵盖加入“沪伦通”的企业。同时，在未来的研究中结合其他互联互通制度如“沪德通”“债券通”“沪新通”等交易制度可能带来的影响，本章研究结论的可靠性将会得到进一步提高。

第五章　资本市场开放、企业社会责任与审计意见

第一节　引言

审计意见是审计师对公司财务信息是否符合信息披露准则而发表的意见。审计师的独立性与谨慎性将影响其作出的审计意见类型，不同的审计意见对利益相关者使用公司财务报告至关重要，有助于为其提供更多有关公司财务状况的信息，帮助其作出正确的经济决策。[①]投资者是财务报告的主要使用者之一，他们依赖于审计师作出的审计意见进行投资，这对审计师的审计质量提出了一定的要求，审计师需要对作出的审计意见承担确保信息质量的责任。[②]资本市场开放后，引入了大量境外投资者，他们不仅改善了上市公司的信息环境[③]，还为中国资本市场带来大量资金，他们主要关注审计意见的以下几个方面：第一，由于部分公司与境外投资者仍存在信息传递障碍，境外投资者依赖于外部审计来判断公司价值，这时候对于审计意见的关注主要是作为一种外部监督和担保机制，境外投资者通过参考审计师出具的审计意见一定程度上可以缓解信息不对称问题[④]；第二，大股东与中小股东之间的代理问题使得境外投资者有较强的意愿介入公司治理[⑤]，而地域等因素的影响使他们参与公司治理的主要方式之一就是聘请审计师进行独立审计。

21 世纪以来，随着资本市场的进一步开放，伴随着代理理论、信息传递理论、利益相关者理论等理论的丰富和完善，公司越来越重视社会责任的履行。一方面，良好

① 丁含，徐云，赵静．投资信息审计意见可以提高公司投资效率吗：基于公司内部治理环境的调节效应［J］．审计与经济研究，2021，36（1）：37-47.

② 张俊瑞，刘慧，杨蓓．未决诉讼对审计收费和审计意见类型的影响研究［J］．审计研究，2015（1）：67-74.

③ 周冬华，方瑄，黄文德．境外投资者与高质量审计需求：来自沪港通政策实施的证据［J］．审计研究，2018（6）：56-64.

④ 步丹璐，屠长文．外资持股、制度环境与审计质量［J］．审计研究，2017（4）：65-72.

⑤ 刘慧芬．证券市场开放与信息治理：基于陆股通制度实施的准自然实验［J］．科技和产业，2020，20（11）：92-98.

的社会责任表现可以通过缓解委托代理冲突、减少逆向选择来释放“优质”信号①，使公司在投资者面前树立正面形象②。公司通过良好的社会责任表现所形成的优质声誉通过社会网络传递给境外投资者，因而可以吸引更多具有社会责任偏好的投资者。③对于审计师而言，良好的社会责任表现有助于审计师对被审计单位实现价值认同，他们更愿意相信此类公司粉饰财务报表的动机较弱，进而为其出具标准无保留审计意见。④另一方面，公司履行社会责任也可能是一种机会主义行为[79]，即认为公司承担社会责任是一种掩饰包装的“工具”[80]。当公司财务质量不佳时，可以通过履行社会责任，给社会公众传递公司运行良好的信息，此时社会责任信息传递效应被扭曲为信息遮蔽效应。⑤审计师在面临被审计单位财务信息质量不佳和受到多方监管的双重压力下，会通过要求管理层对财务报表重大错报进行调整，抑或通过发表非标准审计意见的方式，为自身职业声誉提供保障。⑥

基于以上分析，本章从资本市场开放的背景出发，以“沪深港通”政策实施为准自然实验，利用2010—2019年我国A股上市公司的数据，探讨资本市场开放对审计意见的影响，并引入社会责任这一调节变量，实证检验社会责任对资本市场开放与审计意见之间关系的作用。

第二节 文献综述

一、盈余管理对审计意见的影响

盈余管理分为应计盈余管理和真实盈余管理，⑦它们经常会被管理层利用来引导投资者决策，造成投资者利益损失。

---

① 肖红军，郑若娟，铉率．企业社会责任信息披露的资本成本效应［J］．经济与管理研究，2015，36（3）：136.

② CHO S Y，LEE C，PFEIFFER R J. Corporate social responsibility performance and information asymmetry［J］. Journal of accounting and public policy，2013，32（1）：71-83.

③ 肖翔，赵天骄，贾丽桓．社会责任信息披露与融资成本［J］．北京工商大学学报（社会科学版），2019，34（5）：69-80.

④ 吴良海，张玉，吕丹丽，等．环境污染、公益性捐赠与“清洁”审计意见：来自中国A股市场的经验证据［J］．审计与经济研究，2017，32（6）：31-42.

⑤ 顾雷雷，郭建鸾，王鸿宇．企业社会责任、融资约束与企业金融化［J］．金融研究，2020（2）：111.

⑥ 曾雪云，陆正飞．盈余管理信息风险、业绩波动与审计意见：投资者如何逃离有重大盈余管理嫌疑的上市公司［J］．财经研究，2016，42（8）：133-144.

⑦ 王龙梅，李明敏，田静．分析师跟踪、盈余管理与审计意见购买［J］．会计之友，2021（1）：133-140.

普遍公认的应计盈余管理是通过实施应计项目活动，调整各期利润。① 公司应计盈余管理的存在反映出管理层根据自身投资决策和风险偏好选择会计政策或者进行会计估计，进而操纵公司利润，不同程度地操纵报表导致偏差。② 盈余管理的存在，使得公司内外信息不对称，审计师的审计风险加大，但是审计师对于盈余管理还是具有判别能力的，并能给出相应审计意见。③ 并且由于应计盈余管理隐蔽性较差，比较容易被审计师发现，因而具有较高应计利润的公司，更有可能被出具非标准无保留意见。④

目前，学者们对于盈余管理的研究主要集中于真实盈余管理。真实盈余管理并不是真正的正常经营行为，而是以未来绩效牺牲为代价对短期绩效水平进行平滑或提升。⑤ 由于真实盈余管理很难与真实交易活动进行区分，因而它具有较高的隐蔽性，⑥ 难以被外部监管机构发现。真实盈余管理提高了公司的经营风险，所以审计师对审计服务对象的真实盈余管理十分敏感。⑦ 由于监管不确定[81]，公司盈余管理质量堪忧，导致审计师审计风险增加。真实盈余管理相应增加审计师审计的难度⑧，审计师需要投入更多的时间精力出具客观可靠的审计报告。因此，上市公司操纵盈余管理程度越高，被审计师出具非标准无保留意见的可能性就越大。⑨⑩

二、审计师独立性对审计意见的影响

审计师的独立性对其审计意见的出具起着非常重要的作用，并且人们日益关注审计师的社会关系⑪ 是否会影响审计师出具的审计意见类型。这种社会关系主要包括校友关系、“同门” 关系及地域关系。⑫ 当管理层与审计师存在校友关系时，审计师在与管理层的合作中会在有形或者无形中主动维护审计客体高层管理者的权益，让审计的

① 魏明海．盈余管理基本理论及其研究述评［J］．会计研究，2000（9）：37-42.

② 程瑶．基于动态面板数据的操纵性应计盈余模型改进研究［J］．数量经济技术经济研究，2015，32（7）：118.

③ 李维安，王新汉，王威．盈余管理对审计意见的影响［J］．财经论丛（浙江财经学院学报），2005（1）：84.

④ FRANCIS J R，KRISHNAN J. Accounting accruals and auditor reporting conservatism［J］. Contemporary accounting research，1999，16（1）：135-165.

⑤ 堵微子．自愿性会计政策变更、真实盈余管理与审计意见偏差［J］．财会通讯，2021（1）：41.

⑥ 黄国良，王立晴．机构持股、地方官员变更与企业真实盈余管理［J］．财会通讯，2021（3）：83.

⑦ KIM Y，PARK M S.Real activities manipulation and auditors’ client-retention decisions［J］. The accounting review，2014，89（1）：367-401.

⑧ 潜力，葛燕妮．股权质押、盈余管理与审计师风险应对［J］．金融发展研究，2021（2）：55-64.

⑨ 夏立军，杨海斌．注册会计师对上市公司盈余管理的反应［J］．审计研究，2002（4）：28-34.

⑩ 杨秀艳，郑少锋．审计意见对上市公司盈余管理的识别分析［J］．中国海洋大学学报（社会科学版），2007（2）：73-76.

⑪ 郭葆春，张奕莹．审计师与高管的学校关联会影响审计收费吗［J］．会计之友，2019（18）：125-132.

⑫ 张宏亮，王瑶，王靖宇．外部审计师与独立董事之间的社会关系是否影响审计质量［J］．审计研究，2019（4）：92-100.

独立性大打折扣。[①] 这会导致非标准审计意见的概率被降低。[②] 当审计师与公司独立董事存在“同门”关系时，独立董事与审计师合作度较高，但是审计师独立性会下降，[③] 影响审计师审计意见的出具。当存在同地域（同乡）关系时，与异地关系相比，本地关系损害审计质量的程度有所降低，也就是说，审计师的审计质量存在着本地稀释效应。[④]

同样，审计师与普通客户之间也会存在影响独立性的情况。由于审计师任期管理的存在[82]，审计师为了获取更多利益，就会选择性地迎合客户，站在客户立场上考虑问题，这就会对审计师的独立性产生影响[⑤]。并且，审计师会优待追随者客户，表现为更少出具非标准无保留审计意见且审计报告激进度更高。[⑥]

三、事务所规模对审计意见的影响

第三方审计是公司治理机制的重要组成部分，高质量的外部审计不仅可以发现并披露被审计单位会计系统中的违规行为[⑦]，更重要的是，可以为被审计单位的财务报告信息质量提供一种合理保证，同时，为信息使用者提供决策有用的信息[⑧]。事务所是实施审计的主体，其独立性和专业胜任能力是保证审计意见质量的基础[⑨]。而自从德安吉洛（De Angelo）研究发现，事务所规模可以成为衡量审计意见质量的替代指标[⑩]之后，大规模会计师事务所被公认为是集“独立性强”和“专业水平高”于一身的代名词，学者们利用 DEA-Tobit 两阶段的研究框架[⑪]、数据包络分析（DEA）模型，基于公司内部、外部视角[⑫][⑬]，均发现规模化战略对提高会计师事务所审计意见质量的作用最为明显。

---

① 王颖，周静，常运红．校友关系与审计意见：基于未决诉讼视角［J］．吉林工商学院学报，2020，36（6）：41.

② GUAN Y，SU L N，WU D，et al. Do school ties between auditors and client executives influence audit outcomes［J］. Journal of accounting and economics，2016，61（2-3）：506-525.

③ 吴溪，王春飞，陆正飞．独立董事与审计师出自同门是“祸”还是“福”：独立性与竞争合作关系之公司治理效应研究［J］．管理世界，2015（9）：137-146.

④ 袁德利，许为宾，陈小林，等．签字会计师：高管乡音关系与审计质量［J］．审计研究，2018（2）：113-121.

⑤ 吴伟荣，李晶晶．政府监管、注册会计师任期管理与审计质量研究［J］．管理评论，2018，30（1）：166-176.

⑥ 林莉，李瑶瑶，张文．审计师内部流动、客户追随与审计意见决策［J］．审计研究，2021（2）：110.

⑦ ZHAN J，HER Y W，CHEN K J. Audit quality and audit size：Evidence from auditor mergers in China［J］. Journal of corporate accounting & finance，2020，31（3）：170-184.

⑧ DE FOND M，ZHANG J A. Review of archival auditing research［J］. Journal of accounting and economics，2014，58（2-3）：275-326.

⑨ DEANGELO L E.Auditor independence，“low balling”，and disclosure regulation［J］.Journal of accounting and economics，1981，3（2）：113-127.

⑩ DE ANGELO L E. Auditor size and audit quality［J］. Journal of accounting and economics，1981，3（3）：183-199.

⑪ 卢太平，张东旭．会计师事务所运营效率影响因素研究：基于 DEA-Tobit 研究框架［J］．审计研究，2014（1）：88-95.

⑫ 张健，魏春燕．法律风险、执业经验与审计质量［J］．审计研究，2016（1）：85-93.

⑬ 黄益雄，李长爱．行业自律监管能改进审计质量吗：基于中注协约谈的证据［J］．会计研究，2016（11）：84-91.

四、其他因素对审计意见的影响

法律法规赋予证监会行政执法权和处罚权，监管机构的处罚会让审计师更关注客户的风险领域。证监会的执法是一系列承前启后的过程，从立案、执法过程到处罚公告都会给审计师带来影响。立案公告[①②]会对审计师产生强烈的警示作用，涉案审计师会在立案公告后提高审计质量；在执法过程中，审计师执业时会更加谨慎，增加审计程序的深度和广度，要求客户进行更多的审计调整；而对于处罚公告的实际成效，却存在着正反两种看法，部分学者认为我国证监会对违规事务所和审计师的行政处罚并未显著改进上市公司的审计质量[③④⑤]，另外一部分学者认为审计师在受到行政处罚时出具非标准审计意见的概率提升，审计质量得到显著提高[⑥⑦]。

随着上市公司业务的复杂程度及公司管理的隐蔽性增加，审计师面临着巨大的审计风险。[⑧]媒体的多样化重塑了审计师的信息环境和外部约束环境，并且它作为一种非常重要的外部作用力，已成为保护有关参与主体利益的重要渠道，进而影响出具审计意见的质效。[⑨]诸多学者研究发现新闻媒介对于审计服务的质量具有明显的提升作用，他们认为媒体监督可以降低代理成本[⑩]、有效制约盈余管理[⑪]、切实提高审计意见的质量。[⑫]此外，如果被审计单位的负面新闻被媒介报道得越多，审计师的服务质量也会得到明显提升。[⑬]如果媒体对上市主体的评价越高，审计师出于意见认同的动机，

① 吴溪，张俊生．上市公司立案公告的市场反应及其含义［J］．会计研究，2014（4）：10–18.

② 葛锐，张健．证监会立案调查与审计质量提升［J］．会计研究，2020（11）：125–135.

③ 吴溪．监管处罚中的“重师轻所”及其后果：经验证据［J］．会计研究，2008（8）：23–31.

④ 刘峰，赵景文，涂国前，等．审计师聘约权安排重要吗：审计师声誉角度的检验［J］．会计研究，2010（12）：49–56.

⑤ 王兵，李晶，苏文兵，等．行政处罚能改进审计质量吗：基于中国证监会处罚的证据［J］．会计研究，2011（12）：86–92.

⑥ 方军雄．转型经济中声誉机制有效性研究：来自中国审计市场的证据［J］．财经研究，2011，37（12）：16–26.

⑦ 刘笑霞．审计师惩戒与审计定价：基于中国证监会2008—2010年行政处罚案的研究［J］．审计研究，2013（2）：90–98.

⑧ 张丽达，冯均科，陈军梅．媒体监督、内部控制与审计意见［J］．审计研究，2016（5）：73.

⑨ 叶陈刚，初春虹，段佳明．媒体关注、审计师变更与审计质量［J］．西安财经大学学报，2020，33（6）：39–48.

⑩ 罗进辉．媒体报道的公司治理作用：双重代理成本视角［J］．金融研究，2012（10）：153–166.

⑪ 陈克兢．媒体监督、法治水平与上市公司盈余管理［J］．管理评论，2017，29（7）：3–18.

⑫ 陈淑芳，塔娜，李琦，等．管理层权力、媒体监督与会计信息质量的关系研究［J］．西安财经大学学报，2020，33（6）：21–29.

⑬ 彭桃英，邱兆东．制度环境、媒体监督与审计质量［J］．财经论丛，2014（8）：60–69.

也会参考媒体意见而增大审计师出具标准无保留意见的概率。[①②]

第三节 理论分析与研究假设

一、资本市场开放与审计意见

（一）基于公司治理的分析

"沪深港通"政策借助香港地区资本市场的平台搭建了中国与国际资本市场互联互通的桥梁，为我国A股市场引入了大量的境外投资者[③]，重塑了公司的治理和信息环境，在一定程度上影响审计意见类型。

首先，由于信息很难跨越地理、语言和文化差异等因素的障碍进行有效传递，资本市场开放引入的境外投资者需要投入更多的时间、精力去分析公司的各种财务与非财务信息。[④]外部审计由于其独立性被视为公司的外部监督和担保机制，[⑤]其对被审计单位出具的审计报告有助于境外投资者判断公司价值，缓解信息不对称，因而审计报告为境外投资者进行投资决策提供了重要参考。标准无保留的审计意见往往能够给利益相关者传递公司财务报告可靠、财务状况良好等信息，使境外投资者感知的公司经营风险降低，进而增加其投资的可能性。反之，一旦公司被出具非标准审计意见，境外投资者可能认为公司会计信息质量差、代理问题严峻，并通过"用脚投票"的方式，减轻负面信息对其造成利益受损。而独立和专业的境外投资者作为投资风向标，其主动放弃投资对象的行为很可能会引发其他投资者跟风卖出股票，[⑥]造成公司股价下跌，进而引发更加消极的市场反应。此时，非标准审计意见将成为公司的"不可承受之重"。为了避免被出具非标准审计意见，公司会主动减少机会主义行为，提升财务报告质量，进而为其获得标准无保留审计意见以实现长期稳

① 张龙平，吕敏康．媒体意见对审计判断的作用机制及影响：基于新闻传播学理论的解释[J]．审计研究，2014(1)：53-61.

② 吕敏康，冯丽丽．媒体报道、职业能力异质性与审计质量［J］．审计研究，2017（3）：74-81.

③ 刘焱，姚海鑫，杜燕婕．资本市场开放与会计信息可比性：来自"沪港通"的经验证据［J］．财经理论与实践，2020，41（1）：55-62.

④ 钟覃琳，陆正飞．资本市场开放能提高股价信息含量吗：基于"沪港通"效应的实证检验［J］．管理世界，2018，34（1）：173.

⑤ 步丹璐，屠长文．外资持股、制度环境与审计质量［J］．审计研究，2017（4）：66.

⑥ 赵西卜，杨丹，邵贞棋．境外投资者引入会影响公司业绩波动性吗：基于沪港通的双重差分检验［J］．财务研究，2019（1）：45.

定发展提供有力保障。

其次，中国资本市场不乏管理层“暗箱操作”以谋取私利，大股东与中小股东之间的利益之争愈发激烈，代理问题凸显。① 出于缓解信息不对称、捍卫自身利益的目的，境外投资者具有强烈的意愿介入公司治理，要求管理层提供更加透明的财务信息。② 透明的信息环境有助于约束管理层的机会主义行为，防止其利用私有信息进行利益侵占③，进而有效抑制公司费用黏性，提高会计信息可比性[83]。同时，基于信号传递理论，高质量的信息披露能够降低外部信息使用者获取公司层面信息的难度④，并向外界传递公司内部控制制度完善、管理效率高等信号。⑤ 就审计角度而言，一方面，境外投资者通过建立更加透明的信息环境降低了公司与资本市场之间的信息不对称，为财务报告的生产过程提供了合理保证，使得审计师有理由相信公司重大错报风险水平低，财务报告所反映的是真实、公允的信息⑥，从而更倾向于出具标准无保留意见的审计报告；另一方面，在境外投资者的驱动效应下，更多媒体、分析师及其他市场中介机构跟踪关注我国上市公司⑦，共同构成了更为严格、有效的监督体系，使得公司管理层对操纵会计信息的行为“投鼠忌器”⑧。因此，有效的监督环境通过约束管理层的自利行为，提升公司的治理水平，增强了管理层接受审计师意见的倾向，缓解了审计师来自管理层的压力，进而帮助公司获得标准无保留审计意见。[84]

最后，审计师在出具审计意见时除了会考虑公司的重大错报风险外，经营风险水平也是他们重点关注的内容。当公司经营风险较高时，审计师往往会通过出具非标准审计意见降低未来发生诉讼的可能性。⑨ 资本市场开放为我国上市公司注入了更多的

① 刘慧芬．证券市场开放与信息治理：基于陆股通制度实施的准自然实验［J］．科技和产业，2020，20（11）：92-98，210.

② 郭阳生，沈烈，汪平平．沪港通降低了股价崩盘风险吗：基于双重差分模型的实证研究［J］．山西财经大学学报，2018，40（6）：33.

③ 刘焱，姚海鑫，杜燕婕．资本市场开放与会计信息可比性：来自“沪港通”的经验证据［J］．财经理论与实践，2020，41（1）：56.

④ KARAMANOU I，VAFEAS N.The association between corporate boards，audit committees，and management earnings forecasts：An empirical analysis［J］. Journal of accounting research，2005，43（3）：453-486.

⑤ 李红．内部控制信息披露对审计意见影响研究［J］．会计之友，2012（1）：28-30.

⑥ 章雁，周艳秋．内部控制信息披露对审计意见影响的研究：基于 2011 年深市主板上市公司的数据［J］．中国管理科学，2013，21（S1）：244-248.

⑦ 郭阳生，沈烈，郭枚香．沪港通改善了上市公司信息环境吗：基于分析师关注度的视角［J］．证券市场导报，2018（10）：37-43，50.

⑧ 储一昀，仓勇涛，杨勇．财务分析师跟进有利于标准审计意见形成吗：来自中国证券市场的经验证据［J］．云南财经大学学报，2017，33（1）：126-136.

⑨ 王百强，杨雅宁，孙昌玲．企业核心竞争力是否影响审计师决策：基于 A 股上市公司的实证研究［J］．审计研究，2021（2）：70.

外部资金①，专业外资机构的进入也在一定程度上“去散户化”，缓解了资本市场“短钱长用”的问题②，进而有效满足了公司的资金需求，降低其融资约束程度。③同时，为了保证投资项目带来增量价值，境外投资者会通过人员流动、示范效应、需求创造等方式实现技术溢出，激发管理层的企业家精神④，进而增强公司的创新能力和核心竞争力⑤，使其创造新的市场机会，以便更好地抵御单一市场波动对盈利水平和经营状况造成的负面冲击。因此，资本市场开放从多维度为我国上市公司带来资源，降低了公司的经营风险，进而缓解了审计师的诉讼压力，增加了其出具标准无保留审计意见的概率。

（二）基于审计意见购买的分析

我国境内资本市场参与者以个人投资者为主⑥，由于个人投资者一般缺乏专业的财务分析能力和投资技能⑦，更容易受到行为偏差和“羊群效应”的影响，从而导致境内资本市场不断出现投机性、短视化行为。同时，中国正处于经济体制改革过程中，监管制度尚不完备，仍缺乏有效的产权保护机制，政治事件或谣言本身就足够引起整个股票市场的价格波动。⑧随着资本市场对外开放程度不断加深、国际投机活动情况加剧，受频繁的外资进出和境外资本市场波动的影响，本就有待完善的中国资本市场会进一步滋生风险、波动股价⑨⑩，进而加大公司经营风险。这给管理层带来更大的压力，使得他们更在意会计业绩以及审计意见类型[85]。同时，随着审计行业竞争日益激烈，加之监管机制不健全、执业制度不完善，审计行业发展进程中不乏低价揽客、权力寻租等现象。⑪这为管理层购买审计意见提供了“可乘之机”，使得他们通

---

① 齐荻．“沪深港通”机制与企业创新研究：基于多期 DID 的实验证据［J］．当代财经，2020（2）：76-88.

② 李知雨．浅谈中国资本市场对外开放对中国 A 股市场未来发展的影响［J］．中国商论，2020（4）：35.

③ 阮琪，张云箫，党丹丹．资本市场开放对企业融资约束影响机制研究：基于沪港通的经验证据［J］．浙江金融，2021（2）：31-43.

④ 刘鹏程，李磊，王小洁，等．FDI 对东道国企业家精神的动态影响［J］．当代经济科学，2013，35（4）：32-41.

⑤ 旷锦云，程启智．企业家精神与企业可持续发展［J］．经济问题探索，2010（10）：80-85.

⑥ 华鸣，孙谦．外国投资者降低了新兴市场股价崩盘风险吗：来自“沪港通”的经验证据［J］．当代财经，2018（1）：59-69.

⑦ 罗棪心，伍利娜．资本市场开放对公司审计的影响：基于“陆港通”背景的实证研究［J］．审计研究，2018（5）：65-73.

⑧ Morck R，Yeung B，Yu W. The information content of stock markets：Why do emerging markets have synchronous stock price movements［J］. Journal of financial economics，2000，58（1）：215-260.

⑨ BAE K H，CHAN K，ANGELA N. Investibility and return volatility［J］. Journal of financial economics，2004，71（2）：239-263.

⑩ 陈旭东，高雅，刘嫦．沪港通开放与审计收费：风险传染效应抑或监督治理效应［J］．中国注册会计师，2019（12）：45-53.

⑪ 易玄，谢志明，樊雅琦．审计信任、合格境外机构投资者及其审计师选择：来自中国资本市场的检验［J］．审计研究，2016（4）：76-82.

过购买获得标准无保留审计意见进而为公司生产经营活动“续航”的动机较强。

基于以上分析，本章提出以下假设：

H5-3-1：资本市场开放后，标的公司更容易获得标准无保留意见的审计报告。

二、企业社会责任的调节作用

公司不仅是经济主体，更是社会主体。① 公司履行社会责任并进行高质量的信息披露，不仅有利于提升其核心竞争力，还能有效满足各方利益相关者的诉求。资源依赖理论强调组织的生存需要从周围环境中汲取资源，其竞争优势的构建依赖于利益相关者所掌握的核心资源。② 基于信号传递理论，良好的社会责任形象能够传递公司经营业绩良好、可持续发展能力强劲的优质信号③，缓解管理层与各方利益相关者之间的代理冲突，在增强顾客对企业产品的满意度[86]、提高员工服务质量[87]、优化供应链合作关系[88]、完善投资者关系[89]等方面均具有积极作用。因此，良好的社会责任表现能够帮助公司获取利益相关者手中的关键战略资源，实现公司可持续发展。

资本市场开放引入的境外投资者大多是践行价值投资理念的机构投资者，在投资经验、能力与专业性等方面相对于其他投资者更具优势，④ 因而对反映公司长期发展潜力的社会责任信息更加敏感。当公司通过积极履行社会责任向外界传递管理层道德水平高、财务风险低、企业发展状况良好等优质信号时，境外投资者更倾向于投资该公司并参与到公司治理中，通过建立良好的治理机制，进一步抑制管理层通过社会责任过度投资提升个人声誉的机会主义行为[90]，为资源高效配置、提升会计信息质量让渡空间，完善公司治理，进而帮助公司获得标准无保留意见的审计报告。

基于社会责任的“声誉保险机制”，积极履行社会责任体现了公司在追求利润最大化的同时，兼顾各方利益相关者的需求，为社会作出增量贡献，进而帮助公司累积声誉资本与道德资本。⑤ 对审计师而言，在执行审计工作时，除了直接体现公司财务状况的财务报表外，间接体现公司价值和可持续发展能力的社会责任等表外信息也是他们关注的重点。由于审计师本身具备主观能动性，良好的社会责任表现有助于审计师对被审计单位实现价值认同，他们更愿意相信此类公司粉饰财务报表的动机较弱，进而为其出具标准无保留的审计意见。[91] 资本市场开放后，标的公司需要面对两地证

① 吉利，何熙琼，毛洪涛．“机会主义”还是“道德行为”：履行社会责任公司的盈余管理行为研究［J］．会计与经济研究，2014，28（5）：10–25.

② 顾雷雷，郭建鸾，王鸿宇．企业社会责任、融资约束与企业金融化［J］．金融研究，2020（2）：111–126.

③ 彭洁流，黄荷暑．企业社会责任、内部控制与银行债务契约关系的实证检验［J］．统计与决策，2017（11）：177.

④ GRINBLATT M，KELOHAR J M. The investment behavior and performance of various investor types：A study of finland's unique data set［J］. Journal of financial economics，2000，55（1）：43–67.

⑤ 孟庆斌，侯粲然．社会责任履行与企业金融化：信息监督还是声誉保险［J］．经济学动态，2020（2）：47.

交所的联合监管[①]，必然伴随着更加严格的公司治理、信息披露等行为规范的要求和标准[②]。由于社会责任感强的公司被监管调查的可能性较低，面临的诉讼少于一般公司[③]，审计师面临的审计失败风险和诉讼风险随之降低，审计师出具标准无保留审计意见的概率相应增大。

基于以上分析，本章提出以下假设：

H5-3-2：公司社会责任表现越好，资本市场开放越能促进公司获得标准无保留意见的审计报告，即社会责任对资本市场开放与标准无保留审计意见的关系起正向调节作用。

公司履行社会责任既可能是一种负责任的道德行为，也可能是一种掩饰包装的机会主义行为。[④]基于印象管理理论，公司存在有目的的设计和影响大众对组织认知的行为，[⑤]积极履行社会责任便是公司进行印象管理的途径之一。当公司出于自利目的履行社会责任时，其充当的是一个“好演员”而非“好公民”的角色。管理层倾向于通过社会责任过度投资提升个人声誉，这种自利行为是以浪费公司资源和牺牲股东利益为代价的。在管理层自利主义假说下，社会责任的信息传递效应被扭曲为信息遮蔽效应[⑥]，高水平的社会责任表现“蒙蔽”了包括境外投资者在内的投资者的双眼，使之不能对公司生产经营行为及信息披露质量进行有效监督，进而为管理层从事盈余管理等机会主义行为提供了“合法理由”和“许可证”[⑦]，管理层也倾向于通过盈余管理行为填平公司因社会责任过度投资导致的价值下跌。

审计师需要为企业的财务报告信息质量作出背书。[⑧]管理层利用社会责任的工具性实现自利目的，那么公司盈余管理程度较高，其会计信息质量必然存在一些问题。此外，“沪深港通”等资本市场开放政策的实施伴随着一系列监管文件的发布、资本市场监管的加强、投资者保护程度的提升，而这对审计独立性的提升也具有一定的溢出效应。[⑨]审计师在被审计单位会计信息质量不佳和受到多方监管的双重压力下，必然

① 刘慧芬．证券市场开放与信息治理：基于陆股通制度实施的准自然实验［J］．科技和产业，2020，20（11）：92-98.

② 邹洋，张瑞君，孟庆斌，等．资本市场开放能抑制上市公司违规吗：来自“沪港通”的经验证据［J］．中国软科学，2019（8）：120-134.

③ 韩文才，汤琦瑾．公司社会责任对审计收费与审计意见影响的实证研究［J］．新疆财经，2013（5）：30-38.

④ 吉利，何熙琼，毛洪涛．“机会主义”还是“道德行为”：履行社会责任公司的盈余管理行为研究［J］．会计与经济研究，2014，28（5）：10.

⑤ 黄艺翔，姚铮．企业是出于道德意识履行社会责任吗［J］．山西财经大学学报，2015，37（7）：60.

⑥ 顾雷雷，郭建鸾，王鸿宇．企业社会责任、融资约束与企业金融化［J］．金融研究，2020（2）：111-131.

⑦ 权小锋，吴世农，尹洪英．企业社会责任与股价崩盘风险：“价值利器”或“自利工具”［J］．经济研究，2015（11）：57.

⑧ MENON K，WILLIAMS D D. The insurance hypothesis and market prices［J］. The accounting review，1994，69（2）：327-342.

⑨ 张立民，彭雯，钟凯．“沪港通”开通提升了审计独立性吗：基于持续经营审计意见的分析［J］．审计与经济研究，2018，33（5）：38.

会实施更多的审计程序，要求管理层对财务报表重大错报进行调整，抑或通过发表非标准审计意见的方式为自身职业声誉提供保障，提醒投资者关注那些有重大盈余管理嫌疑的事项，降低审计失败的风险，以免日后受到声誉损失和法律追究。①

基于以上分析，本章提出以下假设：

H5-3-3：公司社会责任表现越好，资本市场开放对标准无保留审计意见的正向作用越弱，即社会责任对资本市场开放与标准无保留审计意见的关系起负向调节作用。

第四节　实证设计

一、样本选择与数据来源

本章以 2010 —2019 年我国 A 股上市公司的数据为研究样本，并在样本筛选过程中，进行了如下处理：①剔除 ST、*ST 类上市公司；②剔除金融类上市公司；③剔除 2014 年之后上市的公司；④剔除当年调出“沪深港通”以及一年内多次调入调出“沪深港通”的公司年度观测值；⑤剔除数据缺失样本观测值。经过上述筛选，最终得到 20 387 个样本观测值。

此外，为了消除极端值的影响，对研究中涉及的主要连续变量进行 1% 和 99% 水平的缩尾处理。数据来源方面，企业社会责任数据来源于和讯网发布的企业社会责任评分，其他数据来自中国经济金融研究数据库。使用的统计及数据处理软件为 Stata 16.0。

二、主要变量

1. 被解释变量

审计意见（*OPIN*）。本章采用 0、1 变量来衡量审计意见，以验证资本市场开放对审计意见的影响。如果上市公司 i 在第 t 期收到了标准无保留意见的审计报告，则记为 $OPIN=1$；如果收到其他审计意见，则记为 $OPIN=0$。

2. 解释变量

资本市场开放（*HSSC*）。“沪深港通”交易制度实施且为“沪股通”“深股通”标的公司时取值为 1，否则为 0。

3. 调节变量

企业社会责任（*CSR*）。本章采用和讯网发布的 2010—2019 年企业社会责任总得

① 曾雪云，陆正飞．盈余管理信息风险、业绩波动与审计意见：投资者如何逃离有重大盈余管理嫌疑的上市公司［J］．财经研究，2016，42（8）：135-136.

分作为调节变量来研究其对资本市场开放与审计意见两者关系之间的影响。满分为100分，评分越高，代表履行社会责任情况越好。

4. 控制变量

参考已有研究，本章控制住了其他可能影响审计意见的因素，包括应收账款规模（*REC*）、存货规模（*INV*）、企业规模（*size*）、董事会结构（*board*）、独立董事比例（*DD*）、股权集中度（*FIRS*）、股权性质（*state*）、公司年龄（*age*）、成长性（*growth*）、资产的流动性（*liquid*）。同时，本章控制住了行业固定效应和年份固定效应。各变量具体信息如表5-1所示。

表5-1 资本市场开放、企业社会责任与审计意见的变量定义与测量方法

变量类型	变量符号	变量名称	测量方法
被解释变量	*OPIN*	审计意见	虚拟变量，标准无保留审计意见取1，否则取0
解释变量	*HSSC*	资本市场开放	虚拟变量，“沪深港通”交易制度实施且为“沪股通”“深股通”标的公司时取值为1，否则为0
调节变量	*CSR*	企业社会责任	和讯网发布的2010—2019年企业社会责任总得分，满分为100分，评分越高，代表履行社会责任情况越好
控制变量	*REC*	应收账款规模	应收账款/总资产
	INV	存货规模	存货/总资产
	size	企业规模	总资产的自然对数
	boards	董事会结构	董事会成员数量
	DD	独立董事比例	独立董事占所有董事的比例
控制变量	*FIRS*	股权集中度	第一大股东持股比例
	state	股权性质	虚拟变量，国有企业取值为1，否则为0
	age	上市年龄	从首发上市日期到第t年的年数
	growth	成长性	营业收入的增长率
	liquid	资产的流动性	流动比率
	IND	行业效应	行业虚拟变量，参照证券监督管理委员会行业分类标准2012，其中制造业按照二级分类，其他行业按照一级分类
	year	年份效应	年份虚拟变量，是该年则取值为1，否则为0

三、模型构建

本章通过 Logit 回归模型检验资本市场开放对审计意见的影响，具体模型设定如式（5-4-1）：

$$OPIN_{i,t}=\beta_0+\beta_1 HSSC_{i,t}+\beta_2 REC_{i,t}+\beta_3 INV_{i,t}+\beta_4 size_{i,t}+\beta_5 boards_{i,t}+\beta_6 DD_{i,t}+\beta_7 FIRS_{i,t}+\beta_8 state_{i,t}+\beta_9 age_{i,t}+\beta_{10} growth_{i,t}+\beta_{11} liquid_{i,t}+\sum IND+\sum year+\varepsilon_{i,t} \quad (5\text{-}4\text{-}1)$$

此外，本章进一步考察企业社会责任对资本市场开放与审计意见两者关系之间的影响，即企业社会责任在其中可能起着何种调节作用？在式（5-4-1）中加入企业社会责任及其与资本市场开放的交互项，并对交互项的系数是否显著异于 0 进行检验，以反映可能存在的调节效应，具体模型设定如式（5-4-2）：

$$OPIN_{i,t}=\beta_0+\beta_1 HSSC_{i,t}+\beta_2 HSSC_{i,t}\times CSR_{i,t}+\beta_3 CSR_{i,t}+\beta_4 REC_{i,t}+\beta_5 INV_{i,t}+\beta_6 size_{i,t}+\beta_7 boards_{,t}+\beta_8 DD_{i,t}+\beta_9 FIRS_{i,t}+\beta_{10} state_{i,t}+\beta_{11} age_{i,t}+\beta_{12} growth_{i,t}+\beta_{13} liquid_{i,t}+IND+year+\varepsilon_{i,t} \quad (5\text{-}4\text{-}2)$$

第五节　实证结果与分析

一、描述性统计分析

表 5-2 列示了主要变量的描述性统计结果。其中，被解释变量审计意见的平均值为 0.969，表明 2010 —2019 年获得标准无保留审计意见的样本占全样本的 96.9%；解释变量资本市场开放的平均值为 0.253，表明“沪深港通”样本占全样本的 25.3%；调节变量企业社会责任的最大值为 75.300，最小值为 -3.310，平均值为 25.104，中位数为 21.770，说明不同上市公司履行社会责任的水平存在很大差异，而且大多数上市公司履行社会责任的水平较低；董事会结构最小值为 3.000，平均值为 8.706，符合《公司法》关于董事会最低人数的要求；独立董事比例的平均值为 0.374，中位数是 0.333，表明样本公司均达到证券监督管理委员会关于上市公司董事会成员中应当至少 1/3 为独立董事的规定；股权集中度（*FIRS*）最大值为 0.750，最小值为 0.094，均值为 0.350，说明样本公司存在较为明显的“一股独大”现象。

表 5-2 资本市场开放、企业社会责任与审计意见的描述性统计结果

变量	观测值	平均值	中位数	标准差	最小值	最大值
OPIN	20 387	0.969	1.000	0.173	0.000	1.000
HSSC	20 387	0.253	0.000	0.435	0.000	1.000
CSR	20 387	25.104	21.770	16.886	-3.310	75.300
REC	20 387	0.112	0.088	0.101	0.000	0.461
INV	20 387	0.154	0.116	0.147	0.000	0.743
size	20 387	22.250	22.091	1.304	19.681	26.186
boards	20 387	8.706	9.000	1.738	3.000	20.000
DD	20 387	0.374	0.333	0.054	0.333	0.571
FIRS	20 387	0.350	0.330	0.149	0.094	0.750
state	20 387	0.435	0.000	0.496	0.000	1.000
age	20 387	11.067	10.000	6.781	0.000	29.000
growth	20 387	0.194	0.111	0.474	-0.561	3.216
liquid	20 387	2.367	1.580	2.568	0.272	17.026

二、相关性分析

表 5-3 为主要变量的相关性检验结果。如表所示，在斯皮尔曼和皮尔逊相关系数分析下，资本市场开放与审计意见均在 1% 的水平下显著正相关，这表明资本市场开放后，标的公司获得标准无保留审计意见的概率增加。因此，初步支持了 H5-3-1；企业社会责任与审计意见在 1% 的水平下显著正相关，这说明公司履行社会责任水平越高，越容易被出具标准无保留的审计意见，因此，H5-3-2 得以初步验证；除此之外，各变量之间的相关系数绝大多数小于 0.500，说明变量之间不存在严重的多重共线性问题。

表 5-3　资本市场开放、企业社会责任与审计意见的主要变量相关性检验结果

变量	*OPIN*	*HSSC*	*CSR*	*REC*	*INV*	*size*	*boards*	*DD*	*FIRS*	*state*	*age*	*growth*	*liquid*
OPIN	1.000	0.050***	0.182***	0.026***	0.040***	0.078***	0.022***	−0.014**	0.083***	0.021***	−0.066***	0.095***	0.119***
HSSC	0.050***	1.000	0.106***	−0.016**	−0.055***	0.444***	0.040***	0.019***	0.032***	0.036***	0.200***	0.009	−0.065***
CSR	0.156***	0.009	1.000	−0.174***	0.015**	0.277***	0.119***	−0.018***	0.184***	0.088***	0.000	0.172***	0.147***
REC	0.013*	−0.009	−0.128***	1.000	0.066***	−0.198***	−0.103***	0.007	−0.139***	−0.242***	−0.309***	0.091***	0.189***
INV	0.028***	−0.032***	0.098***	−0.105***	1.000	0.046***	−0.047***	0.008	0.042***	−0.003	0.034***	0.016**	0.058***
size	0.088***	0.441***	0.283***	−0.162***	0.130***	1.000	0.225***	0.007	0.198***	0.324***	0.364***	0.036***	−0.400***
board	0.018**	0.054***	0.146***	−0.105***	−0.054***	0.258***	1.000	−0.541***	0.027***	0.255***	0.097***	0.003	−0.157***
DD	−0.014*	0.014**	−0.012*	0.017**	0.022***	0.029***	−0.466***	1.000	0.033***	−0.049***	−0.022***	−0.006	0.022***
FIRS	0.079***	0.033***	0.165***	−0.125***	0.066***	0.237***	0.049***	0.043***	1.000	0.233***	−0.034***	−0.010	−0.052***
state	0.021***	0.036***	0.136***	−0.200***	0.033***	0.331***	0.272***	−0.047***	0.234***	1.000	0.437***	−0.091***	−0.295***
age	−0.064***	0.194***	−0.002	−0.250***	0.132***	0.320***	0.094***	−0.025***	−0.027***	0.430***	1.000	−0.146***	−0.323***
growth	0.035***	−0.020***	0.060***	0.041***	0.028***	0.030***	−0.015**	−0.002	0.006	−0.064***	−0.038***	1.000	0.039***
liquid	0.060***	−0.093***	0.025***	−0.003	−0.096***	−0.333***	−0.122***	0.014**	−0.039***	−0.229***	−0.272***	−0.033***	1.000

注：表格上三角为斯皮尔曼相关系数，下三角为皮尔逊相关系数；*、**、*** 分别表示在 10%、5%、1% 水平下显著。

三、回归结果分析

资本市场开放、企业社会责任与审计意见的回归结果如表 5-4 所示。第一列检验未加控制变量资本市场开放对审计意见的影响，资本市场开放的 Logit 回归系数为 0.971，且在 1% 的水平下显著，说明资本市场开放显著促进标准无保留审计意见的出具；第二列检验加入控制变量后资本市场开放对审计意见的影响，资本市场开放的 Logit 回归系数为 0.344，且在 5% 的水平下显著，H5-3-1 得以验证；第三列检验了企业社会责任对资本市场开放与审计意见两者关系之间的调节作用，企业社会责任与审计意见在 1% 的水平上显著正相关，且 *HSSC* × *CSR* 的回归系数在 5% 的水平下显著为正，说明公司履行社会责任情况越好，资本市场开放越能促进公司获得标准无保留意见的审计报告，H5-3-2 得到验证。

表 5-4 资本市场开放、企业社会责任与审计意见的回归结果

变量	因变量		
	（1）	（2）	（3）
	OPIN	*OPIN*	*OPIN*
HSSC	0.971***	0.344**	0.563***
	（7.507）	（2.434）	（2.576）
HSSC×*CSR*			0.030**
			（2.460）
CSR			0.087***
			（16.783）
REC		0.300	0.325
		（0.626）	（0.663）
INV		1.132***	1.078***
		（3.018）	（2.891）
size		0.575***	0.312***
		（12.195）	（6.331）
boards		−0.053*	−0.072**
		（−1.742）	（−2.322）
DD		−2.195**	−2.304**
		（−2.474）	（−2.534）

续表

变量	因变量		
	(1)	(2)	(3)
	OPIN	*OPIN*	*OPIN*
FIRS		2.219***	1.434***
		(6.335)	(3.990)
state		0.435***	0.484***
		(4.319)	(4.607)
age		-0.062***	-0.063***
		(-8.002)	(-7.797)
gorwth		0.443***	0.093
		(4.191)	(1.039)
liquid		0.423***	0.224***
		(9.918)	(6.304)
_cons	2.403***	-10.039***	-4.836***
	(8.755)	(-9.427)	(-4.400)
IND	控制	控制	控制
year	控制	控制	控制
N	20 387	20 387	20 387
r2_p	0.030	0.134	0.214
chi2	170.811	753.814	1205.278

注：1. *、**、*** 分别表示在 10%、5%、1% 的水平上显著，括号内为 t 值。
2. 表中空白表示不适用。

四、稳健性检验

为了保证研究结论的可靠性，本章进行了如下稳健性检验：

首先，为消除交叉上市公司对实验结果可靠性的影响，剔除“A + H”交叉上市公司样本，重新对模型进行回归，结果表明资本市场开放对审计意见的正向影响仍然显著，且企业社会责任对两者关系的正向调节作用仍然存在且显著，结论稳健。

其次，由于“沪港通”于 2014 年 11 月开始实施，“深港通”正式启动时间为 2016 年 12 月，都为当年年末，其政策效应较难于当年发挥作用，或当年效果不明显。

因此，为消除政策实施当年对研究结论的影响，本章在原有的基础上删除“沪港通”标的公司 2014 年的样本观测值和“深港通”标的公司 2016 年的样本观测值，重新对样本进行回归，结果不受影响。

最后，为增加研究结论的可信度，本章变更企业社会责任的衡量方法，重新对企业社会责任的调节作用进行检验。参考已有研究，依据和讯网公布的企业社会责任评级，将 A—E 五个等级依次取值为 5—1 分，分值越高，代表公司履行社会责任情况越好。结果表明企业社会责任的正向调节作用仍然存在且显著。

第六节 进一步分析

一、影响路径分析：公司治理

国内有学者提出，盈余管理是在法律法规以及会计准则允许的范围内进行的行为，与财务造假、盈余操纵的性质不同，是可以被接受的。① 基于理性经济人假设，管理层在日常经营活动中更有可能追求个人利益最大化，这使得公司财务信息的真实性受到一定的影响；同时，审计意见类型的获得是依赖审计师获取的内外部的财务信息与非财务信息，因此管理层盈余管理的程度会相应地对审计意见类型产生影响。由于资本市场开放会带来财务分析水平较高的投资者，② 公司的内外部监督环境会变得愈发严峻，因而管理层的盈余管理程度与方法会随之发生变化，进而影响到会计信息质量以及公司治理水平，使得审计意见类型出现变化。

此外，公司治理与内部控制之间的关系密不可分。公司治理水平越高，内部控制有效性越强。③ 资本市场开放后，在境外投资者和市场中介机构的监督效应影响下，标的公司会提高自愿性信息披露的精度和准度④，缓解代理冲突，进而改善公司治理环境，内部控制质量进一步提高。此外，高水平的内部控制不仅对公司财务绩效有显著的正向影响⑤，而且还能缓解环境不确定性造成的权益资本成本过高的问题[92]，抑制公司的非效率投资[93]，降低其经营风险，进而帮助公司获得标准无保留的审计意见。鉴

---

① 刘郁葱 . 企业盈余管理影响因素的文献综述［J］. 河北企业，2021（3）：84-86.

② 连立帅，朱松，陈关亭 . 资本市场开放、非财务信息定价与企业投资：基于沪深港通交易制度的经验证据［J］. 管理世界，2019，35（8）：136-154.

③ 杨有红，胡燕 . 试论公司治理与内部控制的对接［J］. 会计研究，2004（10）：14-18.

④ 唐建新，程利敏，陈冬 . 资本市场开放与自愿性信息披露：基于沪港通和深港通的实验检验［J］. 经济理论与经济管理，2021，41（2）：85-97.

⑤ 叶陈刚，裘丽，张立娟 . 公司治理结构、内部控制质量与企业财务绩效［J］. 审计研究，2016（2）：104-112.

于此，资本市场开放是否可以通过提高内部控制质量，促使公司获得标准无保留的审计意见尚值得探讨。

（一）资本市场开放、盈余管理与审计意见

境外投资者对盈利状况的判断很大程度上是依赖公司发布的财务信息，而盈余管理作为粉饰财务报表的重要手段，对盈利状况的真实性存在一定的影响。简言之，当公司亏损时，其管理层更偏好盈余管理行为，例如，其会运用盈余管理手段来调节利润，避免连续亏损现象的出现，保障公司不被中止上市①；当公司盈利情况或预期盈利状况变好时，盈余管理行为的动机会随之减小，例如，公司外部的盈余压力增加，其业绩会因外部压力而有所变好，进而抑制公司真实盈余管理行为②，同时，如果自愿性盈利预测认为公司未来的盈利状况水平较高，会抑制公司盈余管理行为[94]。因此，除了盈利状况这一因素，公司盈余管理程度对审计意见的影响路径是值得探讨的。

林津玉在对众多文献进行归纳整理之后有如下结论：盈余管理行为基于两方面动机，一是资本市场动机，二是契约动机。③从资本市场动机的角度来看，虽然我国资本市场开放政策的门槛有所降低，但并非所有公司都有机会参与。因此，对于中小企业来说，为了利用政策松动的机遇，可能会采取盈余管理的手段进行财务报表的粉饰；而对于已上市的公司来说，如果出现被 ST 的情况，可以采用盈余管理手段进行利润操纵。从契约动机角度来看，随着资本市场的繁荣，其带来的经济后果之一就是并购频繁，这一行为会存在契约关系的动机，从而使管理层更偏向于采取较多盈余管理行为，降低会计信息质量，增加审计的风险。④那么，基于资本市场开放的背景，盈余管理将如何影响审计意见，其影响程度又将如何？

资本市场开放后，一方面，委托代理问题在公司治理的背景下一直存在。对于上市公司来讲，资本市场开放后，境外投资者会通过长期持股的方式进入企业[12]，这一结果不仅能给企业带来较为充沛的资金流，缓解企业融资约束的困境，降低盈余管理行为的动机，而且与管理者、控股股东相比，境外投资者作为外部力量，有监督企业内部治理行为的效果⑤，也可以对盈余管理行为的发生起到抑制作用。因此，在融资约束得以缓解、外部监督压力加大的情况下，管理者不会轻易进行盈余管理行为，委托代理问题得到缓解。另一方面，与境外投资者相比，管理层更加了解企业的财务信息，

---

① 陆建桥．中国亏损上市公司盈余管理实证研究［J］．会计研究，1999（9）：25-35.

② 张月玲，李少君．外部盈利压力与企业盈余管理：基于创业板上市公司的实证检验［J］．山东科技大学学报（社会科学版），2020，22（4）：78-87.

③ 林津玉．盈余管理文献综述［J］．经营与管理，2021（2）：37-40.

④ 陈欣，宋玉禄，李振东．频繁并购重组与异常审计收费［J］．南京审计大学学报，2020，17（3）：26.

⑤ 黄国良，刘圻松．资本市场开放对企业债务融资成本的影响与机制研究：基于陆港通的准自然实验［J］．工业技术经济，2021，40（3）：63-71.

资本市场通过外部信息需求、内部管理层激励两种效应，刺激管理层更愿意进行自愿性信息披露，通过正向激励的方式使管理层披露的信息质量有所保证①，因此，管理层思维的转变能在主观上抑制盈余管理行为的发生。总体来看，资本市场开放对公司治理以及财务信息披露质量层面是正向影响的，进而约束了企业的盈余管理行为。

根据风险导向审计模型可知，审计风险之一来源于重大错报风险，重大错报风险与经营风险、舞弊风险密切相关。②盈余管理是管理层出于不同的目的粉饰财务报表的一种常见行为。以往研究表明，盈余管理行为会降低出具标准审计意见的数量，这一后果主要由重大错报风险高、信息风险高③等因素造成。具体来讲，公司进行盈余管理行为程度越高时，财务报表"表里不一"的程度越大，其存在错报的可能性越高。这部分风险一旦超过了审计师可容忍错报的程度，将会被出具非标准的审计意见；同时，当审计师发现公司的盈余管理行为时，审计师会认为公司管理层可能出于机会主义而进行利润操纵。这就意味着公司内部治理水平不良、经营风险较高、盈利的持续性均可能存在一定的问题，进一步造成了公司被评估的重大错报风险水平较高，内部监管不严等问题。根据信息传递理论，以上信息都是审计师出具非标准审计意见的依据。

借鉴温忠麟等[95]的研究，本章采用如下模型检验盈余管理的中介效应：

$$REM_{i,t}/AEM_{i,t}=\beta_0+\beta_1 HSSC_{i,t}+\beta_2 REC_{i,t}+\beta_3 INV_{i,t}+\beta_4 size_{i,t}+\beta_5 boards_{i,t}+\beta_6 DD_{i,t}+\beta_7 FIRS_{i,t} +\beta_8 state_{i,t}+\beta_9 age_{i,t}+\beta_{10} growth_{i,t}+\beta_{11} liquid_{i,t}+IND+year+\varepsilon_{i,t} \quad (5\text{-}6\text{-}1)$$

$$OP_{i,t}=\beta_0+\beta_1 HSSC_{i,t}+\beta_2 REM_{i,t}/AEM_{i,t}+\beta_3 REC_{i,t}+\beta_4 INV_{i,t}+\beta_5 size_{i,t}+\beta_6 boards_{i,t}+\beta_7 DD_{i,t} +\beta_8 FIRS_{i,t}+\beta_9 state_{i,t}+\beta_{10} age_{i,t}+\beta_{11} growth_{i,t}+\beta_{12} liquid_{i,t}+\sum IND +\sum year+\varepsilon_{i,t} \quad (5\text{-}6\text{-}2)$$

表 5-5 第二列列示了资本市场开放对审计意见总效应的回归结果，经检验，资本市场开放的回归系数为 0.525，且在 1% 水平下显著为正，初步说明了资本市场开放有助于标的公司被出具标准无保留的审计意见；第三列检验资本市场开放对应计盈余管理的影响，资本市场开放的回归系数为 -0.006，且在 1% 的水平下显著，说明资本市场开放显著抑制公司的应计盈余管理行为；最后，如第四列所示，中介变量应计盈余管理对被解释变量审计意见的作用显著（β_2=-4.949，p<0.01），说明中介效应存在。进一步分析发现，资本市场开放对审计意见的直接效应显著（β_1=0.509，p<0.01），说明应计盈余管理在资本市场开放与审计意见的关系中起部分中介作用，即资本市场开放可以通过抑制公司的应计盈余管理行为来帮助公司获得标准无保留的审计意见。

---

① 唐建新，程利敏，陈冬．资本市场开放与自愿性信息披露：基于沪港通和深港通的实验检验［J］．经济理论与经济管理，2021，41（2）：85-97.

② 张清芳．现代风险导向审计模型与传统风险导向审计模型的比较［J］．审计月刊，2008（1）：4-6.

③ 方红星，张勇．供应商/客户关系型交易、盈余管理与审计师决策［J］．会计研究，2016（1）：79-86.

表 5-5 影响路径分析——应计盈余管理的中介效应

变量	模型（5-4-1）	模型（5-6-1）	模型（5-6-2）
	OPIN	*AEM*	*OPIN*
HSSC	0.525***	-0.006***	0.509***
	(3.438)	(-4.002)	(3.322)
AEM			-4.949***
			(-10.233)
REC	-0.333	0.036***	-0.194
	(-0.552)	(5.774)	(-0.326)
INV	1.082**	0.054***	1.329***
	(2.065)	(9.326)	(2.578)
size	0.334***	-0.003***	0.296***
	(5.138)	(-5.608)	(4.562)
boards	-0.097***	-0.001***	-0.105***
	(-2.849)	(-2.942)	(-3.078)
DD	-2.837***	-0.004	-2.860***
	(-2.949)	(-0.340)	(-2.991)
FIRS	2.018***	0.005	2.078***
	(5.139)	(1.294)	(5.239)
state	0.657***	-0.007***	0.628***
	(5.702)	(-5.033)	(5.400)
age	-0.052***	0.000**	-0.053***
	(-5.662)	(2.019)	(-5.943)
growth	0.977***	0.017***	0.948***
	(2.944)	(8.967)	(3.294)
liquid	0.336***	-0.001***	0.318***
	(4.360)	(-3.306)	(4.305)
_cons	-3.855***	0.146***	-2.514*
	(-2.633)	(11.504)	(-1.716)

续表

变量	模型（5-4-1）	模型（5-6-1）	模型（5-6-2）
	OPIN	AEM	OPIN
IND	控制	控制	控制
year	控制	控制	控制
N	19 314	19 314	19 314
r2_p/r2_a	0.105	0.073	0.124
chi2/F	389.616	28.880	487.230

注：1. *、**、*** 分别表示在 10%、5%、1% 水平下显著，括号内为 t 值。

2. 表中空白表示不适用。

表 5-6 列示了真实盈余管理的中介效应的回归结果。第三列检验资本市场开放对真实盈余管理的影响，资本市场开放的回归系数为 -0.039，而且在 1% 的水平上显著，说明资本市场开放能够抑制真实盈余管理行为。如第四列所示，真实盈余管理的回归系数为 -1.594，在 1% 的水平上显著，且资本市场开放的回归系数为 0.455，在 1% 的水平上显著。这说明真实盈余管理在资本市场开放与审计意见的关系中发挥部分中介作用，即资本市场开放可以通过抑制真实盈余管理行为，进而帮助公司获得标准无保留的审计意见。

表 5-6 影响路径分析——真实盈余管理的中介效应

变量	模型（5-4-1）	模型（5-6-1）	模型（5-6-2）
	OPIN	REM	OPIN
HSSC	0.513***	-0.039***	0.455***
	(3.360)	(-10.376)	(2.952)
REM			-1.594***
			(-5.161)
REC	-0.261	0.156***	-0.080
	(-0.428)	(9.353)	(-0.134)
INV	0.929*	0.326***	1.318**
	(1.810)	(22.070)	(2.518)
size	0.343***	0.009***	0.352***
	(5.271)	(6.052)	(5.404)

续表

变量	模型（5-4-1）	模型（5-6-1）	模型（5-6-2）
	OPIN	*REM*	*OPIN*
boards	-0.095***	-0.003***	-0.101***
	(-2.768)	(-2.879)	(-2.942)
DD	-2.733***	-0.010	-2.727***
	(-2.817)	(-0.331)	(-2.811)
FIRS	2.029***	-0.085***	1.915***
	(5.089)	(-8.136)	(4.791)
state	0.659***	0.036***	0.704***
	(5.701)	(9.859)	(6.075)
age	-0.051***	0.001**	-0.048***
	(-5.505)	(2.117)	(-5.281)
growth	0.918***	-0.003	0.910***
	(2.784)	(-0.480)	(2.925)
liquid	0.345***	0.000	0.336***
	(4.450)	(0.289)	(4.517)
_cons	-4.126***	-0.252***	-4.345***
	(-2.826)	(-7.372)	(-2.988)
IND	控制	控制	控制
year	控制	控制	控制
N	18 552	18 552	18 552
r2_p/r2_a	0.104	0.057	0.111
chi2/F	384.661	27.397	419.197

注：1. *、**、*** 分别表示在 10%、5%、1% 水平下显著，括号内为 t 值。

2. 表中空白表示不适用。

（二）资本市场开放、内部控制与审计意见

作为公司内部治理的一项重要制度安排，内部控制贯穿于公司经营管理活动的全过程，[①] 一定程度上对审计意见类型产生重要影响。一方面，从信息披露角度来看，内

① 李兰云，王宗浩，阚立娜．内部控制与企业社会责任履行：基于代理成本的中介效应检验［J］．南京审计大学学报，2019，16（1）：28-36.

部控制信息披露能在一定程度上真实反映公司的内部控制质量，① 出于对标准无保留审计意见的追求，内部控制质量越高的公司往往会进行更多的内部控制信息披露。审计师在出具审计报告时，不仅会利用会计师事务所收集的相关证据，也会参考被审计单位内部控制信息。基于信息来源可靠性理论[96]，高水平的内部控制信息披露能够降低审计师对被审计单位重大错报风险的感知水平，审计风险随之降低。因此，公司披露的内部控制信息越多、缺陷越少，越容易获得标准无保留的审计意见②。另一方面，从公司发展角度来看，高质量的内部控制可以有效降低公司发展过程中的不确定性，[97] 缓解环境波动给公司带来的持续经营危机，进而稳定投资者信心，为公司带来新的资金流。同时，当公司内部控制质量较好时，债权人也会通过减少限制性条款等方式降低公司的借贷成本，③ 此时公司的资本成本较低，经营风险较小，更不容易出现财务危机。此外，基于委托代理理论，如果公司内部控制质量较好，那么其内部信息的准确性得以保证[98]，公司各层级的委托人便能更有效地监督、约束、激励内部决策代理人，降低内部代理成本④，进而抑制管理者的过度冒险行为，减小公司的经营风险，最终提高公司绩效水平。因此，高质量的内部控制能够通过降低公司经营风险，使其得以持续、稳定发展，进而更容易获得标准无保留意见的审计报告。

资本市场开放带来的境外投资者主要是价值投资者⑤，其投资时更偏好于长期价值投资，因此，境外投资者会更加注重公司的长期发展能力⑥。由于良好的内部控制能够提高公司的多元化价值，[99] 帮助公司实现可持续发展，因而公司的内部控制质量必然成为境外投资者重点关注的因素之一。考虑到文化因素的影响，我国公司各级人员往往秉持中庸态度，对管理层凌驾于内控之上的情况可能采取“事不关己，高高挂起”的消极态度，抑或是小心隐忍、折中调和⑦，内部控制的有效性随之削弱。由于外国文化与中华文化存在差异，境外投资者在参与公司治理时更具理性经纪人特质，在进行

① 崔志娟．规范内部控制的思路与政策研究：基于内部控制信息披露“动机选择”视角的分析［J］．会计研究，2011（11）：52-56.

② Krishnan J.Audit committee quality and internal control：An empirical analysis［J］.The Accounting Review，2005，80（2）：649-675.

③ 周楷唐，麻志明，吴联生．持续经营审计意见是否具有额外价值：来自债务融资的证据［J］．会计研究，2016（8）：81-88.

④ 李万福，林斌，宋璐．内部控制在公司投资中的角色：效率促进还是抑制［J］．管理世界，2011（2）：81-99.

⑤ 李蕾，韩立岩．价值投资还是价值创造：基于境内外机构投资者比较的经验研究［J］．经济学（季刊），2014，13（1）：351-372.

⑥ 连立帅，朱松，陈关亭．资本市场开放、非财务信息定价与企业投资：基于沪深港通交易制度的经验证据［J］．管理世界，2019，35（8）：136-154.

⑦ 郑石桥，郑卓如．核心文化价值观和内部控制执行：一个制度协调理论架构［J］．会计研究，2013（10）：28-34.

内部控制活动时将主动要求公司实施规范化、标准化的操作流程，抑制管理层违规违纪、凌驾于内控之上的发生频次①，推动公司的内部控制从“人治”型向“法治”型转变②。此外，“沪深港通”政策深化了我国资本市场与国际资本市场的交流合作，加剧了产品市场竞争。③当公司所处的竞争环境越激烈时，公司越希望通过建立完善的内部控制制度提高公司经营管理水平和风险防范能力，[100]进而实现市场竞争优势。因此，资本市场开放在提升内部控制质量的过程中发挥着催化剂的重要作用。综上，从内部控制的角度探讨资本市场开放对审计意见的影响机制，认为内部控制在资本市场开放与审计意见之间起到中介作用，资本市场开放可以通过提高内部控制质量，进而促进公司获得标准无保留意见的审计报告。

如前文所述，本章采用如下的模型检验内部控制的中介效应：

$$IC_{i,t}=\beta_0+\beta_1 HSSC_{i,t}+\beta_2 REC_{i,t}+\beta_3 INV_{i,t}+\beta_4 size_{i,t}+\beta_5 boards_{i,t}+\beta_6 DD_{i,t}+\beta_7 FIRS_{i,t}+\beta_8 state_{i,t}+\beta_9 age_{i,t}+\beta_{10} growth_{i,t}+\beta_{11} liquid_{i,t}+\sum IND+\sum year+\varepsilon_{i,t} \quad (5\text{-}6\text{-}3)$$

$$OPIN_{i,t}=\beta_0+\beta_1 HSSC_{i,t}+\beta_2 IC_{i,t}+\beta_3 REC_{i,t}+\beta_4 INV_{i,t}+\beta_5 size_{i,t}+\beta_6 board_{i,t}+\beta_7 DD_{i,t}+\beta_8 FIRS_{i,t}+\beta_9 state_{i,t}+\beta_{10} age_{i,t}+\beta_{11} growth_{i,t}+\beta_{12} liquid_{i,t}+\sum IND+\sum year+\varepsilon_{i,t} \quad (5\text{-}6\text{-}4)$$

如表 5-7 所示，第三列检验资本市场开放对内部控制的影响，资本市场开放的回归系数为 0.131，且在 1% 的水平上显著，说明资本市场开放能够提高公司的内部控制水平，进一步分析的观点得以验证；第四列中介变量内部控制对被解释变量审计意见的作用显著（β_2=0.611，p<0.01），说明中介效应存在。进一步分析发现，第四列资本市场开放的直接效应不显著，说明内部控制在资本市场开放与审计意见的关系中发挥完全中介作用，即资本市场开放通过提升公司内部控制质量促使其获得标准无保留的审计意见。

表 5-7　影响路径分析——内部控制的中介效应

变量	模型（5-4-1）	模型（5-6-3）	模型（5-6-4）
	OPIN	*IC*	*OPIN*
HSSC	0.339**	0.131***	0.115
	（2.309）	（4.415）	（0.716）
IC			0.611***
			（35.558）

① 刘彬，靳秀丽，李淑元．混合所有制企业外资股东与内部控制关系研究［J］．会计之友，2019（22）：154-160.

② 李志斌．国家文化视角的内部控制研究［J］．会计研究，2012（10）：49-53.

③ 陈丽蓉，邓利彬，郑国洪，等．资本市场开放、产品市场竞争与审计师选择：基于双重制度压力视角的实证研究［J］．审计研究，2021（1）：83-93.

续表

变量	模型（5-4-1）	模型（5-6-3）	模型（5-6-4）
	OPIN	*IC*	*OPIN*
REC	0.272	0.780***	-0.653
	（0.488）	（6.756）	（-1.104）
INV	1.132**	0.251**	1.114**
	（2.542）	（2.412）	（2.508）
size	0.585***	0.283***	0.357***
	（10.332）	（23.968）	（5.712）
boards	-0.056*	0.016**	-0.094**
	（-1.698）	（2.317）	（-2.509）
DD	-2.157**	0.017	-2.494**
	（-2.476）	（0.081）	（-2.299）
FIRS	2.159***	0.626***	1.367***
	（6.087）	（9.275）	（3.367）
state	0.422***	-0.001	0.534***
	（4.217）	（-0.028）	（4.420）
age	-0.061***	-0.026***	-0.034***
	（-7.624）	（-12.428）	（-3.626）
growth	0.419**	0.219***	0.180
	（2.284）	（6.692）	（1.472）
liquid	0.421***	0.055***	0.222***
	（4.977）	（12.036）	（4.712）
_cons	-10.224***	-0.074	-7.961***
	（-8.056）	（-0.271）	（-5.627）
IND	控制	控制	控制
year	控制	控制	控制
N	20 237	20 237	20 237
r2_p/r2_a	0.132	0.106	0.350
chi2/F	566.060	48.649	1814.104

注：1. *、**、*** 分别表示在 10%、5%、1% 水平下显著，括号内为 *t* 值。

2. 表中空白表示不适用。

二、影响路径分析：审计意见购买

为检验资本市场开放是否通过审计意见购买路径对审计意见产生影响，本章参照西穆内克[72]经典的审计定价模型，构建模型（5–6–5）如下：

$$ABFEE=\beta_0+\beta_1 HSSC+\beta_2 \mathrm{big4}+\beta_3 loss+\beta_4 OPIN+\beta_5 REC+\beta_6 INV+\beta_7 size+\beta_8 ROA+\beta_9 growth+\beta_{10} liquid+\beta_{11} LEV+\sum IND+\sum year+\varepsilon_{i,\ t} \quad (5\text{–}6\text{–}5)$$

参照陈宋生[101]的做法，本章采用单位资产审计费用的变化率衡量公司是否发生异常审计费用，进而购买审计意见。此外，本章控制住了其他可能影响异常审计费用的因素，包括事务所规模、是否亏损、审计意见、应收账款规模、存货规模、公司规模、资产收益率、成长性、资产的流动性以及资产负债率。同时，本章控制住了行业固定效应和年份固定效应。回归结果如表 5–8 所示。在加入控制变量之前，资本市场开放与异常审计收费（*ABFEE*）在 1% 的水平上显著负相关，初步表明资本市场开放抑制了异常审计收费的发生。加入控制变量之后，资本市场开放与异常审计收费无明显的相关关系，表明资本市场开放对异常审计收费没有显著影响。因此，资本市场开放主要通过公司治理路径而非审计意见购买路径帮助公司获得标准无保留的审计意见。

表 5–8　影响路径分析——审计意见购买

变量	因变量	
	（1）	（2）
	ABFEE	*ABFEE*
HSSC	–0.028***	0.007
	（–6.237）	（1.378）
big4		0.029***
		（3.437）
loss		–0.044***
		（–5.317）
OPIN		–0.106***
		（–7.653）
REC		–0.005
		（–0.215）
INV		0.006
		（0.332）

续表

变量	因变量	
	(1)	(2)
	ABFEE	*ABFEE*
size		-0.016^{***}
		(-6.967)
ROA		-0.665^{***}
		(-12.618)
growth		-0.102^{***}
		(-18.283)
liquid		-0.004^{***}
		(-3.623)
LEV		-0.040^{**}
		(-2.446)
_cons	-0.036^{**}	0.517^{***}
	(-2.028)	(10.370)
IND	控制	控制
year	控制	控制
N	20 197	20 197
F	18.274	47.058
r2_a	0.029	0.126

注：1. *、**、*** 分别表示在 10%、5%、1% 水平下显著，括号内为 t 值。
2. 表中空白表示不适用。

三、资本市场开放、会计师事务所特征与审计意见

（一）资本市场开放、事务所规模与审计意见

公司所有权与经营权的分离使得所有者与经营者之间存在较为严重的信息不对称问题。[①] 基于理性经济人假设，契约双方都以追求各自利益最大化为目标，经营者在信息不对称和契约不完全的情况下会产生自利行为，从而激化矛盾。外部审计作为一

① 杨惠贤，李晓清．事务所规模、公共压力与审计质量［J］．财会月刊，2017（5）：103.

种有效的外部监督机制①②，通过为投资者和其他利益相关者提供更为公允、真实和可靠的会计信息，缓解他们面临的信息不对称和代理冲突问题③。同时，会计师事务所还在所有者与经营者关系中充当担保人的角色。基于“深口袋”理论，当公司出现不清洁行为而会计师事务所未及时、准确地出具审计意见时，会计师事务所的低质量审计报告会对投资者等财务报告使用者的利益造成损害，此时，会计师事务所往往无法全身而退。由于大规模会计师事务所一般都具备资金雄厚、赔偿能力较强等特点，不管是投资者还是法院都倾向于向大规模会计师事务所进行索赔。④ 因此，相对于小规模会计师事务所来说，大所“口袋”较深，赔偿风险较高。此外，一旦大规模会计师事务所出现审计失败，其自恃的高质量声誉将有可能受到严重冲击，进而造成客户资源大量流失，审计收入大量减少。2001 年，“安然事件”使安达信会计师事务所声誉受损，终结了安达信从事 89 年的审计业务，最终正式退出历史舞台。⑤ 这一事件使得大规模会计师事务所更加重视自身品牌声誉的建设和维护，以防悲剧重演。基于此，受到规模的“约束效应”，为了避免声誉受损和更多的诉讼成本，大所在审计过程中往往会表现得更为谨慎和独立，⑥ 更能发现被审计单位财务报告中的问题。资本市场开放后，更加严格的内外部监督环境虽然有效地提升了公司治理水平和财务报告质量，增加了其获得标准无保留审计意见的可能性，但与此同时，标的公司需要面对上交所或深交所和港交所的联合监管，更高的诉讼压力和更大的法律责任“迫使”大所更加谨小慎微，⑦ 具体体现为追加审计程序，增加强调事项提醒财务报告使用者关注有关事项，进而使得标的公司不轻易从大规模律师事务所处获得标准无保留的审计意见。因此，当公司受到大规模会计师事务所审计时，资本市场开放对标准无保留审计意见的促进作用不明显。

---

① Jensen M C, Meckling W H. Theory of the firm：Managerial behavior, agency costs and ownership structure [J].Journal of financial economics, 1976, 3 (4): 305-360.

② FAN J P H, WONG T J.Do external auditors perform a corporate governance role in emerging markets? Evidence from East Asia [J]. Journal of accounting research, 2005, 43 (1): 35-72.

③ 丁方飞，刘敏，乔紫薇．事务所规模、制度环境与企业税收激进［J］．审计与经济研究，2019，34（1）：14-23.

④ 龙小海，张媛媛．会计师事务所规模与审计质量：基于会计师事务所分所的实证研究［J］．南京审计大学学报，2016，13（5）：95.

⑤ 王兵，刘峰．安达信倒塌：研究发现了什么［J］．会计研究，2010（7）：75-80.

⑥ 王嘉鑫，王永海．事务所变更的“年报形式质量之谜”及其经济后果：基于模板化披露的经验证据［J］．审计研究，2020（3）：50-58.

⑦ KHURANA I K, RAMAN K K. Litigation risk and the financial reporting credibility of big 4 versus non-big 4 audits：Evidence from anglo-American countries [J]. The Accounting Review, 2004, 79 (2): 473-495.

基于以上分析，本章借鉴吴昊旻等[102]的做法，采取如下划分方式对会计师事务所规模进行衡量：按照会计师事务所是否为“四大”会计师事务所进行分类，当会计师事务所为“四大”会计师事务所时，big4=1，否则 big4=0。分组回归结果如表 5-9 所示，在 big4=1 的样本中，资本市场开放与审计意见无明显的相关关系；而在 big4=0 的样本中，资本市场开放的回归系数为 0.308，且在 5% 的水平上显著。这表明资本市场开放与标准无保留审计意见的正相关关系在非“四大”组显著，而在“四大”组不显著，进一步分析的观点得以验证。

表 5-9 资本市场开放、事务所规模与审计意见

变量	因变量	
	big4=1	big4=0
	（1）	（2）
	OPIN	*OPIN*
HSSC	0.109	0.308**
	（0.153）	（2.096）
REC	−22.167***	0.999*
	（−4.989）	（1.743）
INV	−1.712	1.153**
	（−0.626）	（2.548）
size	0.053	0.580***
	（0.189）	（10.059）
boards	−0.141	−0.042
	（−1.111）	（−1.230）
DD	0.971	−2.108**
	（0.157）	（−2.378）
FIRS	10.096**	2.126***
	（2.558）	（5.818）
state	3.993***	0.417***
	（3.644）	（4.121）
age	−0.084	−0.061***
	（−1.187）	（−7.598）
growth	0.562	0.455**
	（0.808）	（2.379）

续表

变量	因变量	
	big4=1	big4=0
	(1)	(2)
	OPIN	*OPIN*
liquid	0.677	0.418***
	(0.806)	(5.046)
_cons	0.903	-10.270***
	(0.166)	(-7.966)
IND	控制	控制
year	控制	控制
N	867	19 156
r2_p	0.520	0.132
chi2	92.908	564.341

注：*、**、*** 分别表示在 10%、5%、1% 水平下显著，括号内为 *t* 值。

（二）资本市场开放、事务所变更与审计意见

随着证券市场的发展以及会计师事务所竞争的加剧，我国上市公司变更审计机构的情况日益频繁。① 从理论上讲，事务所变更的主要目标是强化审计师的独立性，提高财务报告披露质量，促进资本市场的有效运转。② 然而，以往对事务所变更的经济后果研究却得到了两种截然相反的结论，资本市场中审计师与被审计单位关系的重构备受争议。

一方面，从公司变更会计师事务所的动因来看，当公司收到不利审计意见后，有强烈意愿寻找会发表有利审计意见的审计师继任。③ 同时，当管理层认为现任审计师稳健性高于审计师的平均水平时，管理层也有动机解聘现任审计师。④ 此外，合谋理

① 耿慧敏，武杏杏 . 上市公司变更会计师事务所对会计稳健性的影响研究［J］. 南京审计大学学报，2016，13（6）：90.

② 王嘉鑫，王永海 . 事务所变更的“年报形式质量之谜”及其经济后果：基于模板化披露的经验证据［J］. 审计研究，2020（3）：48–56.

③ MATSUMURA E M，SUBRAMANYAM K R，TUCKER R R.Strategic auditor behavior and going - concern decisions［J］. Journal of business finance & accounting，1997，24（6）：727–758.

④ DEFOND M L，SUBRAMANYAM K R. Auditor changes and discretionary accruals［J］. Journal of accounting and economics，1998，25（1）：35–67.

论认为，公司变更事务所可能是为了寻找“听话”的事务所以默许其信息操纵行为，[①] 并通过审计意见购买的方式获得标准无保留的审计意见。由于我国审计市场集中度较低，竞争激烈，[②] 审计师的可替代性较强，因而审计师迫于生存压力会努力迎合客户的需求，最终与客户达成审计意见购买的“协议”。[③] 就继任审计师角度来说，更换事务所后，继任审计师缺乏对被审计单位及其环境的足够了解，而诸如行业状况、治理结构和内部控制等客户特定知识对审计师评估及应对重大错报风险至关重要[④]，由此形成的信息不对称使得继任审计师可能无法注意到客户环境中的异常事件或重要变化，进而对审计质量造成负面冲击[⑤]，继任审计师发现客户财务报告中存在的问题并通过出具非标准无保留审计意见提醒财务报告使用者注意的可能性减小。因此，公司变更会计师事务所后，其获得的审计意见将很有可能得到改善。此时，资本市场开放与标准无保留审计意见的正向关系受到削弱，即公司获得标准无保留审计意见的主要原因很可能是事务所变更，而非资本市场开放带来的监督治理效应。

另一方面，“新鲜感”理论认为，审计师长期审计同一客户会产生厌倦感，进而在工作中放松职业警惕。而会计师事务所变更能够为继任审计师的工作带来“新鲜感”[⑥]，促使其加大审计投入力度，因此，更有可能发现并纠正财务报告中存在的问题。尤其是当事务所升级变更时，由于大规模会计师事务所具备更高水平的专业技能和独立性[⑦]，继任审计师发表的审计意见将倾向于不清洁或恶化[⑧]。此外，继任审计师在面对有过媒体负面报道的客户时，由于受到媒体议程设置的铺垫效应影响，对其新客户具有负面第一印象，审计师的谨慎性及风险判断意识可能会更高[⑨]。资本市场开放吸引众多市场中介机构跟踪标的公司，在改善公司信息环境的同时[⑩]，也加剧了负面信息曝光

---

① CHEN F，PENG S L，XUE S，et al. Do audit clients successfully engage in opinion shopping？ Partner - level evidence［J］. Journal of Accounting Research，2016，54（1）：79–112.

② 任珈萱，耿慧敏 . 国内上市公司审计合谋的发生因由和治理方案［J］. 财经界，2017（2）：309，311.

③ 陈宋生，曹圆圆 . 股权激励下的审计意见购买［J］. 审计研究，2018（1）：59–67.

④ 王嘉鑫，王永海 . 事务所变更的“年报形式质量之谜”及其经济后果：基于模板化披露的经验证据［J］. 审计研究，2020（3）：50–58.

⑤ 叶陈刚，初春虹，段佳明 . 媒体关注、审计师变更与审计质量［J］. 西安财经大学学报，2020，33（6）：39–48.

⑥ LU T，SIVARAMAKRISHNAN K. Mandatory audit firm rotation：Fresh look versus poor knowledge［J］. Journal of accounting and public policy，2009，28（2）：71–91.

⑦ 吴昊旻，吴春贤，杨兴全 . 惩戒风险、事务所规模与审计质量：来自中国审计市场的经验证据［J］. 审计研究，2015（1）：75–83.

⑧ 任迎伟，缪丹 . 审计师自愿变更对其独立性的影响研究：对我国上市公司审计师变更的实证分析［J］. 西南民族大学学报（人文社科版），2003，24（12）：336–339.

⑨ 周兰，耀友福 . 媒体监督、审计契约稳定性与审计质量［J］. 外国经济与管理，2015，37（7）：61.

⑩ 郭阳生，沈烈，汪平平 . 沪港通降低了股价崩盘风险吗：基于双重差分模型的实证研究［J］. 山西财经大学学报，2018，40（6）：30–43.

的风险。此时，更加透明的信息环境会进一步增加继任审计师的市场压力，使其在强大的舆论（尤其是负面舆论）意见环境中主动监督客户以减少管理层盈余操纵等隧道行为，并很有可能通过出具非标准无保留审计意见的方式降低声誉风险。因此，基于"新鲜感"理论与"铺垫效果"理论，当公司当年变更会计师事务所时，更不容易获得标准无保留的审计意见，资本市场开放带来的透明的信息环境进一步加剧了铺垫效应的影响，使继任审计师出具标准无保留审计意见的可能性减小，资本市场开放对标准无保留审计意见的促进作用减弱。

基于以上分析，本章借鉴马晨等[103]的做法，按照当年会计师事务所是否变更进行分类，在当年会计师事务所变更时，*change*=1，否则 *change*=0。以此检验其对资本市场开放与审计意见两者关系之间的调节作用。回归结果如表 5-10 所示，在 *change*=1 的样本中，资本市场开放与审计意见无明显的相关关系；而在 *change*=0 的样本中，资本市场开放的回归系数为 0.335，且在 5% 的水平上显著，表明资本市场开放与审计意见的正相关关系在当年会计师事务所未发生变更时显著，而在当年会计师事务所发生变更时不显著，进一步分析的观点得以验证。

表 5-10 资本市场开放、事务所变更与审计意见

变量	因变量	
	change=0	*change*=1
	（1）	（2）
	OPIN	*OPIN*
HSSC	0.335**	0.241
	（2.032）	（0.714）
REC	0.415	0.255
	（0.642）	（0.231）
INV	1.175**	0.304
	（2.395）	（0.304）
size	0.586***	0.526***
	（9.185）	（4.129）
boards	−0.075**	0.044
	（−2.167）	（0.479）
DD	−2.241**	−2.287
	（−2.387）	（−1.001）

续表

变量	因变量	
	change=0	*change*=1
	（1）	（2）
	OPIN	*OPIN*
FIRS	1.839***	3.850***
	（4.678）	（4.616）
state	0.402***	0.736***
	（3.629）	（2.866）
age	-0.060***	-0.070***
	（-6.786）	（-3.839）
growth	0.363*	0.770*
	（1.765）	（1.912）
liquid	0.457***	0.303**
	（4.739）	（2.002）
_cons	-9.819***	-11.044***
	（-6.974）	（-3.702）
IND	控制	控制
year	控制	控制
N	18 050	2299
r2_p	0.127	0.199
chi2	447.393	180.134

注：*、**、*** 分别表示在 10%、5%、1% 水平下显著，括号内为 t 值。

第七节　研究结论与启示

从“沪港通”到“深港通”，中国资本市场开放的“大门”越开越大。这一政策冲击加快了中国融入世界经济的步伐，也重塑了公司的治理和信息环境，减少了审计师面临的审计风险，进而影响审计意见类型。本章从资本市场开放的背景出发，以“沪深港通”政策实施为准自然实验，利用2010—2019年我国A股上市公司的数据探讨资本市场开放对审计意见的影响，并从企业社会责任视角检验其对资本市场开放与审计意见两者关系之间的调节作用。实证研究结果表明：①资本市场开放后，标的公司更容易获得标准无保留意见的审计报告。②企业社会责任在资本市场开放与审计意见的关系中起正向调节作用，即企业社会责任表现越好，资本市场开放越能促进标的公司获得标准无保留意见的审计报告。③资本市场开放对审计意见的影响路径主要是通过改善公司治理实现的。具体表现为资本市场开放通过抑制公司的盈余管理行为和优化内部控制质量帮助公司获得标准无保留意见的审计报告。④会计师事务所特征也会对资本市场开放与审计意见的关系产生影响。资本市场开放与审计意见的正相关关系在非“四大”组显著，而在“四大”组不显著；在当年会计师事务所发生变更时显著，而会计师事务所未变更时不显著。本章从审计意见角度切入，基于审计意见购买路径和公司治理路径分析资本市场开放对审计意见的影响机制，并实证检验证实了资本市场开放的治理效应，进一步丰富了资本市场开放的经济后果和审计意见影响因素的相关研究，为促进资本市场持续健康发展提供重要的经验证据，对公司充分发挥资本市场开放带来正面效应，提升治理水平，进而获得可持续发展具有现实意义。

基于本章结论，可以得到如下政策启示：①“沪深港通”等资本市场开放政策在为我国资本市场带来红利的同时，也可能由于短期内大规模的资本无序流动、高频投机交易带来诸多风险。因此，有关部门应当建立健全宏观审慎监管体系，防范化解金融风险，并切实为我国资本市场引入增量的价值投资者，减少资本市场的投机性、短视化行为，优化投资者结构和公司治理水平。②会计师事务所作为重要的市场中介机构之一，对于优化公司治理水平、推动实体经济健康发展至关重要。会计师事务所应当提升审计质量，对审计过程中发生的异常事项保持警觉，杜绝审计意见购买等损害审计独立性行为的发生，充分发挥资本市场“经济警察”的监督治理作用。③上市公司应借助资本市场开放提供的良好契机实现可持续发展。一方面，公司应当提升内部控制水平，改善信息披露质量，向资本市场传递更加有效的财务报告信息，确保公司获得标准无保留意见的审计报告和长期发展所需的资金支持；另一方面，积极履行社会责任有助于公司树立优质形象，赢得更多投资者的青睐和审计师的价值认同。因此，公司在追求经济利益的同时，也应当通过积极履行社会责任建立与外界的良性互动，实现公司价值增值。

第六章　资本市场开放、企业社会责任信息披露与审计师选择

第一节　引言

自20世纪80年代以来，随着经济全球化浪潮的推进，世界各国尤其是发展中国家相继对外开放了本国资本市场。[①] 审计师作为独立第三方，是资本市场的重要参与者之一，[②] 其高质量审计有助于减少信息不对称，降低代理成本，缓解代理问题，促使公司会计信息真实性和可靠性的提高以及公司价值的增加。显然，公司可以通过选择高质量审计师的方式以提高信息披露质量，从而向投资者传递公司治理完善的信号。[③] 资本市场开放后，证券市场的国际化发展对资本市场监管和公司信息披露提出了更高的要求，公司存在获取高质量审计服务的需要。已有文献从公司所处外部环境、产品市场竞争、产权性质、股权结构和董事会特征等角度研究其对审计师选择的影响，关于资本市场开放对审计师选择影响的研究则相对较少。

企业社会责任信息作为公司与外部环境沟通非财务信息的重要桥梁，其披露响应了市场日益增长的多元化信息需求，凸显企业对公众社会责任意识觉醒的重视。资本市场开放引入了大量境外投资者、财务分析师及券商等，企业披露高质量社会责任信息有助于满足其监督和信息需求，并向其传递积极信号以于激烈的市场竞争中脱颖而出，帮助企业获取更多的境外资本。首先，高质量社会责任信息披露加强了各方对管理者行为的约束与监督，促使公司与多方利益相关者建立隐形契约，一定程度上降低了代理成本，缓解了代理问题。[④] 其次，披露更多的优质社会责任信息

① 钟覃琳，陆正飞．资本市场开放能提高股价信息含量吗：基于“沪港通”效应的实证检验［J］．管理世界，2018，34（1）：169.

② 罗棪心，伍利娜．资本市场开放对公司审计的影响：基于“陆港通”背景的实证研究［J］．审计研究，2018（5）：65–73.

③ 马勇，王满，马影，等．非国有大股东影响国企审计师选择吗［J］．审计与经济研究，2019，34（2）：19–30.

④ HOPE O，HU D，LU H. The Benefits of specific risk- factor disclosures［J］. Review of accounting studies，2016，21（4）：1005–1045.

有利于投资者更为全面地了解公司运营状况[①]，降低其决策风险，增强投资信心，帮助企业赢得境外投资者的认可与支持，提升企业获取境外资本的可能性，具有正面财富效应。最后，在激烈的资本市场竞争中，企业通过披露社会责任信息的方式向公众传递非完全自利的积极信号[②]，形成品牌、声誉等竞争对手难以模仿和复制的关键性资源，利于企业从外部环境挖掘竞争优势。此时，高质量社会责任信息披露与选择高质量审计师同时表现为降低信息不对称的两种机制[③]，均具有加强外界监督、传递优质信号价值的作用，资本市场开放后，已披露高质量社会责任信息的企业对选择高质量审计师的需求亦会有所变化。基于此，本章将研究视角聚焦于2014年“沪港通”和2016年“深港通”开放以来我国上市公司审计师选择的相关情况，探讨我国资本市场开放对审计师选择的影响以及披露企业社会责任信息会对两者关系造成什么改变。

第二节　审计师选择研究现状

20世纪80年代以来，伴随着我国经济的发展，审计市场日益成熟，会计师事务所之间的竞争也越来越激烈。虽然审计师与审计市场本身具有一些特殊性，但是在本质上依然是一个买卖“审计服务”的产品市场。审计被认为是降低信息不对称、缓解代理问题的关键制度安排，其质量高低受到诸多因素的影响，现阶段普遍认为事务所规模与审计质量正相关。亨特（Hunt）等指出大规模会计师事务所和小规模会计师事务所提供的审计质量存在本质区别的原因主要包括三个方面[④]：第一，大规模会计师事务所声誉更高，为了维护高声誉，大规模会计师事务所更可能保持较高水平的独立性，提供高质量审计[⑤]。第二，大规模会计师事务所能够更好地培训员工且拥有更好的技术

① 王艳艳，于李胜，安然．非财务信息披露是否能够改善资本市场信息环境：基于社会责任报告披露的研究［J］．金融研究，2014（8）：178-191.

② 宋献中，胡珺，李四海．社会责任信息披露与股价崩盘风险：基于信息效应与声誉保险效应的路径分析［J］．金融研究，2017（4）：161-175.

③ 罗珊梅，李明辉．社会责任信息披露、审计师选择与融资约束：来自A股市场的新证据［J］．山西财经大学学报，2015，37（2）：106.

④ HUNT AK，LULSEGED A.Client importance and non-big 5 auditors' reporting decisions［J］. Journal of accounting and public policy，2007，26（2）：212-248.

⑤ DE ANGELO L E.Auditor size and audit quality［J］. Journal of accounting and economics，1981，3（3）：183-199.

支持，从而帮助审计师发现被审计单位存在的重大错报、漏报问题。[①]第三，根据“深口袋”理论，大规模会计师事务所面临的法律诉讼风险较高，这会促使大规模会计师事务所主动提高审计质量。[②]由此可见，公司选择会计师事务所的规模不同，会导致公司获得的审计服务质量不同。马勇等[③]进一步研究发现，学者们主要从代理理论、信息理论、信号理论和保险理论等角度出发，解释公司聘请高质量外部审计师的动机。不同类型的公司也会因其面临的环境及特征差异对审计产生差异化需求，从而影响公司审计师选择。目前，针对我国资本市场审计师选择的研究大致可以分为以下两种类型：

（1）公司外部环境对审计师选择的影响。第一，从制度环境出发。刘笑霞和李明辉发现，审计师受到监管部门的处罚导致会计师事务所声誉受损后，上市公司为表明企业对高水平审计服务的高需求，会选择变更外部独立审计机构以获得高质量审计服务。[④]第二，从文化环境出发。吴晓晖等发现，公司所处地区腐败越严重，其聘请高质量审计师的概率越低。[⑤]第三，从市场环境出发。徐玉德和韩彬发现，在信号传递机制和竞争环境对管理层行为影响的双重作用下，市场竞争地位越高的民营上市公司越倾向于选聘高质量内控审计师。[⑥]进一步，陈丽蓉等基于“沪深港通”政策研究发现，资本市场开放后，为了满足境外投资者偏好，获得更多境外资本，公司会主动选择高质量审计师来优化公司治理，提高信息披露质量。[⑦]

（2）公司内部环境对审计师选择的影响。第一，从公司产权性质出发。基于中国独特的制度背景对国有企业审计师选择偏好进行的研究，王（Wang）等发现相对于非国有企业而言，国有企业更倾向于雇佣本地小所，并进一步从知识优势、审计需求以及审计合谋的角度对这一现象提供解释。[⑧]同时，龚启辉等利用 1994—2008 年上市公

① 徐会超，潘临，张熙萌．大股东股权质押与审计师选择：来自中国上市公司的经验证据［J］．中国软科学，2019（8）：136.

② DYE R A.Auditing standards，legal liability，and auditor wealth［J］. Journal of political economy，1993，101（5）：887-914.

③ 马勇，王满，马影，等．非国有大股东影响国企审计师选择吗［J］．审计与经济研究，2019，34（2）：19-30.

④ 刘笑霞，李明辉．代理冲突、董事会质量与“污点”审计师变更［J］．会计研究，2013（11）：67-74.

⑤ 吴晓晖，李卿云，杨风，等．地区腐败、供应链特征与审计师选择［J］．审计与经济研究，2017，32（6）：11-21.

⑥ 徐玉德，韩彬．市场竞争地位、行业竞争与内控审计师选择：基于民营上市公司的经验证据［J］．审计研究，2017（1）：88-97.

⑦ 陈丽蓉，邓利彬，郑国洪，等．资本市场开放、产品市场竞争与审计师选择：基于双重制度压力视角的实证研究［J］．审计研究，2021（1）：84.

⑧ WANG Q，WONG TJ，XIA L.State ownership，the institutional environment，and auditor choice：Evidence from China［J］.Journal of accounting andeconomics，2008，46（1）：112-134.

司财务数据发现公司的政府背景、最终控制人性质可能会影响审计师的选择，中央企业更可能选聘具有中央政府背景的会计师事务所。① 此外，直属国务院、国资委以及国有控股公司更可能选聘国际“四大”会计师事务所。第二，从公司内部治理特征出发。从早期关注董事会特征等内部治理结构因素，到发现较为重要且与母公司关联度较高的子公司更倾向于选择本地的会计师事务所，学者们对这一主题的认识正在不断深化。李明辉和刘笑霞研究发现，董事会开会频率可以作为董事会行为的指示变量，董事会开会越频繁，说明其越勤勉，越有可能聘请高质量的审计师对管理层提供的财务报表进行审计。② 随后，徐向艺和方政研究指出，地位相对重要（关联度较高）的子公司在审计师选择方面的权衡可能会以母公司意志为出发点，优先选择本地的会计师事务所而不是声誉较高的“国际四大”或“国内十大”会计师事务所。③ 第三，从公司决策出发。回顾企业社会责任信息披露相关文献，更多学者认为披露社会责任信息对企业信息透明度、声誉资产、竞争优势、资本成本等方面有积极影响。罗珊梅和李明辉研究发现，披露社会责任信息较好的公司会在一定程度上减少对高质量审计师融资有用性的需求，转而选择非高质量的审计师来节约审计成本。④

综上所述，国内外尚无企业社会责任信息披露对资本市场开放以及审计师选择关系调节效应的专门研究。因此，本章将我国 2010—2019 年 A 股上市公司作为研究样本，借助“沪深港通”这一准自然实验平台，通过构建双重差分模型，检验资本市场开放对境内上市公司审计师选择的影响以及企业社会责任信息披露对两者关系的调节效应。

第三节　理论分析与研究假设

一、资本市场开放与审计师选择

资本市场的开放提高了境外投资者的持股比例[24]，导致其积极参与公司治理的机

① 龚启辉，吴联生，王亚平．政府控制与审计师选择［J］．审计研究，2012（5）：42-50.

② 李明辉，刘笑霞．董事会特征与审计师选择：基于中国上市公司 2002—2003 年数据的研究［J］．山西财经大学学报，2008，30（6）：107.

③ 徐向艺，方政．母子公司关联度与子公司审计师选择：基于股权制衡的调节效应视角［J］．审计与经济研究，2014（2）：24.

④ 罗珊梅，李明辉．社会责任信息披露、审计师选择与融资约束：来自 A 股市场的新证据［J］．山西财经大学学报，2015，37（2）：108.

会增加，促使管理层提供更加透明的盈余信息，提高信息披露质量。首先，与国内投资者相比，境外投资者全球化经验更丰富，具有更好的监督技巧以及更先进的沟通和分析工具[71]，且具有较强的独立性，与公司没有投资以外的关联，因此能够对公司进行更好的监督[5]。其次，随着“沪深港通”启动，境外投资者交易会导致更多的分析师关注和分析报告生成，在降低信息不对称程度的同时也促使公司披露更多信息。[73]最后，“沪深港通”的开通必然会将香港联合交易所以及香港市场的投资者对公司治理、信息披露等行为规范的要求和标准带入内地资本市场，对上市公司治理和信息披露提出了更高要求。①

资本市场开放后，为了满足境外投资者偏好，获得更多境外资本，公司也会主动优化公司治理，提高信息披露质量。独立审计作为资本市场的重要参与者之一，被认为是降低信息不对称、缓解代理问题及提高信息披露质量的关键制度安排，选择高质量审计师能更好地满足公司信息质量和信号传递的价值需求②。代理理论认为外部审计作为一种外部监督力量，聘请高质量审计师的上市公司更少发生财务舞弊和违规，盈余管理程度更低，③会计信息质量更高，更符合境外投资者、分析师等监督者对信息质量的要求。信号理论认为高质量审计师拥有良好的声誉，上市公司选择高质量审计师具有信号传递价值，在外部市场上释放出“优质”信号，显示自身对于公司价值的自信，有利于公司从资本市场获得融资。因此，资本市场开放后公司选择高质量审计师的可能性增加。基于以上分析，提出以下假设：

H6-3-1：资本市场开放与高质量审计师的选择呈显著正相关。

二、企业社会责任信息披露：资本市场开放与审计师选择

企业社会责任信息披露作为非财务信息最有效的披露途径之一，能够向市场传递更多企业经营绩效、风险管理等方面的真实信息，提升企业信息透明度，抑制管理者隐藏坏消息的动机，进而增强外部对管理层的监督能力。④高质量企业社会责任信息披露行为促使管理层与更多的利益相关方建立隐性契约，抑制其操纵市场、盈余管理等私利谋取行为，促使公司经理人和投资者就公司长远利益的目标达成一致。同时，高质量信息披露行为亦能够有效避免管理层出于利己心理作出对公司发展无谓的社会

① 罗棪心，伍利娜．资本市场开放对公司审计的影响：基于“陆港通”背景的实证研究［J］．审计研究，2018（5）：65-73.

② 陈娇娇，白芳玉．社会责任信息披露影响审计师收费水平吗［J］．南京财经大学学报，2020（1）：98-108.

③ FRANCIS J R，YU MD. Big4 office size and audit quality［J］. The accounting review，2009，84（5）：1521-1552.

④ 孟庆斌，侯粲然．社会责任履行与企业金融化：信息监督还是声誉保险［J］．经济学动态，2020（2）：45-58.

责任投资，揭露其将业绩下滑归咎于承担必要社会责任支出等推卸责任的行为，从而降低高管薪酬粘性，有助于企业建立更加合理的薪酬契约机制，降低代理成本。① 在资本市场开放后，境外投资者持股比例逐渐提高，自身利益牵扯加剧，监督需求亦相应提升，② 为获取更多境外投资，履行社会责任的企业会披露相关优质信息以满足其监督需求。相比境内投资者，来自境外的投资者存在一定的信息劣势，社会责任信息披露有助于投资者全方位了解企业的经营管理活动。高质量信息披露行为会吸引资本市场中更多的财务分析师、媒体舆论等外部力量的关注与监督，形成溢出效应，从而有效抑制企业管理层的机会主义行为，一定程度上契合境外投资者的监督需求，降低企业内部代理成本，增强竞争优势。此时，披露高质量社会责任信息的企业选择高质量审计师以减少代理成本、提升企业获取境外资本可能性的需求减小。

企业社会责任信息作为公司关键非财务信息来源，其披露是对利益相关者期望和信息需求的积极回应。高质量社会责任报告在有效提升投资者分析预测精度的同时，亦有利于分析师提升对公司的追踪水平，降低企业债务融资风险。这些间接经验证据支持高质量企业社会责任信息披露可以为市场提供有效的增量信息，降低企业与外界的信息不对称程度，提升企业信息沟通效率。③ 资本市场开放后，囿于信息不对称等摩擦因素，大量境外投资者难以基于市场自由流动信息作出理性决策，致使公司外部资本成本高于内部成本，难以获取外部融资。而高质量企业社会责任信息报告中包含的关键非财务信息能积极改善市场信息环境，④ 向市场提供有效的增量信息，有助于提升公司与境外投资者的信息沟通水平，进而弱化企业内部人的信息优势，降低公司外部融资成本。同时，互联互通机制吸引了许多经验丰富的分析师、券商以及媒体等信息中介涌入资本市场，[24] 更强烈的信息需求与更严格的披露要求亦随之进入市场。高质量社会责任信息披露行为强调对信息披露内容进行具体指引和规范，促使披露内容的水平和质量显著提升，提高管理层与投资者之间信息传递的数量与质量，降低境外投资者投资决策风险，有利于企业管理层与境外投资者形成良好的互信机制，提升投资效率，[104] 进而帮助两者建立长期稳定关系。基于此，披露高质量社会责任

① 牟红丽，徐平，朱志红．内部控制、社会责任信息披露与高管薪酬粘性关系研究［J］．牡丹江大学学报，2020，29（11）：13-18.

② 黄文青．境外股东异质性、企业性质与公司治理效率：基于中国上市公司的实证检验［J］．财经理论与实践，2017，38（1）：74-79.

③ 钟马，徐光华．社会责任信息披露、财务信息质量与投资效率：基于“强制披露时代”中国上市公司的证据［J］．管理评论，2017，29（2）：234-244.

④ 王艳艳，于李胜，安然．非财务信息披露是否能够改善资本市场信息环境：基于社会责任报告披露的研究［J］．金融研究，2014（8）：178-191.

信息的企业选择高质量审计师以满足境外投资者信息需求、降低外部融资成本诉求减弱。

企业社会责任信息披露行为具有信号传递价值，向市场传递优质信号，使企业在市场竞争中彰显价值自信。高质量社会责任信息披露能够帮助企业积累道德与声誉资本，塑造良好的企业形象，有助于公司在激烈的竞争中脱颖而出，使投资者等利益相关方在众多企业中识别公司传递的信号。① 在资本市场逐步对外开放的过程中，由于新进入市场的境外投资者对境内市场了解较少，拥有知名品牌与良好声誉的公司更易被投资者识别。为充分利用市场开放给经济带来的积极影响，获取更多境外资本，企业会以高质量社会责任报告为信号传递方式，积极宣传企业社会责任履行情况及成果。高质量社会责任信息披露行为在一定程度上向利益相关者传递非完全自利的积极信号，该信号有利于企业获取诸如声誉等竞争对手难以模仿或复制的关键性资源，② 建立模仿壁垒，获取竞争优势，进而帮助企业赢得境外投资者的认可和支持，增强其投资信心。此时，企业通过选择高质量审计师向外界传递优质信号的需求降低，高质量企业社会责任信息披露负向调节资本市场开放对高质量审计师选择的需求。

由此可见，披露高质量企业社会责任信息与选择高质量审计师存在效用趋同性，但介于编制和披露社会责任信息需要企业投入一定的人力和物力，增加企业运营成本，选择高质量审计师亦需承担较高的审计费用，企业基于成本效益原则会在两种选择之间进行权衡，披露高质量企业社会责任信息的公司会降低选择高质量审计师的需求。综上所述，提出以下假设：

H6-3-2：企业社会责任信息披露负向调节资本市场开放与审计师选择的关系，即企业社会责任信息披露完善的公司在资本市场开放后选择高质量审计师的可能性降低。

第四节　实证设计

一、样本选择与数据来源

由于 2009 年全球金融危机的持续，影响了境外投资者决策，本章选取 2010—

① 孟庆斌，侯粲然．社会责任履行与企业金融化：信息监督还是声誉保险［J］．经济学动态，2020（2）：45-58.

② 徐辉，周孝华．CSR 信息披露质量与现金持有决策［J］．审计与经济研究，2019，34（5）：75-84.

2019年A股上市公司作为研究样本。依据惯例，本章在样本中剔除了证券监督管理委员会所规定的金融类上市公司，同时根据以下标准剔除了部分观测值：①剔除2014年后首次公开募股的公司；②剔除ST或*ST公司；③剔除2014—2019年进入“沪深港通”名单的公司，以及一年内多次调入调出的公司；④剔除数据缺失样本。经过上述处理，最终得到18 749个公司年度观测值。本章企业社会责任数据来源于和讯网，其余数据均来自中国经济金融研究数据库，部分数据经过手工整理，数据分析运用Stata 16.0软件完成。为控制异常值对回归结果造成的潜在影响，我们对公司层面的连续变量在1%（99%）的水平上进行了缩尾处理。

二、模型构建

“沪深港通”交易制度采取分批确定“沪深股通”标的股票名单的制度设计，从而为本章提供了类似于错层的外生事件情境。双重差分模型设计，一方面，有利于控制观测组与控制组的特征差异对实证结果的影响；另一方面，有利于克服现有资本市场开放研究中存在的内生性等问题。因此，本章借鉴伯特兰和穆莱纳坦（Bertrand M.& S.Mullainathan）[①]、陈胜蓝和马慧[②]关于错层外生事件情境的双重差分模型设计，同时结合程博等[③]、张传财和陈汉文[④]、徐会超等[⑤]、马勇等[⑥]的研究设计，建立回归模型（6-4-1）来检验资本市场开放对审计师选择的影响。在此基础上，运用模型（6-4-2）对H6-3-2进行实证检验。

$$\text{big4}_{i,t}=\alpha_0+\alpha_1 HSSC_{i,t}+\alpha_2 growth_{i,t}+\alpha_3 loss_{i,t}+\alpha_4 CACL_{i,t}+\alpha_5 REC_{i,t}+\alpha_6 INV_{i,t}+\alpha_7 ROA_{i,t} +\alpha_8 state_{i,t}+\alpha_9 DD_{i,t}+\sum IND+\sum year+\varepsilon_{i,t} \quad (6\text{-}4\text{-}1)$$

$$\text{big4}_{i,t}=\beta_0+\beta_1 HSSC_{i,t}+\beta_2 CSR+\alpha_3 HSSC\times CSR+\beta_4 growth_{i,t}+\beta_5 loss_{i,t}+\beta_6 CACL_{i,t}+\beta_7 REC_{i,t} +\beta_8 INV_{i,t}+\beta_9 ROA_{i,t}+\beta_{10} state_{i,t}+\beta_{11} DD_{i,t}+\sum IND+\sum year+\varepsilon_{i,t} \quad (6\text{-}4\text{-}2)$$

其中，下标i代表公司，t代表年份，α为各变量系数，ε为残差值。

---

① MARIANNE B，MULLAINATHAN S.Enjoying the quiet life? Corporate governance and managerial preferences［J］. Journal of political economy，2003（5）：1043-1075.

② 陈胜蓝，马慧．贷款可获得性与公司商业信用：中国利率市场化改革的准自然实验证据［J］. 管理世界，2018，34（11）：108-120，149.

③ 程博，宣扬，潘飞．国有企业党组织治理的信号传递效应：基于审计师选择的分析［J］. 财经研究，2017，43（03）：69-80.

④ 张传财，陈汉文．产品市场竞争、产权性质与内部控制质量［J］. 会计研究，2017（5）：75-82，97.

⑤ 徐会超，潘临，张熙萌．大股东股权质押与审计师选择：来自中国上市公司的经验证据［J］. 中国软科学，2019（8）：135-143.

⑥ 马勇，王满，马影，等．非国有大股东影响国企审计师选择吗［J］. 审计与经济研究，2019，34（2）：19-30.

三、主要变量

（一）审计师选择

会计师事务所的规模可作为审计质量的替代变量，规模越大的事务所发现会计问题的能力越强，且品牌优势越明显，发生机会主义行为的概率也越低，审计质量相应越高。① 参考陈小林等②、程博等③以及马勇等④的做法，本章以big4作为高质量审计师的替代变量，如果上市公司聘请“四大”会计师事务所审计，则big4为1，否则big4为0。

（二）资本市场开放

“沪深港通”交易制度的实施为研究资本市场开放对审计师选择的影响提供了独特的研究环境。不同于QFII制度和发行S股、N股等其他跨境上市的方式，“沪深港通”交易制度对投资者限制较小，且能避免上市地法律法规要求和上市地投资者关注对公司和审计师存在双重影响的问题，[11] 为本章研究提供了一个准自然实验背景。此外，由于“沪伦通”交易制度目前还在初期，缺少有效数据，因而本章且不将其纳入研究范围。借鉴连立帅等[11]的做法，本章将*HSSC*列为“沪深股通”标的企业虚拟变量，当“沪深港通”交易制度实施且被列为“沪股通”或“深股通”标的时取值为1，否则为0。

（三）社会责任信息披露

本章借鉴贾兴平和刘益[54]、吴霞⑤、王清刚和徐欣宇⑥的研究，决定选用和讯网上市公司社会责任报告专业评测体系的评价结果。和讯网上市公司社会责任报告综合得分为企业社会责任信息披露的代理变量，其中企业社会责任综合评分越高，企业社会

---

① 徐会超，潘临，张熙萌．大股东股权质押与审计师选择：来自中国上市公司的经验证据［J］．中国软科学，2019（8）：135-143.

② 陈小林，王玉涛，陈运森．事务所规模、审计行业专长与知情交易概率［J］．会计研究，2013（2）：69-77，95.

③ 程博，宣扬，潘飞．国有企业党组织治理的信号传递效应：基于审计师选择的分析［J］．财经研究，2017，43（3）：69-80.

④ 马勇，王满，马影，等．非国有大股东影响国企审计师选择吗［J］．审计与经济研究，2019，34（2）：19-30.

⑤ 吴霞．房地产上市公司社会责任与企业价值的实证研究[J]．云南民族大学学报（哲学社会科学版），2015，32（4）：116-120.

⑥ 王清刚，徐欣宇．企业社会责任的价值创造机理及实证检验：基于利益相关者理论和生命周期理论[J]．中国软科学，2016（2）：179-192.

责任报告的质量越高。

四、控制变量

（一）企业资源相关变量

根据资源基础假说，上市公司可利用资源的多少左右企业行为。在企业盈利与成长能力方面，当企业的盈利能力增强时，更倾向于选聘优质审计师，公司的成长性和选聘优质审计师之间呈负向相关性。因此，参考陈小林等[①]以及徐会超等[②]的做法，本章选取公司用成长性（*growth*）、是否发生亏损（*loss*）、流动比率（*CACL*）、应收账款规模（*REC*）、存货规模（*INV*）、资产收益率（*ROA*）作为控制变量。

（二）上市公司特征变量

已有研究发现，国有企业的实际控制人为中央或地方各级人民政府及其所属机构，受到的政府干预较多，面临的市场竞争较小，[③]其借助高质量审计师来提升信息披露质量的动机不强烈。从审计需求角度来看，国有企业与政府之间的紧密关联对高质量审计的信号及保险功能具有替代作用。相对于非国有企业而言，国有企业更倾向于雇佣本地小规模会计师事务所。因此，本章选取产权性质（*state*）作为控制变量。

（三）内部治理相关变量

独立董事制度是我国公司治理机制的重要组成部分，已有研究证实：由于独立董事与公司之间没有利益纽带，声誉机制可以促使独立董事倾向于聘请高质量审计师，以提供高质量审计信息，监督管理层、制约大股东，也可以给市场传递积极的信息。独立董事比例越大，越可能聘请高质量审计师。因此，本章选取独立董事比例（*DD*）作为控制变量。

相关控制变量的定义如表 6-1 所示。

---

① 陈小林，王玉涛，陈运森．事务所规模、审计行业专长与知情交易概率 [J]. 会计研究，2013（2）：69-77，95.

② 徐会超，潘临，张熙萌．大股东股权质押与审计师选择：来自中国上市公司的经验证据 [J]. 中国软科学，2019（8）：135-143.

③ 邹洋，张瑞君，孟庆斌，等．资本市场开放能抑制上市公司违规吗——来自“沪港通”的经验证据［J］．中国软科学，2019（8）：120-134.

表 6-1 资本市场开放、企业社会责任与审计师选择的控制变量定义

变量名称	变量符号	变量定义
企业成长性	*growth*	（当年营业收入 - 上期营业收入）/ 上期营业收入
企业亏损	*loss*	公司发生亏损时为 1，否则为 0
流动比率	*CACL*	流动比率 = 流动资产 / 流动负债
应收账款规模	*REC*	应收账款规模 = 应收账款 / 总资产
存货规模	*INV*	存货规模 = 存货 / 总资产
资产收益率	*ROA*	资产收益率 = 净利润 / 总资产
产权性质	*state*	若为国有企业，则 *state*=1；否则，*state*=0
独立董事比例	*DD*	独立董事比例 = 独立董事人数 / 董事会总人数
行业效应	*IND*	行业虚拟变量，按照证券监督管理委员会行业分类标准（2012）
年份效应	*year*	年份虚拟变量，是该年则取值为 1，否则为 0

第五节 实证结果与分析

一、描述性统计分析

表 6-2 是主要变量的描述性统计。从表 6-2 中可以看出上市公司选择高质量审计师（big4）的平均值为 0.059，意味着我国约有 5.9% 的上市公司聘请“四大”会计师事务所进行审计，表明我国上市公司聘请“四大”会计师事务所的意愿并不强烈。资本市场开放的平均值为 0.259，说明加入“沪深港通”样本占总样本的 25.9%。在主要控制变量方面，企业成长性的平均值为 0.191，企业亏损的平均值为 0.091，表明企业经营状况良好。企业流动比率的平均值为 2.351，应收账款比例的平均值为 0.113，存货比例的平均值为 0.154，说明上市公司企业的短期偿债能力越强，资产的变现能力越强。资产收益率的平均值为 0.040，标准差为 0.057，显示样本中上市公司的盈利水平

差距不大。产权性质的平均值为 0.432，说明样本中一半以上的公司属于非国有企业。独立董事比例的平均值为 0.374，表明上市公司总体上达到我国公司治理准则中对独立董事比例的要求。

表 6-2 资本市场开放、企业社会责任与审计师选择的主要变量描述性统计

变量	观测值	平均值	中位数	标准差	最小值	最大值
big4	18 749	0.059	0.000	0.237	0.000	1.000
HSSC	18 749	0.259	0.000	0.438	0.000	1.000
CSR	18 749	25.100	21.750	16.920	−3.410	75.130
growth	18 749	0.191	0.109	0.478	−0.561	3.273
loss	18 749	0.091	0.000	0.287	0.000	1.000
CACL	18 749	2.351	1.565	2.637	0.265	18.850
REC	18 749	0.113	0.089	0.102	0.000	0.458
INV	18 749	0.154	0.116	0.147	0.000	0.737
ROA	18 749	0.040	0.035	0.057	−0.204	0.218
state	18 749	0.432	0.000	0.495	0.000	1.000
DD	18 749	0.374	0.333	0.056	0.182	0.800

二、相关性检验

表 6–3 是主要变量的相关性检验结果，结果显示资本市场开放与选择高质量审计师在 1% 水平上显著正相关，H6–3–1 得到初步验证。其余变量之间不存在严重的多重共线性问题，模型变量选取较为合理。

表 6–3 资本市场开放、企业社会责任与审计师选择的主要变量相关性检验结果

变量	big4	*HSSC*	*CSR*	*growth*	*loss*	*CACL*	*REC*	*INV*	*ROA*	*state*	*DD*
big4	1.000	0.128***	0.155***	–0.004	–0.037***	–0.115***	–0.075***	–0.021***	0.038***	0.132***	0.014*
HSSC	0.128***	1.000	0.110***	0.019***	–0.067***	–0.063***	–0.018**	–0.051***	0.100***	0.029***	0.015**
CSR	0.167***	0.012*	1.000	0.170***	–0.406***	0.146***	–0.182***	0.030***	0.550***	0.088***	–0.023***
growth	–0.014*	–0.018**	0.059***	1.000	–0.238***	0.036***	0.087***	0.016**	0.319***	–0.084***	–0.009
loss	–0.037***	–0.067***	–0.357***	–0.151***	1.000	–0.162***	–0.008	–0.010	–0.498***	0.013*	0.024***
CACL	–0.087***	–0.094***	0.029***	–0.036***	–0.088***	1.000	0.192***	0.064***	0.340***	–0.291***	0.020***
REC	–0.061***	–0.011	–0.129***	0.039***	–0.009	–0.008	1.000	0.062***	0.030***	–0.233***	0.009
INV	–0.007	–0.026***	0.108***	0.033***	–0.018**	–0.094***	–0.112***	1.000	–0.114***	0.007	0.002
ROA	0.043***	0.088***	0.405***	0.201***	–0.616***	0.193***	–0.008	–0.084***	1.000	–0.136***	–0.050***
state	0.132***	0.029***	0.130***	–0.058***	0.013*	–0.221***	–0.192***	0.040***	–0.089***	1.000	–0.053***
DD	0.036***	0.013*	–0.017**	–0.003	0.023***	0.012*	0.022***	0.016**	–0.045***	–0.047***	1.000

注：表格上三角为斯皮尔曼相关系数，下三角为皮尔逊相关系数；*、** 和 *** 分别表示显著性水平为 10%、5% 和 1%。

三、回归结果分析

利用模型（6-4-1）对资本市场开放与高质量审计师两者关系进行检验，回归结果如表 6-4 第（1）列所示。资本市场开放的回归系数为 1.137，并在 1% 水平上显著，说明在实施“沪深港通”后标的公司更倾向于选择高质量审计师，假设 H6-3-1 得到验证。控制变量中，企业成长性、流动比率和资产负债率与审计师选择呈现显著负相关关系，表明企业经营状况越好的上市公司在当期选择高质量审计师的概率越低，与马勇等[①]的研究一致。独立董事比例与审计师选择呈现显著正相关关系，说明随着独立董事比例的提高，其权利也会相应地增加，公司的治理效果显著提升，选择高质量审计师向外界传递“高质量”信号的可能性更大，与卡萨尔(Kausar）等[②]的结论一致。

表 6-4　资本市场开放影响审计师选择的回归结果

变量	因变量	
	（1）	（2）
HSSC	1.137^{***}	1.396^{***}
	（0.088）	（0.140）
CSR		0.038^{***}
		（0.002）
HSSC×CSR		-0.012^{***}
		（0.004）
growth	-0.212^{***}	-0.178^{**}
	（0.079）	（0.089）
loss	-0.127	0.273
	（0.163）	（0.171）
CACL	-0.419^{***}	-0.402^{***}
	（0.055）	（0.057）
REC	-1.000^{**}	-0.650
	（0.432）	（0.420）

① 马勇，王满，马影，等．非国有大股东影响国企审计师选择吗［J］．审计与经济研究，2019，34（2）：19-30.

② KAUSAR A，LENNOX C. Balance sheet conservatism and audit reporting conservatism[J].Journal of business finance & accounting，2017，44（7-8），897-924.

续表

变量	因变量	
	（1）	（2）
INV	-1.208^{***}	-1.612^{***}
	（0.281）	（0.290）
ROA	6.612^{***}	3.511^{***}
	（0.786）	（0.836）
state	0.842^{***}	0.710^{***}
	（0.073）	（0.075）
DD	2.765^{***}	2.552^{***}
	（0.529）	（0.526）
_cons	-5.149^{***}	-6.069^{***}
	（0.579）	（0.576）
N	18 749	18 749
IND	控制	控制
year	控制	控制
Pseudo R-squared	0.129	0.166 9

注：1. *、** 和 *** 分别表示在 10%、5% 和 1% 的水平上显著，括号内为 *t* 值。

2. 表中空白表示不适用。

利用模型（6-4-2）对企业社会责任信息披露的调节作用进行检验，回归结果如表 6-4 第（2）列所示。资本市场开放的回归系数为 1.396，并在 1% 水平上显著，再次验证假设 H6-3-1。“沪深港通”与企业社会责任信息披露交叉项（$HSSC \times CSR$）的回归系数为 -0.012，并在 1% 水平上显著，假设 H6-3-2 得到验证，说明披露社会责任信息的公司在资本市场开放后会降低其高质量审计师需求。

四、稳健性检验

第一，为了避免因果倒置产生的内生性问题，本章使用滞后一期的审计师选择替代同期审计师选择重新进行回归。结果显示，资本市场开放的回归系数均在 1% 水平上显著为正，验证假设 H6-3-1。“沪深港通”与企业社会责任信息披露交叉项（$HSSC \times CSR$）的回归系数在 1% 水平上显著为负，假设 H6-3-2 得到验证。

第二，删除当年调入样本。由于“沪港通”和“深港通”分别于 2014 年 11 月和

2016年12月正式启动实施，因而本章定义2014年之后为“沪港通”实施年份、2016年之后为“深港通”实施年份。但考虑“沪港通”和“深港通”政策分别于11月和12月启动实施，其政策效应较难于当年发挥作用，因此我们在稳健性检验中剔除2014年加入“沪港通”和2016年加入“深港通”名单的样本，重复前文实证过程，结果显示，各项关键回归系数的符号和显著性不变，结论不受影响。

第三，“沪港通”的开通时间是2014年，而本章的样本区间为2010—2019年，考虑到前后时段的不对称性可能影响回归系数估计，本章选取“沪港通”开通前后对称的区间（2010—2018年）进行稳健性检验。结果显示“沪深港通”的回归系数与“沪深港通”与企业社会责任信息披露交叉项的回归系数均符合预期，假设得到进一步验证。

第四，由于在“沪港通”之前，部分境外投资者已经通过QFII制度、“A+H”等其他相关渠道参与内地的股票市场。相关股票的上市公司在“沪港通”之前，可能已经受到境外投资者在改善监管和信息环境、优化治理结构等方面的影响，产生积极作用，而前文研究并未排除掉这些事前外资持股的影响。因此，为增强结论的稳健性，本章剔除“A+B”“A+H”交叉上市的公司，重新对模型6-4-1进行回归分析。结果显示回归结果在1%水平上显著，结论稳健。

第五，使用*PSM*倾向得分匹配样本。为保证核心结论的可靠性，本章还采用“*PSM*倾向得分匹配法”在内生性处理方面进行稳健性检验，采用一对一最近邻匹配对处理组与控制组估计得到的倾向得分进行匹配。结果报告表明，匹配后各匹配变量的标准化偏差均小于5%，“沪深港通”标的企业与非标的企业，即处理组与控制组的匹配变量基本不存在显著差异，这表明匹配满足了平衡性假设，以此为基础的倾向得分匹配估计结果是可信的；用*PSM*方法估计的资本市场开放对审计师选择影响的平均处理效应，估计系数符号和显著性水平都没有发生根本性改变，与主回归部分结果一致，这进一步验证了本章理论分析和经验发现的可靠性。

第六节　进一步分析

一、资本市场开放、产品市场竞争与审计师选择

资本市场开放的治理效用提高了我国上市公司对高质量审计师的需求，而产品市

场竞争作为一种有效的外部治理机制，① 也会对公司利益相关者行为产生影响。因此，不同竞争态势下的上市公司对资本市场开放带来的治理效应会有不同反应，对审计师选择的意愿也会有所改变。首先，根据破产威胁效应，产品市场竞争作为一种市场竞争机制，会增加企业发生损失，甚至破产的可能性，迫使经理层付出更大的努力改善经营效率，增加其粉饰报表来避免因业绩不佳而受到诸如薪酬损失或解聘等处罚的可能性。其次，代理成本理论认为，产品市场竞争作为一种公司治理外部制约机制，通过影响公司内部控股股东与中小股东、股东与经理层之间委托代理成本的大小影响股东与经理层的行为，进而影响公司决策与价值。[102] 最后，从信息理论出发，审计师有责任向利益相关者披露公司真实财务信息，预防财务舞弊发生，从而降低企业代理成本。一般而言，产品市场竞争越强，对信息披露质量要求越高，公司选择高质量审计师的可能性越大。② 根据产业组织理论文献，本章用上市公司面临的行业竞争程度和所处市场竞争地位刻画在不同产品市场竞争下资本市场开放对审计师选择的影响。

（一）资本市场开放、行业竞争与审计师选择

基于竞争劣势成本理论，在市场集中度高的低竞争行业中市场份额主要由少数企业分摊，竞争对手根据企业披露的信息制定或修改自身竞争策略的动机更强，企业面临的竞争劣势成本更高。③ 因此，为了防止公司超额利润被对手瓜分，遭受进一步掠夺，公司会尽可能减少信息披露，降低对高质量审计师的需求。然而，资本市场开放后，境外投资者的加入对企业面临的竞争形势产生了新的影响，改变了原有的治理效应。香港等地的境外投资者从丰富的行业经验中积累了较多尖端的分析技术和投资策略，具备更加优秀的信息收集、分析和解读能力。④ 他们更易于识别基于会计手段的盈余管理，选择那些信息更透明、更有利可图的优质企业，这就迫使企业提高自身信息披露水平与质量。⑤ 由于受到竞争劣势成本对信息不对称造成的影响以及竞争对手间的“捕食”威胁，公司可以通过选择高质量审计师来缓解与利益相关者信息不对称的矛盾，提升自身竞争优势，增加竞争对手的“捕食”成本。⑥

---

① 张传财，陈汉文．产品市场竞争、产权性质与内部控制质量［J］．会计研究，2017（5）：75-82.

② 王雄元，刘焱．产品市场竞争与信息披露质量的实证研究［A］// 中国会计学会．中国会计学会 2007 年学术年会论文集（中册）.2007：1410-1425.

③ 陈丽蓉，陶怀轮．产品市场竞争治理效应实证研究：基于内部控制审计视角［J］．中国注册会计师，2013（4）：52-59.

④ 陈旭东，高雅，刘嫦．资本市场开放与公司费用黏性：基于中华通背景的实证研究［J］．金融发展研究，2019（11）：36-45.

⑤ 胥朝阳，刘睿智．提高会计信息可比性能抑制盈余管理吗［J］．会计研究，2014（7）：50-57.

⑥ 陈丽蓉，韩彬．产品市场竞争与内部控制审计质量的相关性：基于主板 A 股上市公司的经验数据［J］．财会月刊，2015（18）：90-94.

在高竞争行业，激烈的产品市场竞争压缩了企业盈利空间，使得企业面临较高融资约束。[①] 一方面，企业融资途径受到限制，投资者更倾向于将资金投入风险较低行业的企业中。另一方面，企业的融资成本较高，若投资于高竞争行业，投资者会因为风险溢价而要求更高的投资回报。根据信号传递理论，选择高质量审计师可以向资本市场传递企业真实价值的有效信号，缓解信息不对称，从而减少企业融资约束。因此，高竞争行业的公司更倾向于选择高质量审计师。[②] 由于资本市场开放前，高竞争行业的公司为了降低信息不对称争相披露，整个行业的披露水平已经较高，故受到境外投资者信息质量约束较弱。相比低竞争行业，处于高竞争行业的公司其审计师选择对资本市场开放的敏感性更弱。

（二）资本市场开放、市场竞争地位与审计师选择

从行业内公司市场竞争来看，产品市场竞争对不同公司的影响大相径庭。一方面，在审计师选择的效益层面，处于较高市场竞争地位的公司拥有较强的市场定价能力[③]，在面临成本波动、市场冲击和消费者需求变动时拥有更强的防御能力，其采取操纵财务报告等手段应对外界环境压力的概率更小[④]，这些公司可以通过提供更多的财报信息和公司治理水平增量信息以强化自身拥有高质量财报信息的信号。另一方面，在审计师选择的成本层面，处于较高市场竞争地位的公司在资本市场中传递的信号具有不可模仿性，其股票价格信息含量更大、流动性更强、信息质量更高，[⑤] 信号传递成本远低于市场竞争地位低的公司。并且，低市场竞争地位的公司往往基于既定的市场价格进行生产，不仅利润空间较小，还面临着其他追随企业激烈的市场竞争，增加审计师未识别重大错报风险的可能性，相对增加了其聘请审计师的成本。基于成本效益原则，处于较高市场竞争地位的公司有更强的意愿选择高质量审计师。

互联互通机制深化了我国资本市场与国际资本市场的交流合作，加剧了产品的市

---

① 陈丽蓉，陶怀轮．产品市场竞争治理效应实证研究：基于内部控制审计视角［J］．中国注册会计师，2013（4）：54.

② 王雄元，刘焱．产品市场竞争与信息披露质量的实证研究［A］// 中国会计学会．中国会计学会 2007 年学术年会论文集（中册）.2007：1410–1425.

③ 邢立全，陈汉文．产品市场竞争、竞争地位与审计收费：基于代理成本与经营风险的双重考量［J］．审计研究，2013（3）：50–58.

④ 周夏飞，周强龙．产品市场势力、行业竞争与公司盈余管理：基于中国上市公司的经验证据［J］．会计研究，2014（8）：60–66.

⑤ GASPAR J，MASSA M. Idiosyncratic volatility and product market competition［J］.Journal of business，2006，79（6）：3125–3152.

场竞争。[11]不同市场竞争地位的公司，在面对外部环境变化时会采取不同战略决策，① 对高质量审计师的需求也会产生变化。首先，处于较高市场竞争地位的公司在面对资本市场环境变化、市场竞争加大等情形下拥有更强的市场定价能力和防御能力。与之相反，市场竞争地位低的公司面临的同行业垄断、掠夺等竞争压力更大，直接导致其获取竞争优势的动机更高，对信号传递价值的需求提升，② 主动选择高质量审计师的意愿较市场竞争地位高的公司更加强烈。其次，高地位的公司一般规模较大且知名度较高，它们对市场的争夺可能从广告宣传和对外披露转向加大科研投入推出新的产品。而处于竞争劣势的小规模公司由于没有足够的实力加大科研投入，宣传和披露可能成为其争夺资源的主要手段。审计师选择作为企业品牌价值宣传和财报信息披露的路径之一，公司选择高质量审计师能有效提升信息披露质量，向市场传递其拥有高质量财报的信号，有助于增加利益相关者对公司的信心以及吸引更多的境外投资者。因此，相比高市场竞争地位的公司，低市场竞争地位的公司其审计师选择对资本市场开放的敏感性更强。

基于以上分析，本部分将产品市场竞争分为公司和行业两个层面进行衡量。在衡量行业层面的产品市场竞争中，权衡并借鉴王靖宇等③、李英和冯文超④的研究与实践的普遍做法，本部分采用赫芬达尔指数作为行业竞争强度的替代变量。赫芬达尔指数兼具绝对集中度指标和相对集中度指标的优点，能够合理地反映产业的市场竞争程度。当行业内公司数目一定时，赫芬达尔指数越大，竞争程度越低，反之亦然。根据行业赫芬达尔指数是否小于等于中位数，将行业分成高竞争和低竞争行业两类，将各行业赫芬达尔指数的平均值大于或等于全部行业赫芬达尔指数平均值的中位值的行业划分为低竞争行业，其余划分为高竞争行业。在衡量公司层面的产品市场竞争中，借鉴邢立全和陈汉文[70]和吴昊旻等[102]的研究及产业组织理论的文献，选取体现公司市场势力的勒纳指数作为市场竞争地位的替代变量。考虑到需要对不同行业的上市公司进行比较，参考周强龙和周夏飞⑤及加斯帕和马萨（Gaspar and Massa）⑥的做法，对公司勒纳指数进行行业均值平减处理，即用单个上市公司的勒纳指数减

---

① 诸波，干胜道．市场竞争程度、经营战略与业绩评价指标选择［J］．会计研究，2015（2）：51-57.

② 万怡．产品市场竞争与审计师选择［D］．武汉：中南财经政法大学，2018.

③ 王靖宇，付嘉宁，张宏亮．产品市场竞争与企业创新：一项准自然实验 [J]. 现代财经（天津财经大学学报），2019，39（12）：52-66.DOI：10.19559/j.cnki.12-1387.2019.12.004.

④ 李英，马文超．行业特征、金融加速与企业债务融资 [J]. 审计研究，2020（2）：96-105.

⑤ 周强龙，周夏飞．产品市场势力、行业竞争与公司盈余管理：基于中国上市公司的经验证据 [J]. 会计研究，2014（8）：60-66.

⑥ GASPAR J，MASSA M. Idiosyncratic volatility and product market competition [J]. Journal of business，2006，79（6）：3125-3152.

去所处行业内以销售额加权的勒纳指数均值，最终得到衡量公司层面产品市场竞争的指标 *EPCM*。*EPCM* 数值越大，在某行业内所处市场竞争地位越高。借鉴傅传锐和杨文辉[①]的做法，将 *EPCM* 大于等于中位数的企业定义为高竞争地位组，*EPCM* 小于中位数的企业定义为低竞争地位组。

之后将全样本分为低竞争行业和高竞争行业两组，以及低市场竞争地位和高市场竞争地位两组，表 6–5 第（1）列和第（2）列是以行业竞争强度为分组变量的回归结果，结果显示，不管是高竞争行业组还是低竞争行业组，资本市场开放的系数都显著为正，低竞争行业组的资本市场开放的回归系数为 1.756，高竞争行业组的资本市场开放的回归系数为 0.989（<1.756），说明在低竞争行业，审计师选择对资本市场开放的敏感性更强。第（3）列和第（4）列为以公司层面的市场竞争地位作为分组变量的回归结果。结果显示，不管是高市场竞争地位组还是低市场竞争地位组，资本市场开放的系数都显著为正，低市场竞争地位组的资本市场开放的回归系数为 1.164，高市场竞争地位组的资本市场开放回归系数为 1.073（<1.164），说明审计师选择对资本市场开放的敏感性在低市场竞争地位的公司更强。

表 6–5　进一步分析：按产品市场竞争分组

变量	低竞争行业组	高竞争行业组	低市场竞争地位组	高市场竞争地位组
	（1）	（2）	（3）	（4）
HSSC	1.756***	0.989***	1.164***	1.073***
	（0.245）	（0.097）	（0.123）	（0.131）
growth	0.027	−0.293***	−0.080	−0.366***
	（0.179）	（0.091）	（0.111）	（0.121）
loss	−0.960**	0.005	0.032	−0.198
	（0.487）	（0.174）	（0.193）	（0.456）
CACL	−0.133	−0.523***	−0.286***	−0.486***
	（0.098）	（0.054）	（0.096）	（0.056）
REC	−3.519***	−0.408	0.184	−3.685***
	（1.066）	（0.466）	（0.510）	（0.744）

① 傅传锐，杨文辉．产品市场竞争、竞争地位与智力资本信息披露：基于我国上市公司智力资本信息披露指数（ICDI）的大样本研究［J］．中国社会科学院研究生院学报，2019（4）：13–30.

续表

变量	低竞争行业组	高竞争行业组	低市场竞争地位组	高市场竞争地位组
	(1)	(2)	(3)	(4)
INV	−1.009	−1.318***	−1.236***	−1.703***
	(0.652)	(0.310)	(0.461)	(0.386)
ROA	1.334	7.830***	7.217***	7.044***
	(1.943)	(0.828)	(1.255)	(1.053)
state	1.024***	0.803***	1.105***	0.492***
	(0.226)	(0.079)	(0.112)	(0.103)
DD	6.649***	1.013	4.487***	0.041
	(0.889)	(0.691)	(0.646)	(0.931)
_cons	−5.549***	−4.352***	−6.535***	−2.924***
	(0.564)	(0.606)	(0.809)	(0.683)
N	2180	16 569	9369	9042
IND	控制	控制	控制	控制
year	控制	控制	控制	控制
Pseudo R-squared	0.169	0.112	0.139	0.149

注：*、** 和 *** 分别表示在 10%、5% 和 1% 的水平上显著，括号内为 t 值。

二、资本市场开放、产权性质与审计师选择

产权性质对公司经营目标和管理决策发挥着重要作用，进而影响公司的行为导向。国有企业的实际控制人为中央或地方各级人民政府及其所属机构，受到的政府干预较多、承担的社会责任较大、面临的市场竞争较小，[①] 其借助高质量审计师来提升信息披露质量，降低信息不对称的动机不强烈。资本市场开放后，国内外市场环境的改变对国有企业改革提出了更高的要求，国有企业需要尽快完善现代企业制度、推进混合所有制改革，在竞争中做强做优国有资本，使我国经济在新的基础上实现协调、健康、有序的发展，确保供给侧结构性改革取得成功。通过选择高质量审计师，提高信息披露质量，有助于国有企业建立有效的公司治理机制，解决国有企业

① 邹洋，张瑞君，孟庆斌，等．资本市场开放能抑制上市公司违规吗：来自“沪港通”的经验证据［J］．中国软科学，2019（8）：125.

资源配置低效化、核算体系不透明以及信息不对称等问题，提高国有经济整体的竞争力和抗风险能力。而对非国有企业来说，资本市场开放虽然改善了信息环境，缓解了信息不对称，但在原本市场对非国有企业的治理效用较强的情况下，非国有企业的信息环境较为透明，资本市场开放对其选择高质量审计师意愿的改变没有国有企业那么明显。

基于此，我们按照产权性质将样本分为国有企业（*state*=1）和非国有企业（*state*=0）两组，并采用模型（6-4-1）检验资本市场开放对不同产权性质的上市公司审计师选择的影响。回归结果如表 6-6 所示，不管是国有企业组还是非国有企业组，资本市场开放的系数都显著为正，国有企业组的资本市场开放的回归系数为 1.205，非国有企业组的资本市场开放的回归系数为 0.944（<1.205），说明国有企业对资本市场开放的敏感性更强。

表 6-6 进一步分析：按产权性质分组

变量	国有企业组	非国有企业组
HSSC	1.205***	0.944***
	（0.114）	（0.151）
growth	-0.342***	-0.061
	（0.102）	（0.115）
loss	-0.236	0.121
	（0.208）	（0.268）
CACL	-0.390***	-0.434***
	（0.058）	（0.100）
REC	-0.101	-2.336***
	（0.517）	（0.763）
INV	-0.650*	-2.030***
	（0.365）	（0.430）
ROA	7.157***	6.477***
	（0.985）	（1.287）
DD	4.521***	-2.273*
	（0.564）	（1.296）

续表

变量	国有企业组	非国有企业组
_cons	-4.846^{***}	-3.028^{**}
	（0.593）	（1.214）
N	8086	10 203
IND	控制	控制
year	控制	控制
Pseudo R-squared	0.102	0.112

注：*、** 和 *** 分别表示在 10%、5% 和 1% 的水平上显著，括号内为 t 值。

三、资本市场开放、股权集中度与审计师选择

无论在股权集中还是股权分散的公司中，基于自身利益的需要，企业都倾向于选择高质量审计师，优化公司治理，提高企业信息披露质量，以向市场传递优质公司的信号。但在不同股权集中度的公司中，其原有的治理结构存在差异，公司选择高质量审计师意愿的敏感性也有所不同。[①②] 在股权较为集中的公司中，管理者行为受制于大股东，外部投资者信息透明度、战略革新的要求对其影响较小，其财务目标倾向于大股东个人利益，对优化公司治理结构，提升信息披露质量的意愿本身较低，接受高质量审计需求的动机不强。境外投资者的引入导致股权被稀释、股权制衡增加、信息披露质量要求提高、高质量审计需求增加。而对于股权相对分散的公司来说，股东之间相互制约，隧道效应不明显，公司的财务目标本来就较为符合整体利益，[③] 管理层传递优质财务信息的动机更强烈，对高质量审计师信息价值需求相对较弱，因此，资本市场开放对其选择高质量审计师意愿的改变就没有对股权集中度高的公司那么明显。

基于此，参照王玉霞等[④]以及姚德权和文丹煜[⑤]的研究，本部分采用第一大股东持股比例（*FIRS*）来衡量公司的股权集中程度。之后以第一大股东持股比例的行业年度均值为依据，将研究对象分为股权相对集中和相对分散两个子样本（若该公司第一大

① 曾颖，叶康涛．股权结构代理成本与外部审计需求［J］．会计研究，2005（10）：63-70.

② 倪慧萍，王跃堂．大股东持股比例、股权制衡与审计师选择［J］．南京社会科学，2012（7）：30-36.

③ 郑杲娉，薛健，陈晓．兼任高管与公司价值：来自中国的经验证据［J］．会计研究，2014（11）：24-29.

④ 王玉霞，王浩然，张容芳．上市公司薪酬差距对公司绩效的影响：基于股权集中度的中介效应 [J]. 经济问题，2021（3）：108-115.

⑤ 姚德权，文丹煜．管理层权力对房地产企业绩效的影响研究：基于股权集中度的调节效应 [J]. 财经理论与实践，2020，41（5）：97-103.

股东持股比例大于该行业第一大股东持股比例的年度均值，则为股权相对集中，否则为股权相对分散），并用模型（6–4–1）进行分组检验。回归结果如表 6–7 所示，不管是股权相对集中组还是股权相对分散组，资本市场开放的系数都显著为正，股权相对集中组的资本市场开放的回归系数为 1.152，股权相对分散组的资本市场开放的回归系数为 1.004，股权相对集中组更大。

表 6–7　进一步分析：按股权集中度分组

变量	股权相对集中组	股权相对分散组
HSSC	1.152***	1.004***
	（0.121）	（0.135）
growth	−0.281***	−0.147
	（0.109）	（0.114）
loss	−0.188	−0.094
	（0.237）	（0.244）
CACL	−0.537***	−0.307***
	（0.060）	（0.088）
REC	−0.362	−1.378*
	（0.513）	（0.763）
INV	−1.565***	−1.117***
	（0.390）	（0.412）
ROA	8.076***	3.807***
	（1.008）	（1.255）
state	0.773***	0.748***
	（0.100）	（0.113）
DD	2.933***	0.831
	（0.642）	（0.994）
_cons	−4.590***	−4.671***
	（0.795）	（0.876）
N	8271	10 293

续表

变量	股权相对集中组	股权相对分散组
IND	控制	控制
year	控制	控制
Pseudo R-squared	0.136	0.122

注：*、** 和 *** 分别表示在 10%、5% 和 1% 的水平上显著，括号内为 t 值。

第七节　研究结论与启示

资本市场开放对上市公司监管与信息披露提出了更高要求，对审计师需求亦相应变化。鉴于此，本章以“沪深港通”交易试点为背景，以 2010—2019 年我国沪深两市 A 股上市公司为样本，采用多期 DID 的分析方法，实证检验了资本市场开放与审计师选择的相关性以及企业社会责任信息披露对这种关系的治理效应。研究结果表明：其一，在全样本中，资本市场开放显著增加上市公司选择高质量审计师的意愿；其二，由于披露高质量企业社会责任信息与选择高质量审计师存在效用趋同性，已披露企业社会责任信息的公司在资本市场开放后选择高质量审计师的可能性降低。

进一步分析发现：①在不同产品市场竞争程度下，资本市场开放与审计师选择之间都存在显著正相关关系。相比高竞争行业和低市场竞争地位的公司，在低竞争行业和低市场竞争地位的公司中审计师选择对资本市场开放的敏感性更强，说明产品市场竞争提高了资本市场开放后公司选择高质量审计师的需求，促进了公司治理的完善，双重制度压力会产生叠加效应。②资本市场开放显著增强国有企业选择高质量审计师的可能性，使之信息披露更能适应市场竞争需要，促使经济实现协调、健康、有序的发展，确保供给侧结构性改革成功。③在股权相对集中的企业中资本市场开放与审计师选择的敏感性更强，为探究不同股权集中度情况下资本市场开放与公司审计师选择之间的关系提供了更为细致和深入的微观证据。

基于本章结论，可以得到如下政策启示：①“沪深港通”作为中国资本市场与国际接轨的里程碑事件，带来了更先进的公司治理手段和更多分析师的关注，有助于改善资本市场信息环境，降低信息不对称程度。2020 年政府工作报告提出“面对外部环境变化，要坚定不移扩大对外开放，稳定产业链供应链，以开放促改革促发展”[①]。我国应当坚定不移扩大资本市场开放，以开放促改革、促发展。②资本市场开放促进了国有企业对高质量审计师的需求。显然，进一步资本市场开放是有效深化国有企业混合所有制改革的重要举措，有利于国有资产保值增值、提高国有经济竞争力。要实现资本市场与微观企业之间的良性互动、符合“健全金融监管体系，守住不发生系统性金融风险的底线”[②]的要求，需要政策制定者建立健全相关法律法规，完善监督治理机制，提高公司治理水平。

当然，本章的研究还存在一定的局限性。首先，由于目前学术界没有统一的标准对资本市场开放程度进行精确衡量，本章仅研究了资本市场是否开放对上市公司审计师选择的影响，资本市场开放程度的度量以及资本市场开放程度与审计师选择的关系值得我们作为将来进一步探究的主题。其次，由于数据的限制，本章对资本市场开放制度的研究并未涵盖加入“沪伦通”的企业。再其次，由于大量未上市公司的存在，本章仅以上市公司为样本研究行业的产品市场竞争程度，可能会存在一定的偏差。最后，目前产品市场竞争相关研究中行业竞争和市场竞争地位衡量指标的客观性和普适性尚存争议，因此，今后需要进一步完善产品市场竞争衡量指标的选取与相关数据的收集方法。

---

① 李克强．政府工作报告［R/OL］．（2020-05-22）［2021-01-23］.http：//www.gov.cn/zhuanti/2020qglh/2020zfgzbgdzs/2020zfgzbgdzs.html.

② 习近平．党的十九大报告［R/OL］．（2017-10-18）［2021-01-23］.https：//news.12371.cn/2018/10/31/ARTI1540950310102294.shtml.

参考文献

[1] GUPTA N，YUAN K. On the growth effect of stock market liberalizations [J]. The review of financial studies，2009，22（11）：4715–4752.

[2] 钟覃琳，陆正飞．资本市场开放能提高股价信息含量吗：基于“沪港通”效应的实证检验 [J]. 管理世界，2018，34（1）：169–179.

[3] 李巍，张志超．不同类型资本账户开放的效应：实际汇率和经济增长波动 [J]. 世界经济，2008（10）：33–45.

[4] 程利敏，唐建新，徐飞，等．资本市场开放与上市公司资本结构调整：基于陆港通的实验检验 [J]. 国际金融研究，2019（10）：86–96.

[5] BAE K H，BAILEY W，MAO C X. Stock market liberalization and the information environment [J]. Journal of international money and finance，2006，25（3）：404–428.

[6] 张立民，彭雯，钟凯．“沪港通”开通提升了审计独立性吗：基于持续经营审计意见的分析 [J]. 审计与经济研究，2018，33（5）：35–45.

[7] 刘程，王仁曾．资本市场开放与公司治理优化：基于“沪港通”的准自然实验 [J]. 财会月刊，2020（12）：18–26.

[8] 赵东，王爱群，闫盼盼．资本市场开放与超额在职消费：基于“陆港通”的准自然实验 [J]. 证券市场导报，2020（10）：60–71.

[9] 王建新，丁亚楠．沪深港通背景下的资本市场开放与资源配置效率：基于信息透明度的中介效应研究 [J]. 云南社会科学，2020（4）：122–128.

[10] 陈旭东，高雅，刘嫦．沪港通开放与审计收费：风险传染效应抑或监督治理效应 [J]. 中国注陈旭东册会计师，2019（12）：45–52.

[11] 连立帅，朱松，陈关亭．资本市场开放、非财务信息定价与企业投资：基于沪深港通交易制度的经验证据 [J]. 管理世界，2019，35（8）：136–154.

[12] 陈丽蓉，邓利彬，郑国洪，等．资本市场开放、产品市场竞争与审计师选择：基于双重制度压力视角的实证研究 [J]. 审计研究，2021（1）：83–93.

[13] 陈丽蓉，陈正威，姜梦园，等．资本市场开放提高了审计费用吗：基于行业竞争和市场竞争地位的双重调节效应 [J]. 审计与经济研究，2021，36（2）：19–29.

[14] 韦江贝．中国概念股估值方法研究 [D]. 上海：上海交通大学，2014.

[15] 钟凯，孙昌玲，王永妍，等.资本市场对外开放与股价异质性波动：来自“沪港通”的经验证据 [J].金融研究，2018（7）：174–192.

[16] MERTON, ROBERT C. A simple model of capital market equilibrium with incomplete information [J]. The journal of finance，1987，42（3）：483–510.

[17] BRENNAN M J，JEGADEESH N，SWAMINATHAN B. Investment analysis and the adjustment of stock prices to common information [J]. Review of financial studies，1993，6（4）：799–824.

[18] 杨懿，时蓓蓓.不合理低价游“柠檬市场”效应的发生机制研究 [J].旅游研究，2020，12（5）：42–56.

[19] MENON K，WILLIAMS D D. The insurance hypothesis and market prices [J].Accounting review，1994，69（2）：327–342.

[20] BABER W，KUMAR K，VERGHESE T. Client security price reactions to the laventhol and horwath bankruptcy [J]. Journal of accounting research，1995，33（2）：385–395.

[21] CHAN M K，KWOK S. Risk–sharing，market imperfections，asset prices：Evidence from China's stock market liberalization [J]. Journal of banking & finance，2017，84（11）：166–187.

[22] 王诗雨，汪官镇，陈志斌.企业社会责任披露与投资者响应：基于多层次资本市场的研究 [J].南开管理评论，2019，22（1）：151–165.

[23] 陈丽蓉，黄明凤，孙昭愚.资本市场开放促进企业履行社会责任吗：基于产品市场竞争与股权异质性的调节效应 [J].云南财经大学学报，2021，37（2）：54–68.

[24] 宋献中，胡珺，李四海.社会责任信息披露与股价崩盘风险：基于信息效应与声誉保险效应的路径分析 [J].金融研究，2017（4）：161–175.

[25] 李学峰，文茜.资本市场对外开放提升了市场有效性吗：一项国际比较研究[J].国际金融研究，2012（8）：85–96.

[26] 张庆君，白文娟.资本市场开放、股票流动性与债务违约风险：来自“沪港通”的经验证据[J].金融经济学研究，2020，35（5）：78–94.

[27] HAMBRICK D C，MASON P A. Upper echelons：The organization as a reflection of its top managers[J]. The Academy of management review，1984，9（2）：193–206.

[28] 步丹璐，屠长文.外资持股、制度环境与审计质量 [J].审计研究，2017（4）：65–72.

[29] 邵剑兵，李威.高管薪酬差距、战略变革与企业绩效：管理层权力的调节作用 [J].商业研究，2017（11）：88–96.

[30] 杨志强，王华.公司内部薪酬差距、股权集中度与盈余管理行为：基于高管团队内和高管与员工之间薪酬的比较分析 [J].会计研究，2014（6）：57–65.

[31] 叶康涛，张姗姗，张艺馨.企业战略差异与会计信息的价值相关性 [J].会计研究，2014（5）：44–51.

[32] 方军雄.我国上市公司高管的薪酬存在粘性吗 [J].经济研究，2009，44（3）：110–124.

[33] 孙红梅，黄虹，刘媛．机构投资、高管薪酬与公司业绩研究[J]．技术经济与管理研究，2015(1)：50-55.

[34] 赵西卜，杨丹，邵贞棋．境外投资者引入会影响公司业绩波动性吗：基于沪港通的双重差分检验［J］．财务研究，2019（1）：43-53.

[35] 曹凤岐．中国资本市场 30 年破浪前行［J］．中国金融，2020（22）：11-13.

[36] 李维安，韩忠雪．民营企业金字塔结构与产品市场竞争［J］．中国工业经济，2013（1）：77-89.

[37] 崔丰慧，陈学胜，方红星．经济周期、投资者情绪对企业融资影响分析［J］．证券市场导报，2016（2）：38-46.

[38] 张蒽，等．中国企业社会责任报告 2016［J］．经济研究，2015，50（11）：49-64.

[39] 林强．企业社会责任法律化综述［J］．法制与社会，2020（24）：52-53.

[40] 蒋建湘．企业社会责任的法律化［J］．中国法学，2010（5）：123-132.

[41] PETROVITS C. Corporate sponsored foundations and earnings management［J］. Journal of accounting and economics，2006，41（3）：335-361.

[42] 李远慧，陈洁．企业社会责任绩效与财务绩效关系研究［J］．统计与决策，2014（11）：175-178.

[43] 张红波．企业履行社会责任动机研究：基于消费者视角［J］．东岳论丛，2008（6）：81-83.

[44] SEN S，HATTACHARYA C B. Does doing good always lead to doing better？ Consumer reactions to corporate social responsibility［J］. Journal of marketing research，2001，38（5）：225-243.

[45] 陈宏辉，薛姗，张麟．企业承担社会责任对员工情绪耗竭的缓解机制：一个被调节的中介模型［J］．中山大学学报（社会科学版），2020，60（3）：196-207.

[46] GLAVAS A，KELLEY K. The effects of perceived corporate social responsibility on employee attitudes[J]. Business ethics quarterly，2014，24（2）：165-202.

[47] 朱月乔，周祖城．企业履行社会责任会提高员工幸福感吗：基于归因理论的视角[J]．管理评论，2020，32（5）：233-242.

[48] GRAY R，KOUHY R，LAVERS S. Corporate social and environmental reporting：A review of the literature and a longitudinal study of UK disclosure［J］. Accounting，auditing and accountability journal，1995，8（2）：47-77.

[49] 王文成，王诗卉．中国国有企业社会责任与企业绩效相关性研究［J］．中国软科学，2014（8）：131-137.

[50] 张晓燕．中国资本市场开放历程与影响分析［J］．人民论坛，2019（26）：74-76.

[51] 陈丽蓉，韩彬，杨兴龙．企业社会责任与高管变更交互影响研究：基于 A 股上市公司的经验证据［J］．会计研究，2015（8）：57-64.

[52] 王海妹，吕晓静，林晚发．外资参股和高管、机构持股对企业社会责任的影响：基于中国 A 股上市公司的实证研究［J］．会计研究，2014（8）：81-87.

[53] 张兆国，靳小翠，李庚秦 . 企业社会责任与财务绩效之间交互跨期影响实证研究[J]. 会计研究，2013（8）：32-39.
[54] 贾兴平，刘益 . 外部环境、内部资源与企业社会责任［J］. 南开管理评论，2014，17（6）：13-18.
[55] 王士红 . 所有权性质、高管背景特征与企业社会责任披露：基于中国上市公司的数据［J］. 会计研究，2016（11）：53-60.
[56] 罗棪心，伍利娜 . 资本市场开放对公司审计的影响：基于“陆港通”背景的实证研究［J］. 审计研究，2018（5）：65-73.
[57] 文雯，宋建波 . 高管海外背景与企业社会责任［J］. 管理科学，2017，30（2）：119-131.
[58] 王海兵，韩彬 . 社会责任、内部控制与企业可持续发展：基于 A 股主板上市公司的经验分析［J］. 北京工商大学学报（社会科学版），2016，31（1）：75-84.
[59] HENRY P B.Do stock market liberalizations cause investment booms［J］. Journal of financial economics，2000，58（1-2）：301-334.
[60] STIGLITZ J E.Capital market liberalization，economic growth，and instability［J］.World development，2000，28（6）：1075-1086.
[61] KIM I，MILLER S，WAN H，et al. Drivers behind the monitoring effectiveness of global institutional investors：Evidence from earnings management［J］. Journal of corporate finance，2016（40）：24-46.
[62] KIM J B，YI C H. Foreign versus domestic institutional investors in emerging markets：Who contributes more to firm specific information flow［J］. China journal of accounting research，2015，8（1）：1-23.
[63] 周绍妮，郑佳明，王中超 . 国企混改、社会责任信息披露与国有资产保值增值［J］. 软科学，2020，34（3）：32-36.
[64] 田利辉，王可第 . 社会责任信息披露的“掩饰效应”和上市公司崩盘风险：来自中国股票市场的 DID-PSM 分析［J］. 管理世界，2017（11）：146-157.
[65] 权小锋，吴世农，尹洪英 . 企业社会责任与股价崩盘风险：“价值利器”或“自利工具”［J］. 经济研究，2015，50（11）：49-64.
[66] BELL T B，CAUSHOLLI M，KNECHEL W R. Audit firm tenure，non - audit services，and internal assessments of audit quality［J］. Journal of accounting research，2015，53（3）：461-509.
[67] CABALLERO R J，KRISHNAMURTHY A.Bubbles and capital flow volatility：Causes and risk management［J］. Journal of monetary economics，2006，53（1）：35-53.
[68] WALLACE W A. The economic role of the audit in free and regulated markets：A review［J］. Research in accounting regulation，1987，1（1）：7-34.
[69] 伍利娜，郑晓博，岳衡 . 审计赔偿责任与投资者利益保护：审计保险假说在新兴资本市场上的检验［J］. 管理世界，2010（3）：32-43.

[70] 邢立全，陈汉文. 产品市场竞争、竞争地位与审计收费：基于代理成本与经营风险的双重考量 [J]. 审计研究，2013（3）：50–58.

[71] 楚有为. 政策性负担与审计费用：基于企业冗员的证据 [J]. 审计与经济研究，2020，35（5）：10–17.

[72] SIMUNIC D.The pricing of audit services：Theory and evidence [J]. Journal of accounting research，1980，18（1）：161–190.

[73] 刘博研，韩立岩. 公司治理、不确定性与流动性管理 [J]. 世界经济，2010，33（2）：141–160.

[74] 饶品贵，徐子慧. 经济政策不确定性影响了企业高管变更吗 [J]. 管理世界，2017（1）：145–157.

[75] 陈承，万珊，朱乐. 国企高管薪酬与企业社会责任：组织冗余与市场化进程的调节作用 [J]. 中国软科学，2019（6）：129–137.

[76] 陈康，刘琦. 股价信息含量与投资 – 股价敏感性：基于融资融券的准自然实验 [J]. 金融研究，2018（9）：126–142.

[77] 唐松，温德尔，赵良玉，刘玉. 大股东股份增持的动机与效应研究[J]. 财经研究，2014，40（12）：4–14.

[78] 李百兴，王博，卿小权. 内部控制质量、股权激励与审计收费 [J]. 审计研究，2019（1）：91–99.

[79] MCWILLIAMS A，SIEGEL D S，WRIGHT P M. Corporate social responsibility：Strategic implications [J]. Journal of management studies，2006，43（1）：1–18.

[80] 李姝，柴明洋，狄亮良. 社会责任偏重度、产权性质与盈余管理：道德行为还是机会主义 [J]. 预测，2019，38（6）：1–8.

[81] 古朴，翟士运. 监管不确定性与企业盈余质量：基于证监会换届的准自然实验 [J]. 管理世界，2020，36（12）：186–202.

[82] 吴伟荣，李晶晶. 注册会计师超长累计任期与股价崩盘风险研究 [J]. 管理学报，2019，16（7）：1097–1106.

[83] 刘焱，姚海鑫，杜燕婕. 资本市场开放与会计信息可比性：来自"沪港通"的经验证据 [J]. 财经理论与实践，2020，41（1）：55–62.

[84] CARCELLO J V，NEAL T L. Audit committee composition and auditor reporting [J] .The accounting review，2000，75（4）：453–467.

[85] 翟胜宝，张雯，曹源，等. 分析师跟踪与审计意见购买 [J]. 会计研究，2016（6）：86–93.

[86] SEN S，BHATTACHARYA C B. Does good always lead to doing better？ Consumer reactions to corporate social responsibility [J]. Journal of marketing research，2001，38（2）：225–243.

[87] AGUILERA R V，RUPP D E，WILLIAMS C A，et al. Putting the S back in corporate social responsibility：A multilevel theory of social change in organizations [J]. The academy of management

review, 2007, 32（3）: 836-863.

［88］Carter C R.Ethical issues in international buyer－supplier relationships：A dyadic examination［J］. Journal of operations management, 2000, 18（2）: 191-208.

［89］CHENG B, IOANNOU I, SERAFEIM G. Corporate social responsibility and access to finance［J］. Strategic management journal, 2014, 35（1）: 1-23.

［90］BARNEA A, RUBIN A. Corporate social responsibility as a conflict between shareholders［J］.Journal of business ethics, 2010, 97（1）: 71-86.

［91］吴良海，张玉，吕丹丽，等．环境污染、公益性捐赠与“清洁”审计意见：来自中国A股市场的经验证据［J］．审计与经济研究，2017，32（6）：35-46.

［92］廖义刚．环境不确定性、内部控制质量与权益资本成本［J］．审计与经济研究，2015，30（3）：69-78.

［93］方红星，金玉娜．公司治理、内部控制与非效率投资：理论分析与经验证据［J］．会计研究，2013（7）：63-69.

［94］王克敏，廉鹏．首发上市盈利预测制度变迁与公司盈余管理研究［J］．会计研究，2012（3）：72-77.

［95］温忠麟，张雷，侯杰泰，等．中介效应检验程序及其应用［J］．心理学报，2004，36（5）：614-620.

［96］张继勋，周冉，孙鹏．内部控制披露、审计意见、投资者的风险感知和投资决策：一项实验证据［J］．会计研究，2011（9）：66-73.

［97］张亚洲．内部控制有效性、融资约束与企业价值［J］．财经问题研究，2020（11）：109-117.

［98］ASHBAUGH-SKAIFE H, COLLINS D W, KINNEY W R, et al. The effect of SOX internal control deficiencies on firm risk and cost of equity［J］. Journal of accounting research, 2009, 47（1）.

［99］杨道广，王金妹，陈丽蓉．内部控制能提升企业多元化价值吗：来自我国非国有上市公司的经验证据［J］．审计与经济研究，2019，34（4）：33-43.

［100］张传财，陈汉文．产品市场竞争、产权性质与内部控制质量［J］．会计研究，2017（5）：75-82.

［101］陈宋生，曹圆圆．股权激励下的审计意见购买［J］．审计研究，2018（1）：59-66.

［102］吴昊旻，吴春贤，杨兴全．惩戒风险、事务所规模与审计质量：来自中国审计市场的经验证据［J］．审计研究，2015（1）：75-83.

［103］马晨，程茂勇，张俊瑞．事务所变更能帮助公司提升审计质量吗：来自二次财务重述的经验证据［J］．中国软科学，2014（10）：109-120.

［104］钟马，徐光华．社会责任信息披露、财务信息质量与投资效率：基于“强制披露时代”中国上市公司的证据［J］．管理评论，2017，29（2）：234-244.